BENYÓ PIROS

AMIKOR BEKÖSZÖNT A VILÁGVÉGE,

AVAGY AZ IGAZSÁG AZ IGAZSÁGRÓL

novum pro

www.novumpublishing.hu

Minden jog fenntartva, beleértve a mű film, rádió és televízió, fotómechanikai kiadását, hanghordozón és elektronikus adathordozón való forgalmazását, valamint kivonat megjelentetését, illetve az utánnyomását is.

Nyomtatva az Európai Unióban környezetbarát, klór- és savmentes, fehérített papírra.

© 2016 novum publishing

ISBN 978-3-99048-196-7
Lektor: Tömösvári Emese
Borítókép:
Mike_kiev | Dreamstime.com
Borító, tördelés & nyomda:
novum publishing
Illusztráció: Benyó Piros (11)

www.novumpublishing.hu

TARTALOMJEGYZÉK

1. fejezet
Igazság. Igazság? Igazság! 9

2. fejezet
A Biblia szereplői 17
   A Teremtő 19
   Jézus 26
   Angyalok és démonok 28
   Ember 31

3. fejezet
A bűn és az évezredekig tartó bűnhődés 33

4. fejezet
A Biblia eredete és tagolása 57
   Egyszerűsített idővonal Ádámtól napjainkig 74

5. fejezet
A harag időszaka 93

6. fejezet
Közeledés és a próféciák 103
   Kik voltak valójában a sumérok 106
   Növekszik a család 108
   Vándorlás az ígéretek nyomában 112
   Az ígéret földjén 123
   A földi királyság kora 126
   A büntetés kezdete és a babiloni fogság 130
   Dániel kivételezett helyzetben 133

Ígéret egy királyra és egy királyságra 137
Vissza Dánielhez 142

7. fejezet
Összegyűjtés és megváltás 147
Jézus születése és halála 153
Az összegyűjtés folyamata 156
A Teremtő királyságához vezető út 171

8. fejezet
Ítélet, nevelés és tökéletesedés 189
Jelenések könyve, a szimbólumok tárháza 200
Máté evangéliuma kontra jelenések könyve 206
Az ezerévnyi nevelés a tökéletességig 255

9. fejezet
A végső döntés és a megvalósulás 263

10. fejezet
Nyolcezer év összegzése 271

Zárszó 275
Függelék 1. 276
Függelék 2. 278
Függelék 3. 279
Felhasznált irodalom 280

Az anyagi világ bölcsője

1. FEJEZET
IGAZSÁG. IGAZSÁG? IGAZSÁG!

Szerinted mi az Igazság? Ha igazat mondok az igazság? Ha valakinek igazat adnak, az igazság? Mi lehet még igazság? Ha a valóságnak megfelelő dolgot állítok, akkor az igazság? Ha vannak kis hazugságok és nagy hazugságok, akkor léteznek kis igazságok, meg nagy igazságok is? Létezik szubjektív és objektív igazság? Akkor viszont létezik abszolút igazság is? Olyan igazság, ami tőlem, tőlünk függetlenül létezik. De miről is szól az abszolút igazság? Mióta ember létezik a földön, sokan és sokszor kutattak már a válasz után, de vajon meg is találták.

Amikor először hallottam ezt a kifejezést, főnévként használva, s a Bibliára vonatkoztatva, nagyon idegennek, kifejezetten furcsának találtam. Igazságként ugyanis mindent, csak nem egy könyvet vártam. Mert nem azt állították róla, hogy van benne igazság, hanem azt, hogy ez az Igazság.

Milyen kritériumoknak kell vajon megfelelnie egy Könyvnek ahhoz, hogy Igaz legyen? Sok igazságot kell tartalmaznia, vagy mindennek igaznak kell lennie benne? Ha ugyanis azt állítom, hogy sok igazság van benne, attól még kerülhet bele olyasmi is, ami csak bizonyos szemszögből igaz, más szemszögből azonban hamisnak bizonyulhat.

Az abszolút Igazságnak megfelelni komoly kihívás, főleg annak tükrében, hogy bizonyos mértékben minden könyv írója szubjektív, képtelen teljesen elvonatkoztatni saját életétől, tapasztalataitól, érzéseitől, élményeitől.

Egyáltalán létezhet olyan dolog a világban, ami minden oldalról nézve, mindentől és mindenkitől függetlenül igaz? Bár elképzelhetetlennek tűnik, de ha a Biblia valóban az, akkor a több részből álló, több személy tollából származó, és különböző történelmi korokban született mű, sem tartalmi, sem logikai hibát nem hordozhat magában, minden és mindenki szemszögéből nézve igaznak kell lennie. Hogyan győződjünk meg róla? Először is soha senki véleményét se fogadjuk el alapos megismerés és ellenőrzés nélkül. (Még az enyémet se ☺) Továbbá vegyük figyelembe, hogy kiknek íródott ez a könyv. Tudósoknak, történészeknek, vallási vezetőknek? Nem, nekünk, hétköznapi embereknek! Ha viszont egyszerű embereknek szól, nem feltételez különleges előképzettséget. Tehát legfőképpen elegendő időre van szükségünk ahhoz, hogy nyugodtan és figyelmesen tudjuk olvasni, tanulmányozni, tudjunk visszakérdezni a történetek szereplőire (ki szól, kinek szól, miről szól) és cselekményeire, hogy kellően pontosítani tudjuk az olvasottakat.

Amikor idestova öt éve belefogtam a Biblia olvasásába, ugyan így kezdtem hozzá, azzal a pici különbséggel, hogy az olvasás technikáját alsó tagozatos gyermekemtől, az ő szövegértési feladataiból lestem el, és ez a módszer igencsak bevált. Ám az „okosoktól" szándékosan távol tartottam magam, megállapításaiktól, Biblia-kutatásaiktól, dogmáiktól, vallási – megértés híján túlmisztifikált – nézeteiktől, hogy ne befolyásolhassanak, s azt láthassam meg, amit Írás valójában tartalmaz, amit közölni akar velünk.

Ahogy a történetek, a különböző események egymás után következtek, szükségessé vált az áttekinthetőség érdekében azokat térben és időben elhelyezni. Ezért kölcsön vettem gyermekeim történelem könyveit. Mivel azonban a történelem sem egzakt tudomány, még ezeket is fenntartással kellett kezelnem. Történelmi ismereteinket, akár egy képzeletbeli vonalzót, megpróbáltam rácsúsztatni a Biblia idővonalára, a különböző korokban történt eseményeire, hogy az a lehető legpontosabb ismeretekhez vezessen, és képessé váljunk megválaszolni a következő, az emberiséget leginkább foglalkoztató kérdéseket.

Lettünk, vagy teremtettünk? Hová tartunk? Mi az emberi élet értelme? Tényleg csak 60–70 év az élet? Egyszer élünk? Mert, ha a Biblia valóban az, amit állít magáról, akkor ezekre a kérdésekre választ kell, hogy adjon.

A **Biblia** a teremtéssel kezdődik. A The World Factbook 2008-as kiadása szerint, a világ kb. 7 milliárd fős lakosságának több mint fele a **hitvallását** – saját bevallása szerint – részben vagy egészben **a Bibliára alapozza**, tehát **a Biblia teremtés-folyamatát tartja valószínűleg létezésünk alapjának**. A Biblia, jelentős elfogadottságáról ennek ellenére csak feltételes módban beszélhetünk, mivel az úgynevezett **evolúciós** elmélet is sokak – még a mélyen vallásos emberek – gondolkodásában is gyökeret vert Charles Darwin (1809–1882) „A fajok eredete" című munkájának hatására. Tartalmát tekintve ugyanis Darwin szerint az élővilág evolúció útján alakult ki. S az összetételének változása a természetes kiválasztódáson alapul. Ez részletesebben azt jelenti, hogy az élővilág összetétele állandóan változik, a fajok folyamatosan átalakulnak, új fajok keletkeznek, az életképtelenebbek és gyengébbek pedig kihalnak. Ezzel a folyamattal az elmélet **állandó** fejlődést, azaz **tökéletesedést feltételez**.

Az emberiség eredetével foglalkozó, s a Bibliát módszeresen tagadó régészek és történészek számára kapóra jött ez az új elmélet. Ennek kapcsán kitölthették az emberiség történelmének hiányzó részeit. Mivel az időszámításunk előtti háromezertől korábbi időszakra vonatkozóan nem találtak egyértelmű és konkrét bizonyítékokat, maradványokat, régészeti leleteket. Így kihasználva az elmélet adta lehetőséget, kicsit leegyszerűsítve azzal a máig sem igazolt elmélettel álltak elő, hogy az ember és a majom közös ősből származik, s hogy az ember „évmilliók" folyamán fejlődött a mai „felegyenesedett és okos (homo sapiens sapiens) szintre, s ez **a fejlődés napjainkban is tart** megállíthatatlanul.

Ám, ha nyitott szemmel körül nézünk a világban, valamint figyelembe vesszük azt a tényt, hogy az evolúciós elmélet, csak egy az ember által alkotott – s máig sem bizonyított – számos elmélet közül, akkor, azt tapasztalhatjuk, hogy **az ember egyre inkább elcsökevényesedik**, mind életmódját, mind viselkedési, társadalmi és életviteli szokásait tekintve. Például, egyre rövidebb a ma születendő emberek várható élettartama. Az orvostudomány elkeseredett harcot vív az élet meghosszabbításáért, de **az ember önpusztító** gazdasági, társadalmi, politikai törekvéseivel egyre inkább **élhetetlenné teszi környezetét**, amire szervezete nem tudja a választ és olyan **betegségeknek esik áldozatul**, melyeket nem ismer, ezért képtelen azokat gyógyítani. De viselkedési – s ez által össztársadalmi – téren sem jobb a helyzet, mivel **egyre jobban fokozódik az erőszak, az önzés, a szadista és bűnöző hajlam**. Az ember elveszíti az alapvető értékek ismeretét, **már nem tudja, mi a jó és mi a rossz**. A kettő közötti határ, napjainkra már annyira elvékonyodott, hogy gyakran összemosódik. S ha végleg eltűnik a bennünk levő vészcsengő, **a lelkiismeret elnémul**. Ezt a folyamatot sok jóindulattal sem nevezhetjük fejlődésnek, sokkal inkább **visszafejlődésnek**. Amennyiben hajlandóak vagyunk a tapasztalataink alapján szembe nézni az igazsággal, azzal hogy az emberi társadalom és az azt alkotó emberek személyisége a visszafejlődés útján jár – még akkor is, ha egyes területeken, mint például a technika nagy eredményeket ér el – megláthatjuk, hogyan viszonyul tapasztalatainkhoz és megállításainkhoz a Biblia teremtés-története.

1Mózes 1:1 „*Kezdetben teremtette Isten az eget és a földet.*"

1Mózes 1:26 „*Majd ezt mondta Isten: „Alkossunk embert a mi képmásunkra és hasonlatosságunkra*"

A Genezisben (Mózes első könyve a teremtésről) az olvasható, hogy egy hatalmas intelligenciával és teremtő erővel rendelkező felsőbbrendű személytől, az Ő egyedüli akaratából és elhatározásából – aki ebből adódóan sosem volt része, sem lakója a Föld nevű bolygónak – született meg az ember. Létezése pedig nem újszülöttként kezdődött, hanem kifejlett emberként, ám tudatát tekintve gyermekként. Ezért az a bizonyos Teremtő személy rendszeres kapcsolatot tartott fenn vele, hogy tanítsa, felkészítse őt, illetve a későbbiekben őket – mivel az első férfi megteremtése után, a férfi saját génállományából kapott maga mellé párt, az első nőnemű embert – az előttük álló életre. Egy olyan életre, amelynek nincs vége. S, nemcsak, hogy nincs vége, de az életük során betegségektől sem kellett (volna) szenvedniük, mivel ők nem hordoztak magukban semmilyen betegséget, még arra való hajlamot sem. Teljesen tökéletesek voltak. Ha viszont tökéletesek voltak, és mi hozzájuk képest a visszafejlődés szakaszában vagyunk, akkor máris sikerült egy olyan kapaszkodót, **irányadó mércét találnunk**, amivel **képesek vagyunk megállapítani** magunk is, hogy **mi az igazság**. Mert vagy az **első állítás** igaz, s az **evolúció** elmélete szerint a **fejletlenebb szintről** fejlődünk az egyre **fejlettebb felé**. Vagy a második, a **teremtéstörténet** igaz, ami szerint a fejlett, **tökéletes szintről tartunk a visszafejlődés felé**. De ne hamarkodjuk el a döntést, nézzük meg a fejlődés-visszafejlődés kérdését – most szándékosan átugorva az úgynevezett bűnbeesés történetét, amire majd még visszatérünk – a társadalmi viszonyok alakulásának szemszögéből is.

A történelem kezdetén az emberi társadalom alapjai a családi közösségek voltak, majd a népesség növekedésével kialakultak a falvak, azután pedig a városok. A társadalom tagozódott, alá- és fölérendeltségi viszonyok jöttek létre. S mi volt a rétegződés alapja? A tudás? Nem. A vagyon, a vagyoni helyzethez kötődő hatalom és a hatalom megvédésére létrehozott erőszakszervezetek (testőrség, katonaság, hadsereg) kortól és a hatalom nagyságától függően.

Az ókori társadalmak kialakulásától napjainkig az emberek folyamatosan uralkodnak embertársaikon. Elnyomják, hatalmuk és akaratuk alá kényszerítik, kihasználják egymást. Csak az elnevezések és az elnyomás foka változik.

Az emberiség bejárta a társadalmi szervezetek és szerveződések – általunk ismert – minden lépcsőfokát a rabszolgatartó társadalmaktól, a feudális államokon keresztül, egészen a mai modern „rabszolgatartó" társadalomig, melyben az átlagember a napról-napra való megélhetés és a befizetésre váró csekkek rabszolgájává vált.

Csakhogy, amíg az ókori rabszolgatartó társadalmakban a rabszolga jogállását tekintve nem sokban különbözött az egyszerű szabadoktól. Élete egyáltalán nem volt kilátástalan, ugyanis lehetősége nyílt megbízottakon (sáfár = ma bróker) keresztül a kereskedésre, saját vagyon szerzésére, felemelkedésre, sőt ön-

13

maga felszabadítására is. Addig a mai modern társadalmunkra jellemző az emberek vagyoni beskatulyázása, felemelkedési lehetőségeinek – például a továbbtanulás fizetőssé tételével – korlátozása, s a szolgáltatók általi kizsákmányolása. Szolgáltatásaikkal olyan láthatatlan köldökzsinórra kötnek minket, amiktől nem tudunk és kellő belátás híján, nem is akarunk megszabadulni. Egy kevés jóért és kényelemért eladjuk magunkat, az életünket, feladjuk egészséges gondolkodásmódunkat, értékrendünket és erkölcsi tartásunkat.

Ebből a rövid, és korántsem általános érvényű összehasonlításból is könnyűszerrel megállapítható, hogy az út, amely az ember és társadalma előtt ma feltárul, egyáltalán nem felfelé vezet. Ahogy az egyes ember belső értékei pusztulnak, úgy a társadalom is törvényszerűen és egyre inkább magán fogja hordozni, az őt alkotó emberek szellemi, erkölcsi, hiányosságait.

Az ember és társadalmának útja, melyet a múlttól kezdve napjainkig bejárt, a **Biblia teremtéstörténet**éből kiinduló, a tökéletestől egyre inkább eltávolodó tendenciát mutat, s az evolúcióval ellentétes, folyamatos **emberi-társadalmi leépülést** látszik igazolni.

„És világosság lett" (*1Mózes 1:3*)

2. FEJEZET

A BIBLIA SZEREPLŐI

Ahhoz, hogy a Bibliát valóban megérthessük, először annak fő mondanivalóját, az üzenetét kell megkeresnünk és megértenünk. Ehhez első lépésben meg kell ismerkednünk a Biblia szereplőivel. Ám ahhoz, hogy kiismerjük magunkat a bibliai szereplők sokasága között, rendszereznünk kell őket, mivel létformájukat tekintve igen változatosak.

Kezdjük ott, hogy léteznek **élő** és **élettelen** bibliai szereplők. De megkülönböztethetjük őket úgy is, hogy **teremtmények** és **teremtések**. Kettéválasztásuk sem okoz számunkra nagy fejtörést, mivel mindazt, amit látunk, hallunk, érzékelünk, képesek vagyunk megismerni és így természetszerűen osztályozni is. Így azután könnyedén szétválaszthatjuk a Bibliában szereplő **élettelen teremtéseket** – mint például **nap**unkat, a **csillagokat**, a **hold**at, magát a **bolygó**nkat, vagy a bolygónk felszínét tarkító **hegyek**et, **tengerek**et, stb. – az **élő teremtményektől**, mint a **növények**től, **állatok**tól, vagy az **ember**től.

Élő teremtmények	Élettelen teremtések
növények, állatok, emberek, stb.	nap, csillagok, bolygók, hegyek, stb.

Finomítsuk most még tovább e két nagy csoportot, az élő teremtmények és az élettelen teremtésekét. Mivel létezik a „szereplőknek" egy másik felosztása is, mégpedig **testük milyensége szerint**. Ugyanis a Biblia megkülönböztet **fizikai testtel rendelkező**, és **fizikai testtel nem rendelkező** élő teremtményeket, illetve élettelen teremtéseket.

1Korintosz 15:44 „Ha van fizikai test, van szellemi is."

Élő teremtmények		Élettelen teremtések	
Pl. lények		Pl. tárgyak	
Fizikai testtel rendelkezők	Fizikai testtel nem rendelkezők	Fizikai testtel rendelkezők	Fizikai testtel nem rendelkezők
Pl. növények, állatok,	Pl. a bibliai angyalok	Pl. bolygók, hegyek, egyéb tárgyak	Pl. erők, energiák

A fizikai test nélküli, szellemi testet első olvasásra kicsit nehéz elképzelni, de nem áll olyan távol tőlünk, mint gondolnánk. Keressünk először olyan dolgokat a földön, amik nem megfoghatók, de felfoghatók, és fizikai testetlenségük ellenére senkinek sem jutna eszébe cáfolni létezésüket. Ilyenek például a földön ható erők, energiák, melyek láthatatlanul gyakorolnak ránk hatást, mint pl. a szélenergia, a villamos energia, vagy a mikrohullám.
Láthatjuk-e ezeket? Nem. **Hatásukkal** azonban rendszeresen **szembesülünk**. Sőt, a mérőműszereinknek köszönhetően egyértelműen be is tudjuk bizonyítani létezésüket. Így a tapasztalataink alapján kijelenthetjük, hogy **attól még, hogy** valamit **nem látunk, az a valami létezhet** és hatást gyakorolhat ránk. Ezek a **fizikai testtel nem rendelkező élettelen teremtések**.

Ebből kiindulva, most vegyük sorra a Biblia azon szereplőit, akiket a **fizikai test nélküli élő lények** csoportjába sorolhatunk. Nem véletlen az óvatos fogalmazás, ugyanis elsőként magát a **Teremtő**t kell, hogy megismerjük, akit a Biblia „szellemként", azaz fizikai test nélküli, de nem teremtmény, hanem **teremtő személyként** említ.

János 4:24 „*Az Isten Szellem, és akik őt imádják, azoknak szellemmel és igazsággal kell imádniuk.*"
Zsoltárok 83:18 „*Hogy megtudják az emberek, hogy te, akinek neve Jehova, egymagad vagy a Legfelségesebb az egész föld felett.*"

A fizikai testtel nem rendelkező **TEREMTŐ**			
Élő teremtmények		Élettelen teremtések	
Pl. lények		Pl. tárgyak	
Fizikai testtel rendelkezők	Fizikai testtel nem rendelkezők	Fizikai testtel rendelkezők	Fizikai testtel nem rendelkezők
Pl. növények, állatok,		Pl. bolygók, hegyek, tárgyak	Pl. erők, energiák

A TEREMTŐ

A Biblia mindközül a legkülönlegesebb személyisége Ő, mivel **életének nincs kezdete, sem vége**. S olyan **saját erővel rendelkezik** – s ennek a bibliai szereplők további áttekintésében jelentős szerepe lesz, ugyanis erejük **forrása** minden esetben **a Teremtő** –, **amely által** bármit és bárkit **képes megteremteni**. Energiája által nyer az anyag tömeget, testet ölt a Teremtő akarata szerint. Ezen felül maga a Teremtő olyan összetett, felsőbbrendű és hatalmas intelligenciával rendelkező személyiség, aki felülmúlja minden képzeletünket. Mégis képet kaphatunk Róla, erejéről, képességeiről és személyiségéről elkészült művein, alkotásain, teremtményein és teremtésein keresztül. Ha például megvizsgáljuk az Univerzumot, az általunk ismert legnagyobb egységet, nem véletlen a benne tapasztalható rendezettség, mert ez az alkotás nem a véletlenszerűen kialakult galaxisok és bolygók összevissza halmaza, hanem rendezett, terv szerint működtetett harmonikus egység, mivel alkotója, a Teremtő, a rend istene.

1Korintosz 14:33 „*Az Isten ugyanis nem a zűrzavar Istene, hanem a békéé.*"

De mit is jelent az, hogy **isten**? Kisbetűvel írva egy köznév, ami azt hivatott kifejezni, amit az előbbiekben már tisztáztunk, s amit összegezve úgy fogalmazhatunk meg, hogy egy **halhatatlan, fizikai testtel nem, ám szellemi testtel és magas intelligenciával rendelkező személyiség, aki rendelkezik a teremtéshez szükséges mindenható erővel**. Ámde annak ellenére, hogy igen frappánsan meg tudjuk mindezt fogalmazni, a 21. század emberétől ezek a dolgok igen távol kerültek, mivel ez irányú ismereteink nagy része elveszett az idők során. Ezért a Biblia által megfogalmazott régies kifejezéseket is itt az ideje újra gondolni és olyan kérdéseket feltenni, amik megválaszolásával pontosabb információkhoz jutunk, mint például a következő kardinális kérdés: **Van-e kiterjedése a fizikai test nélküli személyeknek** (akár a Teremtőnek akár más fizikai testtel nem rendelkező teremtményeinek), illetve a fizikai testtel nem rendelkező, élettelen teremtett dolgoknak?

Mit nevezünk egyáltalán kiterjedésnek? A **fizikai testtel rendelkező** élőlények és élettelen dolgok esetében beszélhetünk például testsúlyról, tömegről, magasságról, hosszúságról, szélességről. A Földön megtalálható, **fizikai testtel nem rendelkező teremtett dolgok**, mint a gázok, erők, energiák esetében szintén megállapítható kiterjedés. Gondoljunk csak a levegőre, mely egy dugattyúval lezárt tartályban összenyomható, képes kitölteni a rendelkezésre álló teret, tehát rendelkezik térfogattal. Sőt, ugyan ennek a levegőnek és az őt alkotó, egészen csekély anyagi részecskéknek, atomoknak és molekuláknak is van mérhető tömegük. S, ha az általunk ismert legkisebb – egyébként láthatatlan gáz halmazállapotú – részecskéknek is van tömegük, térfogatuk, akkor az általunk még nem ismert – de minden bizonnyal a leghatalmasabb – személyiségnek, **a fizikai testtel nem rendelkező Teremtőnek van-e kiterjedése?**

A Bibliában az került Róla feljegyzésre, hogy sem a Föld, sem az azt körülvevő szférák (troposzféra, sztratoszféra, stb.) nem képesek számára otthont adni. Tehát nem csak intelligenciáját, de **kiterjedését tekintve is hatalmas.**

1Királyok 8:27 *"De vajon csakugyan a földön lakozik Isten? Íme, az egek, igen, az egeknek egei sem tudnak befogadni téged"*

Ennek alapján megállapítható, hogy a **fizikai testtel nem rendelkező Teremtőnek és élő teremtményeinek is van** meghatározható **nagysága.** Ha viszont van nagyságuk, hatásuk, energiájuk, és mégsem láthatjuk, tapinthatjuk vagy hallhatjuk őket, az csak azzal magyarázható, hogy öt ismert **érzékszervünk alkalmatlan felfogásukra.** Érzékszerveink korlátozottsága folytán ugyanis csak bizonyos tartományon belül vagyunk képesek – önállóan – felfogni a környezetünket. Ha nagyobb távlatokban szeretnénk felfedezni a világunkat és lakóit, mindenképpen **segítségre van szükségünk**.

Úgymint pontos **ismeretekre** az Univerzumról, saját világunkról és azokról, akik, és amik lakják azt.

Majd **bizalomra**, bízni az elsajátított ismeretekben, hinni azok hitelességében és helyességében. Ahogy egy éjszakai túrán, a sűrű lombos erdőben sétálva, bár semmit sem látunk, mégsem gondolnánk, hogy az erdő néptelen. **Ismerjük** az erdőt, tudjuk, hogy állatok lakják, akik figyelnek minket. S ha a megfelelő eszközzel, az **ismereteinkbe vetett bizalommal**, akár egy infravörös távcsővel felszerelve szemléljük az erdőt, hirtelen megelevenedik előttünk minden, megpillanthatjuk a körülöttünk nyüzsgő megannyi életformát. A Teremtő megismerésére a Biblia a következőt javasolja:

Róma 1:20 „Mert az ő láthatatlan tulajdonságai világosan látszanak a világ teremtésétől fogva, mivel az alkotott dolgokból érzékelhetők, igen, az ő örök hatalma és istensége."

Megfogalmaz azonban egy speciális érzékelési módot is, amely az emberiség előtt még kevésbé ismert, mégis létező. Ennek az érzékelési módnak a segítségével **felfoghatóvá válik a Teremtő ereje** – mely egyszerre tartalmazhat energiát és információt – **amelyet** tulajdonosa **bizonyos feltételek mellett hajlandó megosztani** az emberekkel.

A kapcsolatteremtés e különleges módjának megértéséhez vegyünk egy egyszerű példát! Bizonyára mindenki járt már úgy, hogy belépett egy szobába, ahol bár háttal álltak neki, és senki sem szólt egy szót sem, mégis azonnal tudta, érezte, hogy előzőleg parázsveszekedés folyhatott az ott tartózkodók között. Honnan tudja? Nem látta, nem hallotta, valahogy mégis fel tudja fogni.

A tudomány csak a huszadik század első felétől kezdett komolyabban foglalkozni és felfigyelni arra, hogy **agyunk** sokkal összetettebb annál, mint ahogy eddig ismertük. Ugyanis, nem csak az öt ismert érzékelési mód – látás, hallás, szaglás, ízlelés és tapintás – által közvetített adatokat képes felfogni és értelmezni, hanem **önmagában is rendelkezik az érzékelés képességével,** az úgynevezett **agyi érzékeléssel**.

Az agy, ezen többletképességeit vizsgálva 1929-ben Hans Berger (osztrák pszichiáter) megalkotta az elektorenkefalográfot (EEG), mely segítségével arra kereste a választ, hogy a különböző látható és láthatatlan környezeti hatások által okozott pszichológiai állapotváltozásaink és fiziológiai állapotunk között milyen kapcsolat áll fenn. Azaz a környezeti behatások okoznak e bennünk mérhető, tehát egyértelműen bizonyítható változásokat. Az EEG-berendezés segítségével kimutathatóvá vált, hogy az agy 1 és 20 Hz közötti elektromágneses hullámokat termel, attól függően, hogy éppen milyen aktivitással működik. Az agyi aktivitást a kibocsátott elektromágneses hullámok nagysága szerint négy Hz-tartományra osztja az orvostudomány, úgymint:

1. delta-hullámok (1–3 Hz) az álom nélküli mélyalvás
2. théta-hullámok (4–7 Hz) az álom
3. alfa-hullámok (8–12 Hz) nyugodt ébrenléti állapot közvetlenül az elalvás előtt, ill. közvetlenül az ébredés után
4. béta-hullámok (13–20 Hz) normál ébrenléti állapot

A környezeti hatások az agy neuronjaiban elektromos jeleket, hullámokat (axonon) generálnak, amelyek végigfutva a szinapszisok mentén elősegítik a neurotranszmitterek felszabadulását, melyek az idegsejt receptoraihoz kötődnek, s ott újabb elektromos jeleket, hullámokat generálnak. Amelyek aztán az EEG-berendezés segítségével kimutathatóvá, sőt mérhetővé válnak.

Elektromágneses hullámokat azonban nemcsak az agyunk produkál, környezetünk is, sőt mi emberek is könnyedén képesek vagyunk azokat művi úton előállítani, energiával és információval megtölteni (lásd mobiltelefon). Ezek a környezetből érkező elektromágneses hullámok hatással vannak ránk, felfoghatók számunkra – hiszen ez a cél – befolyásolják agyunk működését. Különösen igaz ez az agy alfa-állapotára (elalvás előtt és ébredés után). Ha ugyanis egy személyt 6,6 Hz-es sugárzásnak teszünk ki, hangulata depresszióssá válik. Ha pedig tartósan 10,8 Hz-es sugárzás éri, attól agresszívvé válik. A kísérletekkel egyértelműen bizonyítható, hogy agyunkkal kapcsolatba lehet lépni beszéd, azaz hallás és látás nélkül is.

Így a fizikai testtel nem, de energiával és információkkal rendelkező Teremtő és a hozzá hasonló teremtményei is képesek velünk felvenni a kapcsolatot. Ezt leginkább úgy tudnánk elképzelni, mint a televíziózás vagy az internet alkalmazásának folyamatát, ahol a **Teremtő** egy adott csatornán keresztül „sugározza" felénk az információt és az energiát. **Kapcsolatot létesít velünk**, mi pedig **agyunkkal** – a kapcsolat másik oldalán – **képesek vagyunk** ezt az információ- és energiaáramlást **felfogni**. A későbbiekben pedig felhasználni ezeket az ismereteket és képességeket, amelyeket az energia- és információáramlás bennünk generált.

Figyeljük meg a következő bibliai idézetben a fizikai testtel alapvetően nem rendelkező teremtmény és az ember – esetünkben Dániel próféta – között létrejövő kapcsolatnak az emberre gyakorolt hatását.

Dániel 8:18–19 „*Miközben beszélt hozzám, arccal a földön fekve* **mély álomba merültem***. Ezért megérintett, és felállított oda, ahol korábban álltam. Így folytatta: „Most tudatom veled, mi fog történni az ítélethirdetés befejező szakaszában, mert mindez a vég meghatározott idejére szól.*"

Az idézetből jól látható, hogy Dániel pontosan abba az elalvás előtti nyugalmi állapotba került, amikor az agy megkezdi az alfa-hullámok (8–12 Hz) kibocsátását és ezzel egyidőben alkalmassá válik a bejövő energia hullámok és információk felfogására. Lássunk még néhány példát az információk, erők és speciális képességek elsajátítási módjára és hatására:

János 14:26 „*De a segítő, a szent szellem, melyet az Atya küld majd az én nevemben, az mindenre megtanít titeket, és eszetekbe juttatja mindazt, amit mondtam nektek.*"
Cselekedetek 2:4 „*Mindnyájan beteltek szent szellemmel, és különböző nyelveken kezdtek szólni,*"

A kontaktus létrejöttét **két dolog tudja jelentősen befolyásolni**. Az egyik a döntési szabadság vagy **szabad akaratunk**. Magunk döntünk arról, hogy meg akarjuk-e ismerni ezt az Isten-ember kapcsolati mechanizmust vagy sem. A másik befolyásoló tényező a **kétely**. Amikor a **teljes elutasítás** vagy a **bizalmatlanság** miatt a kapcsolat már az első fázisban, a megismerés lehetőségének kezdeti szakaszában megszakad. A kételkedés és az abból fakadó elutasítás ugyanis meggátolja, hogy **elegendő ismeretet szerezzünk** ahhoz, hogy biztos alapokon nyugvó **meggyőződést tudjuk kialakítani**. Márpedig **meggyőződés nélkül** minden alkalommal, amikor szembesülünk a Teremtővel való kapcsolat lehetőségével (olvasmányaink, beszélgetéseink vagy előadások kapcsán), **kételkedni fogunk** benne. Ám **aki** nyitott az új dolgokra és **képes kételyek nélkül** ennek a folyamatnak az **akaratlagos be- és elfogadására, az képes lesz kialakítani** szilárd és megalapozott **meggyőződését** az isteni energia- és kapcsolat-felvételi lehetőség dolgában. S, amikor ez megtörténik, **onnantól** kezdve **működni fog rajta a fenti mechanizmus**.

Bár nagyságát tekintve nem, de működését tekintve **hasonló** ez a folyamat az emberben rejlő szellemi erő vagy **akaraterő** befolyásoló hatásához. Amikor az **agyi**, szellemi **tevékenység**, azaz **ismeretszerzés** (tanulás) **és feldolgozás** (gondolkodás) **során kialakítjuk meggyőződésünket**, s **ezzel** a meggyőződéssel **döntést hozunk**. Ekkor döntésünkből – meggyőződésünkből és annak határozottságából – erő szabadul fel.

Vegyük például, amikor az ember le szeretne szokni a dohányzásról, vagy le szeretne fogyni. Megismeri azokat az indokokat – egészségügyi, társadalmi, pénzügyi, stb. – melyek szükségessé teszik a leszokást vagy a lefogyást, meggyőződik róla, hogy ez számára szükséges, és eldönti, hogy végigcsinálja. Agyában meghozott döntése – nem hiába mondják, hogy minden az agyban dől el – olyan erőket, **energiákat szabadít fel**, amelyek lehetővé teszik a döntés megvalósítását.

Ha megismertük a kapcsolatteremtés e különleges formáját, ismerkedjünk meg azokkal a Teremtő által létrehozott fizikai testtel alapvetően nem rendelkező teremtményekkel is, akikkel a kapcsolatteremtés e speciális formája létrejöhet. Az első és egyben a legkiemelkedőbb személyiség közülük Jézus.

JÉZUS

A **Teremtő** elsőszülött **fia, fizikai testtel alapvetően nem rendelkező,** kifejezetten égi személy, akinek eredeti lakhelye a Teremtő mellett volt, s aki átmenetileg eltöltött nálunk a földön néhány évet, majd elhagyva azt visszatért a Biblia által úgynevezett „égbe" vagy „egekbe", a Teremtő és az ő saját tartózkodási és lakhelyére.

fizikai testtel nem rendelkező **TEREMTŐ** lény				
élő teremtmények			**élettelen teremtések**	
Pl. lények			Pl. tárgyak	
fizikai testtel rendelkezők	**fizikai testtel nem rendelkezők**		fizikai testtel rendelkezők	fizikai testtel nem rendelkezők
Pl. növények, állatok,	**JÉZUS**		Pl. bolygók, hegyek,	Pl. erők, energiák

Olvasmányaink során nagyon szoros és egészen bensőséges viszony rajzolódik ki előttünk az Atya, vagyis a Teremtő és fia, Jézus között. Ezért nem csoda, hogy Mózes már a **teremtés leírásában** említést tesz róla, mivel Jézus – mint Isten Szava, vagy Szószólója – tevékenyen **részt vett** annak folyamatában.

1Mózes 1:26 „**Alkossunk** *embert a mi képmásunkra és hasonlatosságunkra,"*
Példabeszédek 8:30 *„mint* **mestermunkás"**
Kolossé 1:16 *„***általa teremtetett minden** *más az egekben és a földön, a láthatók és a láthatatlanok,"*

Majd a későbbi időkben nem csak titulusát ismerhetjük meg, hanem megbízatását is, Dániel ugyanis könyvében arról tesz említést, hogy szemtanúja volt egy beszélgetésnek egy égi lény és Jézus (akit az égben Mihálynak hívnak) között a földön, s ekkor Jézust úgy mutatták be neki, hogy ő egy fejedelem, méghozzá **az emberiség fejedelme**.

Dániel 10:21 „elmondom neked, hogy mi van feljegyezve az igazság könyvében, és nincs senki sem, aki erős támaszom volna mindezekben, csak Mihály, a ti fejedelmetek."

A már fent említett okokból az ő személye egészen speciális, mivel ő volt az egyetlen fizikai testtel alapvetően nem rendelkező teremtmény, akinek égi élete áthelyezésre került egy emberi testbe – Mária méhébe – majd tökéletes emberként, már fizikai testtel világra jött a Földön.

Teljesen normális gyermekkora után minden kétely nélkül döntött a Teremtő és a vele való kapcsolatfelvétel, és annak jelképe, a **keresztelkedés** mellett, majd felvállalta a **mártírhalált**, a **tanítás melletti** egyetlen **célját**, hogy Ádám – az első ember – tökéletes életével azonos értékű váltságdíjat fizessen le az emberiségért, utat nyitva előttünk a bűntől való megszabadulás és Teremtőnk felé.

Halála beálltával időlegesen megszűnt létezni. **Majd** a nem-létből feltámadt és ismét fizikai testtel alapvetően nem rendelkező lényként **visszatért,** először a **tanítványaihoz, majd a Teremtőhöz,** elfoglalva mellette kijelölt helyét. Az „égben" vagy „egekben" ugyanis csak fizikai testtel nem rendelkező teremtmények tartózkodhatnak. Így volt ez Jézus, valamint a többi fizikai testtel nem rendelkező, úgynevezett angyalok esetében is.

ANGYALOK ÉS DÉMONOK

fizikai testtel nem rendelkező TEREMTŐ lény				
élő teremtmények		**élettelen teremtések**	
Pl. lények		Pl. tárgyak	
fizikai testtel rendelkezők	**fizikai testtel nem rendelkezők**	fizikai testtel rendelkezők	fizikai testtel nem rendelkezők
Pl. növények, állatok	Jézus, **angyal**	Pl. bolygók, hegyek,	Pl. erők, energiák

Akárcsak a Teremtő és Jézus esetében, az **angyalok lakhelye sem része az Univerzumnak**, azon kívül és felül van. Az úgy nevezett „egekben". Tehát, ők is teljes **joggal nevezhetők földönkívülieknek**. S mit tudunk a lakhelyükről? Az „egeket" állandó fény tölti be, a Teremtő fénye, nincs szükségük fényt kibocsátó égitestre. Míg az Univerzumot – ennek szöges ellentéteként – sötét légüres tér tölti ki, ami elnyel minden fényt.

Jelenések 22:5 *„Éjszaka sem lesz többé, és nincs szükségük sem lámpafényre, sem napfényre mert Jehova Isten világosságot bocsát majd rájuk,"*

Testi felépítésük tekintetében az angyalok is fizikai testtel alapvetően nem rendelkező teremtmények, **akaratlagos módon** azonban **képesek fizikai** (emberi) **testet felvenni,** méghozzá a lehető legtökéletesebb formában. Ám a legkülönlegesebb alakfelvételre minden bizonnyal Jézus (mint szuper angyal) feltámadása után került sor, mert ő a halála előtt keletkezett sebeket is reprodukálta. Nem sokkal ezután, a távozásáról szóló leírás szerint pedig ebben az akaratlagosan felvett testben már képes volt a gravitáció ellenére felemelkedni és elhagyni a Földet.

Valamint képesek voltak az angyalok emberi testet öltve **táplálkozni, szexuális életet élni** és **utódokat létrehozni.**

1Mózes 18:5 „*Én pedig hadd hozzak egy darab kenyeret, hogy felüdítsétek szíveteket.*"

1Mózes 6:2 „*az igaz Isten fiai felfigyeltek rá, hogy az emberek lányai szépek; és feleségeket vettek maguknak*"

1Mózes 6:4 „*Nefilek voltak a földön azokban a napokban – és azután is –, amikor az igaz Isten fiai együtt háltak az emberek lányaival, és azok fiakat szültek nekik*"

Lukács 1:30–31 „*Ezért az angyal ezt mondta neki: „Ne félj, Mária, mert kegyet találtál az Isten előtt; és íme, fogansz méhedben, és fiút szülsz, és a Jézus nevet fogod adni neki.*"

János 20:27 „*Tamáshoz: „Tedd ide az ujjadat, és nézd meg a kezeimet, és nyújtsd ki a kezedet, és dugd az oldalamba, és ne légy tovább hitetlen, hanem légy hívővé.*"

Lukács 24:51 „*Miközben áldotta őket, elvált tőlük, és felvitetett az égbe.*"

A fizikai testtel alapvetően nem rendelkező teremtmények, avagy angyalok, testükben ugyan eltérőek tőlünk, de a Teremtővel való kapcsolatukat vizsgálva sokkal több hasonlóság van köztünk, mint azt elsőre gondolnánk.

Ahogyan mi is, ők is **rendelkeznek a szabad akarattal,** mint egyfajta **alapjoggal.** Előttük is ott áll a választás lehetősége, hogy kívánnak-e a Teremtővel, elvárásaival, erkölcsi mércéivel összhangban, teljes tökéletességben és örökké élni vagy ellenszegülnek, dacolva a Teremtővel és vállalják döntésük következményeit. Az önrendelkezési vagy szabad akarat joga ugyanis nem csak jogokat biztosít, felelősséggel is jár.

Rendelkeznek továbbá **saját erővel** – méghozzá nem is csekéllyel – minek forrása azonban a Teremtő, valamint konkrét **megbízatással, feladattal. Képesek információkat** –

bele értve az agyi információkat is – **hozni-vinni, hatással lenni** az emberekre.

A fizikai testtel nem rendelkező „földön kívüli" lények kezdetben **egységes nézeteikben**, és a Teremtőhöz való lojális viselkedésükben egy idő után **szakadás következett be**, amikor **egyesek a Teremtő jogalkotásához és hatalomgyakorlásához való jogát megkérdőjelezték**. Ez a későbbiekben nyílt ellenszegüléshez és **az égi társadalom megosztottságához vezetett**.

Ebben a lassan kibontakozó ellenséges, viszályokat okozó helyzetben a Teremtő könnyedén rendet tehetett volna, egyetlen csapással, mégsem tette. Ellenkezőleg, ahogyan a szerető szülő igyekszik türelemmel kezelni ellenszegülő, makrancos gyermekét, Ő is türelmes, de még inkább igazságos – volt és ma is az –, aki a maga által létrehozott törvényeket saját magára nézve is kötelezőnek tartja.

Az ellenszegülőknek időt – a bűnbe eséstől számított 6390 évet – és lehetőséget adott arra, hogy bebizonyíthassák – ha ugyan tudják – állításaik helyességét, de még inkább, hogy szembesüljenek tetteik következményeivel és belássák, hogy amit tesznek, az nemcsak, hogy nem helyes, de nagyon sok fájdalommal jár. A hűségesek számára pedig komoly tanulsággal szolgál figyelemmel kísérni a Teremtő igazságosságát és testvéreik helyzetének alakulását.

Miután a **fizikai testtel alapvetően nem rendelkező lények csoportja kettészakadt**, egyik részük megmaradt a teremtéskori szeretetteljes és jogkövető állapotban, ők bibliai összefoglaló néven az **angyalok**. Másik részüket pedig ellenszegülőkként, vagy **démonokként ismerjük**.

Ezeken a kifejezéseken nem kell és nem is szabad megütközni, hiszen ezek csak elnevezések, a megkülönböztetés eszközei, s nem is éppen maiak. De mivel a Biblia képezi a vizsgálatunk tárgyát, alkalmazkodnunk kell hozzá a könnyebb megértés végett.

S, habár a fizikai testtel alapvetően nem rendelkező és nem jogkövető lények elnevezése magatartásuk változását követve alakult ki, képességeik és erejük nem változott. Továbbra is akaratlagosan emberi testet ölteni képes, komoly szellemi energiával rendelkező, az embereket befolyásolni és uralni képes személyek maradtak, s megosztottságra késztették nemcsak az „egek" lakóit, kihatással voltak és vannak a Földre is.

EMBER

fizikai testtel nem rendelkező **TEREMTŐ** lény

élő teremtmények		élettelen teremtések	
Pl. lények		Pl. tárgyak	
fizikai testtel rendelkezők	fizikai testtel nem rendelkezők	fizikai testtel rendelkezők	fizikai testtel nem rendelkezők
Pl. állatok, ember	Jézus, angyal, démon	Pl. bolygók, hegyek,	Pl. erők, energiák

Az ember különleges ötvözete a fizikai testtel alapvetően nem rendelkező teremtéseknek, teremtményeknek, valamint a fizikai testtel rendelkező teremtményeknek és teremtéseknek. Mi lettünk e két képzeletbeli halmaz uniója. Milyen volt teremtésekor az ember? **Tökéletes, örök életre képes**, igazi műalkotás. Egy csodálatos lény. S megkapta hozzá az **önrendelkezés jogát**, a szabad akarat áldását. Felruházva **saját szellemi erővel** és **képessé téve** a Teremtőtől származó **energiák és információk megértésére**. Azonban egyetlen rossz döntés **megpecsételte sorsunkat**. Ádám és Éva, az első emberpár halandó és tökéletlen emberekké tették magukat és minden utánuk következő generációt, minket, a gyermekeiket. Mi pedig a szükséges bölcsesség, tudás és önuralom hiányában – követve szüleink romboló példáját – mára már csaknem teljesen tönkre tettük a bolygót, Földünket, egyetlen lakhelyünket, anyagi létünk bölcsőjét.

„Szétválasztása a vizeknek" *(1Mózes 1:7)*

3. FEJEZET

A BŰN ÉS AZ ÉVEZREDEKIG TARTÓ BŰNHŐDÉS

Magát a bűnbeesés történetét szinte mindenki ismeri. A felnőttek saját olvasmányaikból vagy mások elmondása alapján. A gyermekek pedig hittan órán, vagy az internetről ismerkedhetnek meg vele. De vajon mit értünk meg belőle?

A Biblia alapjában véve egy igen összetett és nagy terjedelmű összeállítása az emberiség történelmének, ehhez képest a bűnbeesés története egy egészen rövid és egyszerű történet. Vagy csak annak látszik?

Véleményem szerint sokkal többről van itt szó, mint egy laza kis történetről. Hiszen ezen állt vagy inkább bukott az egész emberiség sorsa. Óriási naivitás lenne azt gondolnunk, hogy részletes és alapos áttekintés nélkül is képesek vagyunk megérteni. Ha viszont elszánjuk magunkat az elemzésére, sok, a Bibliával kapcsolatosan felmerülő kérdésre választ kaphatunk.

Először is lássuk a bűnbeesés történetének előzményeit. A Teremtő létrehozta mindazt, ami az élethez szükséges. Megalkotta az élettelen- és az élővilágot, majd az első férfit, később az első nőt.

Milyen volt a környezetük? Optimális. Egy kertet alkotott számukra, melyben megvolt minden az egészséges élethez, a táplálkozáshoz, volt bőséges vízellátás, és kellemes éghajlat. Teljes biztonságban élvezhették mindazt, amit a kert nyújtott nekik. Az állatok nem jelentettek veszélyt az emberre, sőt egymásra sem. Mert ahogyan az ember is, úgy az állatok is növényevők voltak.

1Mózes 1:30 *"És a föld valamennyi vadállatának, az egek valamennyi repdeső teremtményének és minden léleknek, amely a földön mozog, s amelyben élet van, eledelül adok minden zöld növényt."*

1Mózes 1:28 *„Isten ezután megáldotta őket, és ezt mondta nekik Isten: „Legyetek termékenyek, sokasodjatok, töltsétek be a földet és* **hajtsátok uralmatok alá; uralkodjatok** *a tenger halain, az egek repdeső teremtményein, és minden élő teremtményen, amely a földön mozog."*

S bár bizonyos tekintetben hasonlítottunk egymáshoz (pl. táplálkozásunkban), jelentős különbségek voltak a teremtmények között.

Először is az **önrendelkezés** tekintetében, mivel az ember az angyalokhoz hasonlóan rendelkezett szabad akarattal. Továbbá a **hatalomgyakorlás** tekintetében. Mert az állatok úgy lettek teremtve, hogy az ember uralkodjon felettük.

Az **élettartam** tekintetében különösen jelentős a különbség, ugyanis amíg **az ember tökéletes lényként örök életre lett teremtve**, addig az **állatok kezdettől fogva halandók voltak**. Az első férfi megfigyeléseim keresztül – mert feladatául kapta az állatok elnevezését – tapasztalhatta az állatok öregedését és elmúlását. Amikor tehát a jó és a rossz tudásának fájáról elhangzott a tiltás, az **ember** pontosan **tisztában volt a halál fogalmával**.

Mi bizonyítja, hogy az ember valóban halhatatlan volt. Nézzük át a történetet! A Teremtő létrehozta a kertet, s ebben a kertben helyezte el azt a bizonyos „jó és a rossz tudásának" fáját.

Akik csak hallomásból ismerik, itt meg is állnak és nem bonyolítják tovább a történetet. De aki pontos ismeretre törekszik, abban felmerül a kérdés, valóban csak egy speciális fa volt a kertben? Nem! Igazából kettő volt.

1Mózes 2:9 *„És Jehova Isten sarjasztott a földből mindenféle fát, amely a szemnek kívánatos, és eledelnek jó, az élet fáját is a kert közepén, valamint a jó és rossz tudásának a fáját."*

Az egyik, a már szóban forgó „jó és a rossz tudásának" fája, a másik pedig az örök élet fája. Ám a második láthatóan sem az első férfinak, sem – a későbbiekben – az első nőnek nem keltette fel a kíváncsiságát. S, ez csak azzal magyarázható, hogy egyrészt **nem féltek a haláltól**, mert nem érintette őket, másrészt **nem is törekedtek az örök élet megszerzésére**, mivel rendelkeztek vele. Ellenben az első fa termésével már biztosan kacérkodtak a bűnbeesés előtt is, mert tudták, hogy szemre vonzó. Tehát bizonyosan vágyakoztak már gyümölcse után. A tilalom azonban visszatartotta őket, de csak egy ideig. Vágyakozásuk vajon pusztán az éhségből eredt? Vagy valami másra voltak kiéhezve? Mit jelent az pontosan, hogy „a jó és a rossz tudásának" fája? Sokan úgy tartják, hogy ez volt a tudás tárháza, tehát az ismeretek forrása. Ám ez közel sem ilyen egyszerű. Mivel a jó és a rossz felismerése az ember **erkölcsi döntéseinek** alapja. A **helyes és a helytelen** cselekvések, döntések **közötti választás képessége**. Tehát **erkölcsi döntőképesség**, ami nem azonos a technikai ismeretekkel. A különbség szó szerint ég és föld. Addig ugyanis, amíg az ember nem ismerte a jó és a rossz közötti különbséget, nem terhelte felelősség semmiért, csak annyit tudott, amennyit – gondolkodásmódjának gyermeki állapotához képest – tudnia kellett. Az első tilalom, avagy a Teremtő első törvénye csupán azért született, hogy kisgyermeki állapotához képest megóvja az embert a szükségtelenül nagy felelősség terhétől. Egészen addig, amíg kellően felkészítettek és alkalmasak nem lesznek a felelősségvállalásra.

1Mózes 2:16–17 *„A kert minden fájáról ehetsz megelégedésig. De ami a jó és rossz tudásának a fáját illeti, arról ne egyél, mert azon a napon, amelyen eszel róla, bizony meghalsz."*

S, hogy ez mennyire így volt, azt több mint 4000 évvel később a földön tartózkodó Jézus magyarázta el hallgatóinak.

János 9:41 *„Jézus ezt mondta nekik: „Ha vakok volnátok, nem lenne bűnötök. Ámde most azt mondjátok: „Látunk, ezért a bűnötök megmarad."*
János 15:22 *„Ha nem jöttem volna el, és nem beszéltem volna nekik (hogy ismeretet szerezzenek), nem lenne bűnük; most azonban nincs mentségük bűnükre."*

A megismerés felelősséggel jár. Az első emberpár a jót a Teremtőtől ismerte, később azonban megismerték a rosszat is, a rossz pedig egyenlő a bűnnel, a bűn pedig a halállal. Tehát, ha ezt a logikát követjük, akkor az egyik fa az életet, a másik fa pedig a halált szimbolizálta számukra.

Róma 6:23 *"Mert a bűn zsoldja a halál,"*

Visszatérve azonban a tilalomhoz, tudjuk, hogy a Teremtő először a férfival közölte azt, de a későbbiekben a nő is megismerte, ahogyan minden más tanítást is. Ekkor az ember még olyan volt akár egy újszülött. Sátán – az akaratlagosan démonná változó égi lény – nem véletlenül választotta életüknek ezt az időszakát ahhoz, hogy megcáfolja a Teremtő kijelentését és öszszezavarja őket.

A Teremtő állítása:
1Mózes 2:16–17 *"Jehova Isten még ezt a parancsot is adta az embernek: „A kert minden fájáról ehetsz megelégedésig. De ami a jó és rossz tudásának a fáját illeti, arról ne egyél, mert azon a napon, amelyen eszel róla,* **bizony meghalsz."**

A Sátán állítása:
1Mózes 3:4–5 *"**Bizony nem haltok meg**. Mert Isten tudja, hogy amely napon esztek arról, megnyílik szemetek, és olyanok lesztek, mint Isten: tudni fogjátok, mi a jó és mi a rossz."*

Az ellentétes állítások **kételyt ébresztettek** bennük. A kétely vagy kételkedés – mint azt tudjuk – komoly veszélyt jelent az ember gondolkodására, és kialakult meggyőződésére. A sátáni állításban megerősítést találtak arra, hogy engedjenek a már amúgy is bennük lévő vágyaiknak. Ettől a vágy olyan erős kísértéssé – vagy késztetéssé – vált számukra, aminek nem tudtak, és már nem is akartak ellenállni.

A **kétely** erős és veszélyes, olyan vágyak kielégítését is előmozdíthatja bennünk, amelyek helytelenségéről az egyik pillanatban még szilárdan meg vagyunk győződve, a másik pillanatban pedig már elbizonytalanodunk. Általa nemcsak meggyöngíthetjük, de akár el is veszíthetjük szilárd, vagy szilárdnak látszó meggyőződésünket, ahogyan Péter – Jézus tanítványa – is, az övét.

*Máté 14:27–31 „Jézus rögtön szólt hozzájuk a következő szavakkal: „Bátorság, én vagyok az, ne féljetek!" Péter így felelt neki: „Uram, ha te vagy az, parancsold meg nekem, hogy menjek oda hozzád a vízen." Ő így szólt: „Jöjj!" Erre Péter a csónakból kiszállva, járt a vízen, és ment Jézus felé. A szélviharra nézve azonban megijedt, és amint merülni kezdett, felkiáltott: „Uram, ments meg!" Jézus azonnal kinyújtotta a kezét, megragadta őt, és ezt mondta neki: „Kicsinyhitű, miért adtál helyet a **kételynek**?"*

A vágy és a kísértés között pedig szoros kapcsolat van. Az embernek számtalan vágya lehet, de kísértéssé akkor válik, ha a vágy elkezdi uralni gondolatainkat, s teszi ezt olyan erővel, hogy hajlandóak vagyunk saját erkölcsi normáinkat is sutba vetni megvalósításuk érdekében. A Biblia ehhez képest sokkal egyszerűbben fogalmaz.

*Jakab 1:13–15 „Senki ne mondja, amikor próba alatt áll: „Isten tesz próbára." Rossz dolgokkal ugyanis nem lehet próbára tenni Istent, és ő maga sem tesz ilyesmikkel próbára senkit. Hanem mindenki úgy van próbára téve, hogy a **saját kívánsága** (vágya) vonzza és csábítja. Mikor aztán a kívánság megfogant, **bűnt szül**, a **bűn pedig**, mikor teljességre jut, **halált hoz** világra."*

Tehát mind meggyőződésünket, mind pedig vágyainkat, melyek akár egy kitartó pillantás alatt is kísértéssé alakulhatnak át mindenképpen **agyunk ellenőrzése alatt kell tartanunk**. Az agyunkban eltárolt **ismereteink,** és az általuk kialakított **meggyőződésünk** gyorsan **szétválasztja** a vágyaink közül azokat, **amelyek kockázat nélkül elérhetők**, és amelyek túl nagy kockázattal járnának. Ez a folyamat, akár egy kockázati elemzés, **visszajelzéseket küld**, az úgynevezett „**lelkiismeretünkön**" keresztül. **S amikor akaratlagosan** – azaz szabad akaratunkból – engedünk vágyainknak, elnyomva magunkban a lelkiismeret visszajelzéseit, bár lelkifurdalást érzünk, mégis **szándékos bűnelkövetőkké válunk**.

Ádám és Éva esetében a már **ismert tilalom** ellenére hagyták, hogy eluralkodjon rajtuk a **vágy**, majd a „kígyó" állítása, és persze az, hogy ők is neki akartak hinni, felébresztette bennük a **kételyt**, az pedig már olyan erős **kísértést szült**, aminek már nem szabott gátat semmi sem. **NEM AKARTÁK**, hogy bármi is gátat szabjon neki. Szabad volt a döntés, s ők **így döntöttek**.

A kígyó, vagyis Sátán tudta jól, hogy mi járt a fejükben, hiszen a fizikai testtel alapvetően nem rendelkező lények mindegyike képes agyunk azon részével kommunikálni, mely az agyi érzékelés képességét hordozza. Látta, hogy már abban az állapotban vannak – különösen a nő –, hogy nem kell sok a bűnelkövetéshez. S miért volt érdeke ezt az utolsó lökést megadni? **Tisztában volt vele**, **hogy** az egyszeriben a vállaira szakadó felelősséget **az ember nem lesz képes** elhordozni. Minden, a későbbiekben megszerzett **ismeretet összhangba hozni** saját **vágyaival**, majd vágyait **egyeztetni** a **Teremtő akaratával**, s mindezt úgy, hogy ez az egész gondolati mechanizmus automatikusan, **az ember lelkiismeretén keresztül** menjen végben **akár pillanatok alatt**, attól függően, hogy egy adott helyzetben milyen gyorsan kell reagálnia. Ehelyett az emberi vágyak szűrés nélkül alakulnak át kísértéssé, nem korlátozza azt sem isteni törvény, sem a lelkiismeret. S ugyanezen kontrolálatlan módon lesz a tudományos és technikai ismeret is kiszolgálója az ember vágyai megvalósításának. Nem csoda, hogy a tudás fegyverré válik az ember kezében önmaga ellen.

Mi motiválhatta erre a Sátánt, mire vágyott, mi az, ami az ő kísértésévé vált? Bár a Teremtőtől kapott erőt és hatalmat, felelősségteljes munkát és megnyerő külsőt, neki mégis több kellett. Isteni hatalomra tört. S a hatalom gyakorlásához szükség van a hatalomnak alá rendelt személyekre.

Ismerve a Teremtő emberiséggel kapcsolatos elképzelését – „töltsétek be a földet" – **Sátán** egy **világhatalom** megszerzésének lehetőségét látta meg bennünk. Nemcsak a hozzá hasonló, örök életre képes, ám nálánál gyengébb akarattal rendelkező égi lények elnyomásában gondolkodott, hanem az örök életétől megfosztott, alávetett, betegségeknek és az öregségnek kiszolgáltatott **emberiségben** is, megtalálva bennük az **ideális alattvalót**.

Ézsaiás 14:12–14 „Ó, mint hullottál le az égből, te fényesség, te hajnal fia! Mint vágattál le a földre, te, aki megnyomorítottad a nemzeteket!..."
... „Te azt mondtad szívedben:» Az egekbe megyek fel. Isten csillagai (angyalai) fölé emelem trónomat, és leülök a találkozás hegyén, észak legtávolabbi részén. Fölmegyek a felhők magaslatai fölé, hasonlóvá teszem magam a Legfelségesebbhez.«"
1János 5:19 Mert: „Tudjuk, hogy az Istentől származunk, de **az egész világ a gonosz hatalmában van**."

Sátán, avagy az Ördög és az első emberpár „közös erővel" megvalósított bűnelkövetése, az igazságszolgáltatás szükségességét vonta maga után. S a tilalom megszegéséért járó **halálbüntetés** életbeléptetésén kívül **mellékbüntetésként** a következő **személyre szóló ítéletben is részesültek**:

Az Ördög
1Mózes 3:14–15 „Ezután Jehova Isten így fordult a kígyóhoz: „Mivel ezt tetted, átkozott légy minden háziállat és minden mezei vad között! A hasadon fogsz csúszni, és port fogsz enni életed minden napján. És ellenségeskedést támasztok közted és az **asszony** között, a te magod és az ő magva között. Az összezúzza a fejed, te pedig annak sarkát zúzod szét."

A nő
1Mózes 3:16 „Az **asszonynak** ezt mondta: „Felettébb megnövelem terhességed fájdalmát. Fájdalommal szülsz gyermekeket, és epekedni fogsz férjed után, ő pedig uralkodni fog rajtad."

A férfi

1Mózes 3:17–19 „*Mivel hallgattál feleséged szavára, és ettél a fáról, amelyről azt parancsoltam:» arról ne egyél «, átkozott legyen a föld miattad. Gyötrelmes fáradozással fogod enni termését életed minden napján. Tövist és bogáncskórót fog neked teremni, és mezei növényeket kell enned. Arcod verítékével eszed a kenyered, míg vissza nem térsz a földbe, mert abból vétettél. Mert por vagy, és a porba térsz vissza.*"

„**A kimondott szónak ereje van**" szokás mondani. A Teremtő kimondott szavának pedig az egész emberiségre kiható ereje van. Az ember szervezetében megjelent a **bűn**, mint egy **állandósult és komplex** (fizikai, kémiai, biológiai) **torzulás** – génhiba – mely **átöröklődött mindenkire**. Hatására az ember, akit Isten a maga képmására teremtett, eltávolodott Tőle, **tökéletlenné vált** és **öregedni kezdett, majd meghalt**. Ezt a nem túl örömteli folyamatot ma úgy nevezzük, hogy ez „**az élet rendje**", de sosem szabad megfeledkeznünk róla, hogy ez így ebben a formában nem igaz. Az öregség és a halál eredendően nem volt az emberi élet része!

Az ember bűnösségének hatására Isten és ember között **meglazult** a rendszeres **szellemi kapcsolat is**, amely a későbbiekben beláthatatlan következményekkel járt. Isten rendszeres oktatásának hiányában, erkölcsi értékeinkben, viselkedési normáinkban jelentős változások mentek végbe, sajnálatos módon nem az előnyünkre.

A büntetés mellett elhangzott egy, az eljövendő eseményekre vonatkozó **hosszú távú előrejelzés** is.

1Mózes 3:15 „*És ellenségeskedést támasztok közted és az* **asszony** *között, a te magod és az ő magva között. Az összezúzza a fejed, te pedig annak sarkát zúzod szét.*"

Ez a **prófécia** a Sátánnak szólt, de mi köze neki egy asszonyhoz? Egyáltalán volt a földön asszony, azaz férjezett nőnemű személy akkor, amikor a büntetések elhangzottak? Vizsgáljuk meg!

Amikor a Teremtő a **nőhöz** szólt, akkor ő még **nem** volt **asszonya** a férfinak. A férfira kiszabott büntetéskor a **nő** maximum Ádám **jegyese vagy arája** lehetett, mivel még **nem volt köztük szexuális kapcsolat**. Törvényes feleséggé, azaz asszonnyá akkor vált, amikor – már a bűnbeesés után, a kertből kizárva – „elhálták" az esküvőt.

Így a három büntetés közül csak az Ördögében marad meg az eredeti „asszony" kifejezés. **De ki ez az asszony?** Hogy megértsük, meg kell vizsgálnunk, hogy a bűnbeesés miben és kinek hoz még változást az életében.

A Teremtő nem a Föld teremtésével kezdte megosztani a létezés, az élet örömét. Előttünk, sőt az Univerzum létrehozása előtt már léteztek hozzá hasonló, fizikai testtel alapvetően nem rendelkező teremtményei.

János 8:58 *„Jézus ezt mondta nekik: „Bizony, bizony mondom nektek, mielőtt Ábrahám lett, én már voltam."*

Tehát, **a fizikai testtel alapvetően nem rendelkező lények** sokkal **előbb keletkeztek**, s mivel a Teremtő őket is megáldotta a szabad döntés jogával, a szabad akarattal. Igen nagy számban, békében és jól szervezett közösségben éltek egymás mellett hosszú időn keresztül, alkalomadtán társadalmi eseményeket, összejöveteleket tartva egymás között.

Jób 1:6 *„Elérkezett pedig a napja, hogy az igaz Isten fiai eljöjjenek, és megjelenjenek Jehova előtt; Sátán is eljött közöttük."*

Azzal, hogy az **Ördög** vagy **Sátán** saját hatalma létrehozása érdekében, befolyást szerzett az emberiség felett, az égi lényekre is hatást gyakorolt és egyesek gondolkodásmódját megváltoztatta, komoly törést okozva ezzel az addig lojális és homogén égi társadalomban.

Amikor az Ördög a bűnbeesés alkalmával meghazudtolta a Teremtőt, egyben megkérdőjelezte alkalmasságát és jogát a törvényalkotásra és a hatalomgyakorlásra. Ezzel vált **hazug**,

ellenszegülő démonná. Innen származik a Sátán (jelentése: ellenszegülő) vagy Ördög (jelentése: hazug) elnevezés. Az ő hatására mindazok a fizikai testtel alapvetően nem rendelkező égi lények, akik ellenszegülésében támogatják hozzá csatlakozva alkotják a **démonok** igen **népes táborát**.

> **Jelenések 12:4** „magával vonja az ég csillagainak (angyalainak) harmadrészét"

Hogy ellenzéki csoportjuk neve a Teremtőtől származik-e vagy ők maguk vették fel, nem tudni, de jól mutatja **elkülönülésüket** a lojális **angyalok**tól, akik a Teremtő hűséges szövetségesei. A bibliai idézetben szereplő asszony tehát egy szimbolikus házassági szövetség női tagját, a Teremtő lojális égi követőit jelenti.

Az Ördögnek és az Ördögről szóló próféciából két jól megkülönböztethető, és egymással szemben álló tábor rajzolódik ki az ellenérdekek mentén:

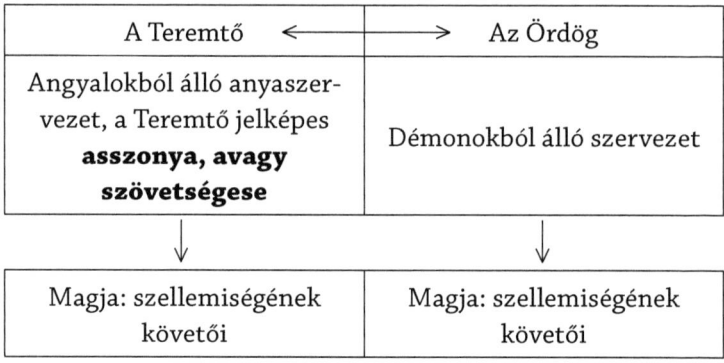

Miután mindkét tábor „**magja**" követőiket szimbolizálja, máris értelmezni tudjuk az Ördög büntetésének lényegét. Vagyis amíg **az Ördög és a démonok** a Teremtő szervezetének magján – Jézuson és az ő választott követőin – **csak átmeneti sebet tudnak ejteni**, **addig** a **Teremtő magja** – elsősorban persze Jézus – a fejére fog lépni a „kígyónak" azaz az Ördögnek és **végleg el fogja pusztítani követőivel együtt**. Ám erre még várni kell.

Visszatérve azonban a bűnbeeséshez, az ítélethirdetés után az első emberpárnak el kellett hagynia az eddig otthont adó kertet, s már az „örök élet fája" is gondosan el lett zárva előlük.

1Mózes 3: 22–24 *„Íme, az ember olyan lett, mint közülünk egy: tudja, mi a jó és mi a rossz. Most azért nehogy kinyújtsa kezét, és szakítson az élet fájáról is, és egyen róla, s időtlen időkig éljen „Jehova Isten ekkor eltávolította őt az Éden kertjéből, hogy művelje a földet, amelyből vétetett. Kiűzte hát az embert, majd az Éden kertjének keleti oldalára kerubokat állított, és egy szüntelenül forgó kard, lángoló pengéjét, hogy őrizzék az élet fájához vezető utat."*

Az ember édenkerti története ezzel bezárult, de a bűn megmaradt. Része lett az életünknek, s – akarva vagy akaratlanul – mindenki vétkezik hol Isten, hol maga, hol mások ellen. Erre figyelmeztet minket jó pár száz bibliai oldallal és több ezer évvel később Jézus hűséges követője, Pál.

Róma 5:12 *„Ezért van, hogy amiképpen egy ember által jött be a világba a bűn, és a bűn által a halál, s így a halál minden emberre átterjedt, mivel mindnyájan vétkeztek."*

A bűn büntetése – a sejt öregedés és pusztulás – olyan módosulásokat okozott az emberekben, amelyek hatására **a legoptimálisabb életkörülmények mellett is** megindul az **öregedés** és „természetes úton" is, végelgyengülés formájában, bekövetkezik a **halál**.

Bár sokan és sokféleképpen próbálták már ezt a folyamatot megállítani, a tudomány ma sem találja a megoldást. Alaposabban megvizsgálva magát a törvényszegés folyamatát, érthető is, hiszen rossz helyen keresik. Fizikai és kémiai úton próbálkoznak az öregedés megállításával, holott a bűnt szellemi értelemben követték el. Az agyban végbemenő tevékenységbe, a gondolkodás módjába csúszott hiba.

Ezért az ember szellemi tevékenységében és az ezt tükröző személyiségében kell keresni a megoldás kulcsát.

Mert ahogyan a **negatív szellemi változás fizikai torzulásokat,** testi tökéletlenségeket **okozott** az emberben, beindítva a betegségeket és az öregedést, úgy **a pozitív szellemi változás,** a fizikai torzulások és **a bűn megszüntetéséhez vezethet.**

S mivel az ember mindig is szerette volna megérteni embertársait, azt hogy mi befolyásolja döntéseiket, gondolkodásukat, ezért az emberi személyiség vizsgálatával és megismerésével foglalkozó megannyi tudományág, tudományos munka, elmélet jött létre az ókortól egészen napjainkig, de még mindig csak a vizsgálódásokig jutottak, a fent említett összefüggések meglátása még várat magára.

Ám az eddigi vizsgálatok sem voltak hiábavalók, mert értékes megállapításokhoz vezettek. Általuk tudjuk, hogy minden társadalmat a benne élő egyének magatartása határozza meg. Így ha az azt alkotó egyénekből hiányzik például a lojalitás és a jogkövetés, akkor ez az egész társadalomra jellemző lesz, pontosan úgy, ahogy az első emberpár ellenszegülése sem csak kettejükre, hanem az egész emberiségre is kihatással volt. Tettük felborította a Teremtővel való kapcsolatunkat, valamint az igazság és az igazságosság egyensúlyát is.

Ahhoz, hogy ez helyre álljon, s a Teremtő akarata – valamint alapvető elképzelése a Földdel és az emberiséggel kapcsolatban – érvényesülhessen, az embernek meg kell szabadulnia a bűntől és annak büntetésétől.

Róma 6:23 „Mert a bűn zsoldja a halál,"

Ahhoz viszont, hogy visszaszerezhessük örökké tartó, tökéletes életünket, váltságdíjat kell fizetnünk. De nem is akármilyet. Egy tökéletes ember szabad akaratából jutottunk ebbe a helyzetbe, ezért egy Ádámhoz hasonló, szintén **tökéletes ember** szabad akarattal vállalt **önfeláldozó halála szükséges** ahhoz, hogy **megszabadítson** minket a halált okozó **bűntől**. Ám a földön ilyen ember már nem létezik. Akkor halálra vagyunk ítélve? Születünk és meghalunk. Mégis csak ez lenne az élet rendje? Nem! Egyáltalán nem!

János 3:16 *„Mert az Isten annyira szerette a világot, hogy az ő egyszülött Fiát adta, hogy mindaz, aki hitet gyakorol benne, el ne pusztuljon, hanem örök élete legyen."*

A Teremtő úgy döntött, hogy maga gondoskodik váltságdíjról és leküld valakit a földre a tökéletes égi lények közül, de nem a szokásos fizikai testet akaratlagosan felvevő módon, hanem tökéletes emberként. Önkéntes jelentkezőt várt a feladatra, egy hét pecsétes megbízó levéllel.

Jelenések 5:2 *„Ki méltó rá, hogy felnyissa a tekercset, és feltörje a pecsétjeit?"*

Volt rá jelentkező? Igen, Jézus, aki vállalta, hogy tökéletes égi életét a Teremtő áthelyezze Mária méhébe, megszülessen, mint egy tökéletes földi ember, s feláldozza magát értünk, megváltva minket a bűneinktől.

Jelenések 5:5 *„Íme, győzött a Júda törzséből való Oroszlán, Dávid sarja, hogy felnyissa a tekercset és annak hét pecsétjét."*

Önfeláldozása pedig sikerrel járt, megváltott minket. **Lehetőséget biztosított és biztosít ma is a számunkra ahhoz, hogy megszabaduljunk** a velünk született **bűntől** – mely eddig korlátozta közeledésünket a Teremtőhöz – **bejárva a következő földi életpályát:**

1. Megszületett: mint fizikai testtel nem rendelkező **égi lény**	2. Lekerült a földre, mint tökéletes **emberi embrió** Kr.u. 1.-ben	3. Megszületett, **tökéletes emberi életre** Kr.u.1.-ben
4. **Meghalt** Kr.u.35.-ben	5. **Feltámadt**: visszakapta az életét Kr.u.35.-ben	6. **Visszatért** az **égbe** a Teremtőhöz fizikai testtel nem rendelkező **égi lény**ként Kr.u.35.-ben

Viszont ha megváltott minket, akkor miért kell Jézus halála után közel 2000 évvel még mindig bűnhődnünk, azaz meghalnunk. Vagy a halál eltörlésének és az örök élet helyreállításának meghatározott módja és ideje van? Jézus, megváltó – héberül messiási, latinul krisztusi – halála előtt, több mint három évig aktívan tanította követőit arra, hogy a **Teremtő létre akar hozni egy**, az egész bolygót átfogó egyeduralmi **államformát**, egy **királyságot**, s ennek **megvalósítására** csak **azután kerülhet sor, miután ő, Jézus** hatalommal felruházva **visszatér a Földre**.

7. Jézus **visszatérése** a Földre

Dániel: 2:44 „az egek Istene felállít egy **királyságot**." (mondta egy angyal Dánielnek a Kr. e. 5. században)
Lukács 22:29 „és szövetséget kötök veletek, mint ahogy az én Atyám szövetséget kötött velem, egy **királyságra**" (mondta Jézus Kr. u. 31–34 között)

Márk 13:26 „És akkor látni fogják az **Emberfiát eljönni** felhőkben, nagyhatalommal és dicsőséggel."
Lukács 1:33 „és királyként fog uralkodni Jákob házán örökké, és királyságának **nem lesz vége**."
Jelenések 7:17 „mert a Bárány, aki a trón közepén van, terelgetni fogja őket, és **elvezeti** őket az **élet forrásvizeihez**. És az Isten **letöröl minden könnyet a szemükről**."
Jelenések 21:4 „És letöröl minden könnyet a szemükről, és **nem lesz többé halál**, sem kesergés, sem kiáltás, sem fájdalom nem lesz többé. A korábbi dolgok elmúltak."

A Jézus által **helyreállított Teremtő-emberkapcsolat adja az alapját** annak, az államformáját tekintve **királyságnak**, **melynek** – a leírásokból megállapíthatóan – már **nem lesz vége**, azaz **nem kíséri** majd az egész földet érintő **rendszerváltozás**. Továbbá **állampolgárai nem fognak meghalni**, az ember visszanyeri az örök életet, mégpedig **tökéletes állapotban**, betegségek és fájdalmak nélkül.

Ez mind olyan csodálatos, hogy csak egy kérdés marad számunkra: **hogyan lehet oda bejutni?** Erre a kérdésre a következő idézetek próbálnak választ adni.

Cselekedetek 2:38 „Tanúsítsatok **megbánást**, és valamennyien **keresztelkedjetek** meg **Jézus Krisztus nevében** bűneitek megbocsátására"
János 3:16 „Mert az Isten annyira szerette a világot, hogy az ő egyszülött Fiát adta, hogy mindaz, **aki hitet gyakorol benne**, el ne pusztuljon, hanem **örök élete legyen**."

Összegezve:
1. tanúsítsunk megbánást, s ennek jeleként keresztelkedjünk meg
2. mert aki megkeresztelkedik, Jézus Krisztus nevében, az elismeri Jézus váltságáldozatát
3. s akinek meggyőződése, hogy Jézus halála megvált a bűntől, az valóban bűntelen és örökéletű lesz.

Amikor Jézus a földön járt, s amikor majd visszatér, akkor e fenti magatartási forma közvetlenül Jézus előtti kifejezése nem okoz problémát, de mi történik akkor, ha a két időszak, azaz még a visszatérése előtt meghalunk. Honnan fogják tudni rólunk, hogy mi is szeretnénk részesülni az örök élet ajándékából? S, hogy mi is elköteleztük magunkat Jézus és Újszövetsége, valamint az új állam- és világrendszer mellett.

Az elmúlás nem akadály. Mindenki, aki az élete során **hitt** (*és így halt meg*) valamint **hisz** vagy ezután **hinni fog** (és úgy fejezi be a jelenlegi világrendszerben az életét) és Jézus bűntől megváltó halálában meggyőződve **megkeresztelkedik**, annak **örök élete** lesz a következő világrendszerben, vagyis Isten királyságában. Ez Jézus igazi jó híre, vagy evangéliuma az emberiség számára! S mi lesz azokkal, akik ezt a jó hírt meg sem hallják, nem értékelik kellő képen a Teremtő és Jézus áldozatát. A világrendszer befejezésekor a Teremtő bírói ítéletet tart felettük, megbízott főbíróján, Jézuson keresztül.

János 3:18 „*Aki hitet gyakorol benne, nem kerül ítélet alá. Aki nem gyakorol hitet, már ítélet alá került, mert nem gyakorolt hitet az Isten egyszülött Fiának nevében.*"

Tehát, aki hisz vagy hitt, azt nem fogják elítélni. Ám aki nem hitt, vagy nem hisz sem most, sem a későbbiekben, azt vagy **már elítélték**, **vagy legkésőbb Jézus visszatérésekor** elmarasztaló ítéletben fogják részesíteni, s megvonják tőle az örök élet lehetőségét. Általános az a megközelítés, hogy az ítélet egyszerre fog megtörténni minden egyes ember számára. Akkor, **hogyan mondhatjuk, hogy vannak, akiket már elítéltek?** Úgy, hogy azok, **akik** már **meghaltak**, **azok** tetteinek és bűneinek **lajstroma már elkészült**.

Jelenések 20:12–13 „*És megítélték a halottakat a tekercsekben megírtakból, a tetteik szerint. És a tenger kiadta a benne levő halottakat, és a halál és a hádesz is kiadta a benne levő halottakat, és megítélték őket egyénenként a tetteik szerint.*"

Továbbá, ahogy azt már ismerjük, **hitünk,** szellemi állapotunk a fizikai testtel nem rendelkező égi lények számára folyamatosan **ellenőrizhető,** mint ahogy ismereteink, gondolataink, vagy éppen vágyaink.

Mi is az a **hit.** Sokan úgy gondolják, hogy a hit **irracionális,** minden alapot nélkülöző lelki állapot, s ezt a megállapítást az emberek nagy része a Szentírásból származtatja.

A **meggyőződést** viszont a megismerésre adott **racionális** válasznak tartják. Mi a különbség a hit és a meggyőződés között? Vegyünk egy egyszerű példát! Az ember megismerve a természet törvényeit és megtapasztalta például, hogy minden reggel felkel a nap, ha tehát az új nap hajnalán abban hisz, hogy látni fogja a napfelkeltét, akkor racionálisan vagy irracionálisan gondolkodik? Természetesen ez racionális gondolkodásra vall. Ha viszont a bibliai eseményeket, megállapításokat és azok igazságtartalmát megvizsgáljuk, valódiságukról megygyőződünk és ezen ismereteink alapján hiszünk benne, akkor az irracionális lenne? Egyáltalán nem.

E fogalmak – a hit és a meggyőződés – szinonimái egymásnak. Annál is inkább, mert a Biblia sosem támasztotta alá a tapasztalati ismereteket nélkülöző vak hit elfogadhatóságát. Ellenkezőleg!

Héberek 11:1 „A hit a remélt dolgok **biztosítékon** (bizonyítékon) **alapuló** várása, a nem látható valóságok nyilvánvaló bizonyítása."

Akkor honnan származnak a Bibliával és a hittel kapcsolatos téves megállapítások? Olyan tanítások kapcsán kerültek hibásan a köztudatba, amelyektől Jézus már az ókorban óva intette tanítványait.

Máté 24:4–5 „Jézus pedig így válaszolt nekik: „**Vigyázzatok,** hogy senki ne vezessen félre titeket; mert **sokan jönnek majd** az én nevemben,"
2Péter 2:1 „Mindazonáltal hamis próféták is támadtak a nép között, miként közöttetek is lesznek **hamis tanítók.** Ugyan-

*ezek **romboló szektákat fognak bevezetni** csendesen, és megtagadják még a tulajdonosukat is, aki megváltotta őket"*

Ezek a tévhitek az Újszövetséget sem kímélték. Jézus távozása után gyakorlatilag azonnal megindult a **tanítások torzítása**. Elegendő volt csupán egy apró változtatás ahhoz, hogy az évezredek során hatalmas szakadék alakuljon ki az eredeti tanítások és a mai különböző vallási felekezetek tanításai között.

Kezdetben csak egy-egy ember fedezte fel magának az új tanítást, mint az **egyéni felemelkedés** lehetőségét. **Később** létrejöttek a „**kiszolgáló**" **egyházak**, amelyek a **hatalom, a politika,** vagy **egyes társadalmi csoportok kiszolgálóivá váltak** jelentős anyagi támogatások reményében.

Az úgynevezett **populáris egyházak** tehát minél több követővel rendelkeznek, annál nagyobb az adakozásból befolyt összeg, illetve állami támogatás. A befolyt összegek, az egyházi vagyon pedig hatalmat eredményez, a nagyobb hatalom pedig még nagyobb befolyást. A hatalmi kör itt be is zárul, de hol marad az értelem, a hamisítatlan ismeret.

Napjainkban, amikor már minden háztartásban legalább egy Biblia porosodik a polcokon, szinte elképzelhetetlen, hogy Jézus tanításától eltérő tanokat lebukás nélkül lehessen tanítani, mégis lehetséges. Mert az emberek rászoktak a „konzervekre", a félkész és kész szellemi táplálék fogyasztására. Az emberek már nem olvasnak, nem győződnek meg a hallott állítások igazáról, elfogadják a jó előre kifőzött és tartósított „konzerv" megállapításokat. Ezek elfogyasztásához nem kell vesződni az alapanyagok feldolgozásával, a bibliai szövegek értelmezésével, azonnal fogyasztható, s kiszolgálják az ízlésünket.

***2Timóteusz 4:3-4** „Mert lesz időszak, amikor az egészséges tanítást nem fogják elviselni, hanem a saját kívánságaikkal összhangban gyűjtenek össze maguknak tanítókat, hogy csiklandoztassák a fülüket; és az igazságtól elfordítják fülüket, a valótlan történetekhez ellenben odafordulnak."*

Vajon a konzerv-fogyasztók még sosem gondolkodtak el azon, hogy ha válogathatnak az „ízek", a vallási tanok között tetszésük szerint, akkor az adott felekezet valójában kit is szolgál, embert vagy Istent. Mert ha a Teremtőt szolgálnák, akkor nem lenne választási lehetőségük. Csak egy módon és csak az embernek kell, kellene alkalmazkodni a Teremtő elvárásaihoz.

2Mózes 20:5 *„én, Jehova, a te Istened olyan Isten vagyok, aki kizárólagos odaadást vár el,"*

Bármilyen felekezetet választunk, valódi meggyőződésünket el nem rejthetjük. Az ember meggyőződése „kézzelfogható", a Teremtő, vagy bármely más égi teremtménye számára. Tehát előttük nem titok, hogy valódi és kizárólagos odaadással közeledünk-e a Teremtőhöz, követjük-e teljes mértékben Jézus tanítását, vagy sem.

Ám az emberek előtt ez már nem ilyen egyértelmű. Meggyőződésünk és elkötelezettségünk kimutatására Jézus egy szövetségi rendszert állított fel, az Újszövetséget. Így **a szövetséghez tartozás jelképei** már az emberek számára is kézzelfoghatókká váltak. Ezen jelképek **segítségével lehetőségünk nyílik hitünket** – világnézeti meggyőződésünket – **élővé tenni, annak tanúbizonyságát adni.** Mi is ennek a módja?

*János 6:54–56 „Aki a **testemmel** táplálkozik, és a **véremet** issza, annak örök élete van, és én feltámasztom őt az utolsó napon; mert a testem igazi eledel, és a vérem igazi ital. Aki a testemmel táplálkozik, és a véremet issza, egységben marad velem, és én egységben ővele."*
*Máté 26:26–28 „Amint folytatták az evést, Jézus vett egy **kenyeret**, és miután áldást mondott, megtörte, és odaadva azt a tanítványoknak, ezt mondta: „Vegyétek, egyétek. **Ez jelenti a testemet**." Vett egy **poharat** is, és miután hálát adott, odaadta nekik, és ezt mondta: „Igyatok belőle mindnyájan, mert **ez jelenti a véremet, »a szövetség vérét«**, amely kiontatik sokakért a bűnök megbocsátása végett."*

Lukács 22:19 „Ezentúl ezt cselekedjétek a rólam való **megemlékezésül**."
1Korintusz 11:26 „Mert valahányszor **eszitek e kenyeret és isszátok e poharat**, mindegyre **az Úr halálát hirdetitek**, míg meg nem érkezik."

Meggyőződésünk kimutatásának kötelező formájára utalnak a fenti idézetek. Ezek alapján, aki az Újszövetséghez szeretne tartozni, annak először át kell esnie az **őszinte bűnbánaton** – elkövetett hibás tetteinkből származó szégyen és megbánás – és az azt követő **felnőtt keresztelkedésen**. Azután pedig szükségszerűen **magához kell vennie a szövetség jelképeit**, a kenyeret és a bort. Ez az aktus egyébként szinte minden keresztény vallási felekezetben megtalálható. Az eltérések abban mutatkoznak meg, hogy vannak, akik kereszténynek vallják magukat, de Jézus tanítása ellenére – egy bibliai idézet értelmének eltorzítása okán – egyáltalán nem veszik magukhoz a jelképeket. A másik véglet pedig, amikor havonta, vagy legalábbis évente többször megteszik. A helyes mérték megállapításához maga a Biblia ad fogódzót. Csak jól kell tudni kérdezni tőle.

Az első kérdés, Jézus mikor osztotta meg tanítványai között először a jelképpé vált kenyeret és a bort. A helyes válasz pedig, a pászkaáldozat elfogyasztásakor.

4Mózes 9:1–3 „És szólt Jehova Mózeshez a Sínai-pusztában, a második év első hónapjában azután, hogy kijöttek Egyiptom földjéről, és ezt mondta: „Készítsék el Izrael fiai a **pászkaáldozatot** annak meghatározott idejében. Ennek a hónapnak a tizennegyedik napján, a két este között készítsétek el a meghatározott időben."
2Mózes 12:8 „Még ezen az éjjelen egyék meg a húst. Tűzön sütve, **kovásztalan kenyérrel** és keserű füvekkel egyék meg."

Mi is az a pászka, és hogyan vonható párhuzam közte és Jézus áldozata között? Míg a **pászka** a zsidó nép Egyiptomból való kiszabadulásának, és elsőszülöttjeik – az ország felett kimondott (**2Mózes 11:4-5** „Mózes így szólt: „Ezt mondta Jehova: „Éjfél körül átvonulok Egyiptomon, és meghal Egyiptom földjén minden elsőszülött, a trónján ülő fáraó elsőszülöttje is, a kézi malmot hajtó szolgálólány elsőszülöttje is, és minden jószág elsőszülöttje.") – isteni ítélet alóli **kiváltásának emlékére** szolgál, a kiváltási ár pedig az áldozati bárány vére és a sietség kovásztalan kenyere, addig Jézus saját áldozati vérét és a kenyér szimbólumaként húsát áldozta fel követői megváltásáért. A következő kérdés persze az, hogy a tanítás szerint, hányszor kell ezt az áldozati ceremóniát bemutatni.

5Mózes 16:16 „*Évente háromszor jelenjen meg minden férfi közüled Jehova, a te Istened előtt azon a helyen, melyet Ő kiválaszt: a **kovásztalan kenyerek ünnepén**, a hetek ünnepén, valamint a lombsátorünnepen,*"
2Mózes 12:14-15 „*És legyen ez a nap nektek emlékeztetőül, és ünnepeljétek Jehova ünnepeként nemzedékeiteken át. Ünnepeljétek meg tehát;* **időtlen időkre szóló rendelet** *ez. Hét napig egyetek* **kovásztalan kenyeret**."

Mivel a **pászkaáldozat** elfogyasztását **éves** megemlékezéssé és ünneppé tette a Teremtő, ezért azt az Ószövetségben csupán évente **csak egyszer** kellett megünnepelni. Ám ez a rendelet **örök időkre szól**, így az Újszövetségben is tovább él, mint **Húsvét**. Ahogyan a **Hetek ünnepe** is, mely az Újszövetség keretein belül, mint a húsvéttól számolt ötvenedik nap, azaz a **Pünkösd**.

5Mózes 16:9-10 „*Számolj azután magadnak hét hetet. Attól fogva kezdd számolni a hét hetet, amikor először emelik a sarlót a lábon álló gabonára. Akkor ünnepeld meg a hetek ünnepét Jehovának,*"

Rövidke áttekintésünk jól példázza, hogyan, milyen módszerek alkalmazásával juthatunk valódi és pontos ismeretekhez. Az Ószövetség és az Újszövetség közötti párhuzamok keresésével **megtudhatjuk** mindazt, amit Jézus tanítványai tudtak és

53

csatlakozhatunk hozzájuk, mégpedig úgy, ahogy az autentikusan megfelel **a Teremtő elvárásainak**. Mert a Bibliába vetett meggyőződésünk vagy hitünk csupán akkor válik igazzá és hitelessé, ha képesek vagyunk érte áldozatokat vállalni, erőfeszítéseket tenni, s akár az árral – a bevett dogmákkal – szemben is úszni. Mindenki számára egyértelművé téve, hogy mi nem a hamis tanítások, hanem a Teremtő és fia mellett foglalunk állást. A következő nagy lépés pedig meggyőződésünk mindennapi megélése, **cselekvése**.

*Jakab 2:26 „Bizony, ahogy a test halott szellem nélkül, úgy a hit is halott **cselekedetek** nélkül."*

A Jézusba és áldozatába vetett hit ugyanis egy komplex elvárt tevékenység, amely nem csak ismeretszerzésből áll, hanem abból is, hogy **az ember**, szabad akaratából, lépésről lépésre **megváltoztatja a személyiségét**, **hozzá alakítja** azt **az elvárásokhoz**.

Kolosszé 3:9–10 „Vetkőzzétek le a régi egyéniséget a cselekedeteivel együtt, és öltsétek magatokra az új egyéniséget, amely pontos ismeret által újjátétetik Annak képmása szerint, aki teremtette"

Ám a cselekvéshez nem csak saját magunk átformálása tartozik, hanem az is, hogy **hangot adjunk meggyőződésünknek, tanítsunk, hogy hallgatóink is lehetőséget kapjanak** az Igazság megismeréséhez, valamint a távoli jövőben az örök élet megragadásához, mint valami olyan visszaszerzéséhez, ami egyszer már meg volt nekünk, embereknek.

*Máté 24:14 „És a királyságnak ezt **a jó hírét prédikálni fogják** az **egész lakott földön** tanúságul minden nemzetnek"*

Ezt a segítő munkát pedig nem kampányszerűen, időszakosan kell **végeznünk**, hanem **egész életünkön keresztül** – kinek-kinek mennyi idő adatott – **kitartóan**.

János 21:19 *"És miután ezt elmondta, így szólt hozzá: "Állandóan kövess engem."*

Ma már több mint 1980 éve annak, hogy Jézus elhagyta a Földet, s ha nem ismernénk a Bibliát és azon keresztül a Teremtő akaratát, úgy gondolhatnánk, hogy már épp eleget bűnhődtünk a bűneinkért. Ám a fent felsorolt teendőinkre – meggyőződésünk kialakítása, személyiségünk megváltoztatása, hitünk kommunikálása – biztosított hosszú **időt nem "bűnhődésünk" részeként kell tekintenünk**, hanem **esélyként** arra, **hogy minél többen lehessünk részesei** a Teremtő akarata megvalósulásának, hogy állampolgárai lehessünk **királyságának** és élvezői az **örök életnek**.

„Jelenjen meg a szárazföld!" (*1Mózes* 1:9)

4. FEJEZET
A BIBLIA EREDETE ÉS TAGOLÁSA

A Biblia leírja az Univerzum, a bolygók, Földünk és a rajta lévő élővilág, az emberiség keletkezését. Megindokolja mindezek létezését, de mivel indokolja önmagát?

2Timóteusz 3:16 „*A teljes Írás Istentől ihletett,*"

Ezen átfogó munka létezése is a **Teremtő** nevéhez, és kifejezett akaratához fűződik. Aki, mint tudjuk **fizikai testtel nem rendelkező égi lény**. Egyszerre **bír** hatalmas mennyiségű **információval** – tudással –, **intelligenciával** és **mindenható** szent szellemi, azaz **tiszta és láthatatlan erővel**. Ennek a szellemi energiának köszönhetően bármikor, bárki agyával – azon belül is az agyi érzékelésért felelős központjával – kapcsolatba tud lépni. Tehát az úgynevezett „ihletés" gyakorlatilag nem mást, mint egy külső behatást jelent. Amikor is mindazt az információt, amit közölni szeretne velünk – hasonlóan a mobiltelefonhoz – láthatatlan energiáján keresztül közvetíti, „lediktálja", a fogadó személy pedig felfogja és papírra veti azt.

A modern ember számára az információk, a fentihez hasonló továbbítása hozzá tartozik mindennapi életéhez. Példának okáért, amikor haza visszük az újonnan megvásárolt televíziónkat, rákapcsoljuk az antennára, energiát biztosítunk a számára, máris alkalmas arra, hogy a világ valamelyik távoli pontjáról láthatatlanul sugárzott információt – minden további fizikai kapcsolat nélkül – képesek legyünk felfogni.

Érdekes megfigyelni, hogy a bibliai kapcsolatteremtés módját ma, a világtörténelem legújabb korában, az emberek nagytöbbsége sokkal jobban igyekszik tagadni, mint bármelyik, megelőző időszakban, amikor ismeret híján pusztán a bizalomra építették hitüket Istenben, annak ellenére, hogy technikai fejlettségünk jelen fokán, mi igazolhatnánk leginkább annak valóságosságát. Az elmúlt évezredek során többen kerültek – a fentihez hasonló – szoros kapcsolatba a Teremtővel. Mint például az Ószövetségi Mózes, Ézsaiás vagy Dániel, később az Újszövetség idejéből Péter, Pál, vagy János. Elsőként, a Kr. e. 1652. évtől Mózes kezdte lejegyezni a Teremtő – akkor még csak a zsidók számára szóló – törvényeit, építményeinek tervezetét, azok elkészítési módját, az építményekhez kötődő felszerelések, használati tárgyak elkészítésének technikáját, azok aprólékos leírását. De olyan információkkal is ellátta a tudásra vágyó embereket, amiket a kor tudósai, technikai fejlettségük akkori fokán sehonnan sem tudtak volna megszerezni. Példának említeném Földünk alakját, melyről egészen a Kr.u. 1500-as évekig – Galilei megállapításáig – azt hitték, hogy lapos, holott már Kr.e. 8. században Ézsaiás próféta leírta róla, hogy kerek, s lám neki lett igaza.

Ézsaiás 40:22 *„Van Valaki, aki a föld kereksége felett lakik,"*

Továbbá teljesen bizonyos, hogy a bibliaíró Jób nem rendelkezett olyan technikai felszereltséggel, hogy saját maga felfedezhesse azt, hogy az Univerzumot légüres tér tölti ki. Aminek létezését egyébként a Kr.e. 4. században Arisztotelész még mindig eltökélten tagadta. De 1957. október 4.-én – elérve a szükséges technikai fejlettséget – az ember maga bizonyította és erősítette meg a bibliai állítás valódiságát a Szputnyik 1 fellövése és mérési adatainak elemzése után.

Jób 26:7 *„Kiterjeszti északot az üresség fölé, a semmire függesztve a földet"*

Sok mást is megtudhatott Jóbtól, pontosabban Jóbon keresztül a Teremtőtől a rendszeres bibliaolvasó. Például azt, hogy a felhők, bár úsznak az égen, hatalmas víztömeget képesek szállítani.

Jób 26:8 „*Felhőibe burkolja a vizeket, és nem hasad meg alattuk a felhőtömeg;*"

Úgy gondolom, ha az emberiség az elmúlt több ezer év alatt pontosabban és nagyobb odafigyeléssel olvasta volna a Biblia lapjait, kevesebb energiával, sokkal több tudásra tehetett volna szert úgy, hogy nem kellett volna a tudományos ismereteket újra és újra „felfedezni".

Visszatérve azonban a Biblia eredetéhez, a Teremtőhöz és személyéhez, jellemzőihez, azt a meghökkentő állítást olvashatjuk róla, hogy **életének nincs kezdete és vége**. Ami valljuk be, számunkra igencsak felfoghatatlan.

Jelenések 4:10 „*aki örökkön-örökké él*"

Ám ez nem is csoda, hiszen mi, **emberek** jelenleg csak az időben behatárolt, egy kiinduló és egy végponttal – **születés és halál** – rendelkező életformát ismerjük. De nyitottnak kell lennünk, nem szabad kizárnunk egyetlen olyan létformát sem, amit még nem ismerünk.

A Bibliából megismert létformákat tekintve ma a következő típusokat különböztethetjük meg:

Teremtő	fizikai testtel nem rendelkező lény	életének nincs kezdete és vége
Égi lények	fizikai testtel nem rendelkező lények	életüknek van kezdete, de nincs vége
Emberek	fizikai testtel rendelkező lények	életünknek van kezdete és van vége

A Teremtő következő speciális tulajdonsága, hogy Ő az **abszolút igazság és igazságosság** és minden **jó tulajdonságaink forrása,** mivel önmagához hasonlóvá teremtett minket.

1Mózes 5:1-2 *„Amely napon Isten megteremtette Ádámot, Isten hasonlatosságára alkotta őt. Férfinak és nőnek teremtette őket."*

Hogyan győződhetünk meg e fenti állítások valódiságáról? Megismerhetők-e egyáltalán a számunkra? Igen, sőt több eltérő módszert is alkalmazhatunk vizsgálódásainkhoz.

Az egyik ilyen módszer, ahogyan a fizikai testtel nem rendelkező dolgokat eddig is vizsgáltuk, mégpedig nem a milyenségük, hanem a **hatásukon keresztül**. Ha körbenézünk a világban, megláthatjuk a Teremtő bölcsességét, rendszerető mivoltát, fizikai, kémiai és biológiai összhangra, harmóniára való törekvését. Következtethetünk kreativitására és fantáziájának túláradó voltára. Igen, a Teremtő **tulajdonságaira a teremtésből, teremtményeire és teremtéseire gyakorolt hatásából** tudunk leginkább **következtetni**, mivel mindaz, ami ma körülvesz minket, túlontúl tökéletes ahhoz, hogy a puszta véletlen – randomitás elmélet – szüleménye legyen. Igazságszeretetéről és igazságosságáról pedig **törvényein keresztül** kapunk képet. Még fizikai valóját tekintve is találunk némi utalást, hogy el tudjuk képzelni magunkat mellette, az Ő világában.

Ézsaiás 40:22 *„Van **Valaki**, aki a **föld** kereksége felett lakik, amelynek **lakói** olyanok, mint a **szöcskék"***

Ahhoz azonban, hogy ne csak tisztelni, de szeretni is megtanuljuk, sokkal közelebb kell, hogy férkőzzünk Hozzá. S ebben **Jézus jön a segítségünkre**. Ő saját életén, a Teremtőhöz fűződő szereteteljes viszonyán és ragaszkodásán, cselekedetein, erről szóló tanításán keresztül **szemléltette a Teremtő jellemvonásait**. S tette ezt olyan tökéletességgel, hogy az evangélista János a következőt jegyezte fel róla.

János 14:9 „Aki engem látott, látta az Atyát is."

Jézus teljes szívből és odaadóan szeretett – szeret – minket. Anynyira ragaszkodott hozzánk, hogy még a mártírhalált is vállalta értünk, csak hogy jobbá tegye jelenlegi világrendszerünket és esélyt adjon számunkra bejutni a következőbe. Tőle tudjuk, hogy a Teremtő is szeret minket, ragaszkodik hozzánk. Ő is hatalmas **áldozatot vállalt értünk,** mert egy igazi szülőnek nincs nagyobb fájdalom, mint a gyermeke elvesztése. Mégis **az igazságosság mérlegére tette értünk fia, Jézus életét,** hogy mi visszanyerjük a lehetőségét egy olyan életnek, amilyet Ádám elfecsérelt.

Csakis azért, hogy igazságosan bánjon velünk, a leszármazottaikkal, mivel Ádám és Éva döntésénél nem voltunk jelen, ezért azt reméli, hogy mi talán másképp döntünk. Gondoskodott az emberiség számára egy igazságos megváltási lehetőségről, a bűnből kivezető útról, annak ellenére, hogy dédszüleink, nagyszüleink és szüleink is, már oly sokszor és sokféleképpen kiáltották ki szabadságukat és függetlenségüket Tőle, s mi – a jelenkor emberei – magunk is legtöbb esetben csak akkor gondolunk rá, ha bajba kerülünk.

A világot nyitott szemmel szemlélve nap, mint nap találkozhatunk megdöbbentő és gyötrelmes dolgokkal, háborúkkal, éhínséggel, éhező gyermekek szenvedéseivel, s ezek láttán gyakran kiszalad az ember száján a kérdés: „miért hagyja ezt az Isten", vagy „miért nem tesz ellene valamit". De miért is tenne?

Mi akartunk és akarunk folyton függetlenséget a Teremtőtől, mi magunk tesszük tönkre a világot, mi, azaz az emberiség folytat harcot egymással, mi nyomjuk el a gyengébbeket, s nézzük tétlenül mások szenvedéseit, mert ezt az utat választottuk, így döntöttünk. S ha már képtelenek vagyunk a döntéseink által okozott problémákat megoldani, a magunk által okozott kárt helyrehozni, akkor előhúznánk a Teremtőt, mint kalapból a nyuszit. Sőt, talán még okolnánk is, mert nem lépett közbe, nem akadályozta meg.

Hát lehet az embernek elég jót tenni? Egyszer a szabadságáért küzd, a függetlenségéért száll síkra, s amikor megkapja, az sem jó neki. Az ember úgy viselkedik, mint a tapasztalatlan gyermek a hirtelen jött önállósággal. Akarjuk, kívánjuk, de nem tudunk bánni vele. Miért? Mert valóban tapasztalatlanok vagyunk. Igen, az első emberpár valóban tapasztalatlanul, szellemileg felkészületlenül, „gyermekfejjel" hozott döntést, nem számolva azzal, hogy a jogok következményekkel járnak, amiket viselni kell mindenkinek. A **Teremtő nem így képzelte életünket**.

Tudjuk, hogy az első emberpárt tökéletesre teremtette, s folyamatos regenerálódási képessége folytán örökké élhetett volna. De a **tudást** a Teremtő rendszeres **tanításuk útján** kívánta **megadni nekik,** amit tökéletes felfogóképességükkel – agyunk teljes kihasználásával – maradéktalanul be is tudtak volna fogadni.

A **tanulás mellett** kellett volna annak a feladatnak eleget tenni, hogy **töltsék be a Földet** és **hajtsák** uralmuk alá, azaz **műveljék meg**, hogy a kiinduló mintaként szolgáló kertet – Éden kertjét, ahová születtek – az egész bolygóra kiterjesszék, s általa biztosítsák a **vegetáriánus táplálkozáshoz szükséges élelmiszereket** maguk és gyermekeik számára.

Társadalmi rendszer tekintetében pedig az emberek **egyetlen uralkodó**, a Teremtő – mint király – közvetlen hatalma **alá tartoztak volna**, **egymáshoz viszonyított helyzetüket tekintve** egyenlőkként, szeretetteljes **mellérendeltségi** viszonyban, mely viszonyt a Teremtő törvényei szabályozzák.

Törvény az uralkodóról:
Máté 22:37 „Szeresd Jehovát, a te Istenedet egész szíveddel, egész lelkeddel és egész elméddel."

Törvény a társadalmi együttélésről:
Máté 22:39 „Szeresd felebarátodat, mint önmagadat."

S **miután elérték** a Föld benépesítésének **egyensúlyi állapotát**, a további szaporodást megállítva, a népesség **eme állapotát megtartva,** független individuumokként, **de embertár-**

saikkal szeretetteljes összhangban, igazságosságban és békében éljenek uralkodó királyuk vezetése alatt. Pontosan úgy, ahogy a fizikai testtel alapvetően nem rendelkező égi lények, akik nem kötnek házasságot és nem is szaporodnak, létszámuk állandó.

Máté 22:30 „a férfiak nem nősülnek, és a nők sem adatnak férjhez, hanem olyanok, mint az angyalok az égben."

A házasság intézményének bevezetése a Földön csupán az utódok létrehozása és felnevelése céljából történt, ám ha nincsenek utódok, nincs tovább szükség a házasság intézményére sem. Bár mindezt mi még tőlünk viszonylag távolinak érezhetjük, felettébb érdekes elgondolkodni rajta, valamint azon is, hogy vajon Ádám és Éva rossz döntése feltartóztathatja-e a Teremtő akaratának megvalósítását. Nem gondolnám. Semmilyen emberi engedetlenség sem képes azt megakadályozni.

Ézsaiás 46:11 „Megmondtam, meg is valósítom. Megformáltam, meg is cselekszem."

Fiatal korban és jó egészségi állapotban hajlamos az ember megfeledkezni halandó mivoltáról, ám elérve a harminc – negyven éves kort, bizony egyre gyakrabban eszébe jut mulandósága. S mivel jelenlegi életünk nem csak véges, de rövid is, elkeseredetten próbálunk minden jót belesűríteni, amit csak lehet, ami csak belefér, teljesen megfeledkezve hosszú távú lehetőségünkről, melyet a Teremtő biztosít, illetve biztosíthat.

S ha a **Teremtő mindenképpen megvalósítja azt, amit eltervezett**, akkor az örök élet nem lehet többé kérdés a számunkra. Az viszont igen, hogy **mikor**, illetve, hogy **kinek**. Mindenkinek része lehet-e benne vagy csak egyeseknek. Továbbá az sem mindegy, hogy **hogyan**. Fokozatosan, vagy egy csapásra. A mi életünkben, vagy csak a távoli jövőben. Végeláthatatlan kérdések sorát generálhatja bennünk a kíváncsiság, a reménykedés és a haláltól való félelem. Ezért a következőkben, a három legfontosabb – mikor, kinek, hogyan – kérdésre próbáljuk megkeresni a választ.

Nézzük először is, hogy **kinek** szól, kire fog vonatkozni a Teremtő elhatározása. A **teremtés történetétől** (*Mózes első könyve*) a Biblia utolsó könyvében (*Jelenések könyve*) szereplő **végső megoldásig**, azaz a Teremtő eredeti tervének – királyságának – megvalósításáig **megfigyelhető** egyfajta **fokozatosság** a téren, hogy **kinek**, illetve **később kiknek szólt** a Biblia meghívó üzenete, a „jó hír" vagy **evangélium**.

A teremtés befejezésétől, azaz a Kr. e. 4340-től, Isten első Sabbatjától a Kr. e. 2674-ig tartó kezdeti időszakban csupán **egy-egy emberhez** jutott el a „meghívás". Azokhoz, akik már akkor is rendelkeztek olyan tulajdonságokkal, személyiségjegyekkel, melyek a Teremtő számára elfogadhatóak voltak. Ilyen személy volt például a korán elhunyt **Ábel**, később **Énók** vagy éppen a Matuzsálemként elhíresült, legendásan hosszú életű **Metusélah**.

Még az első világrendszerben, de a következő világrendszerbe áthúzódóan **Noé** kapott megbízást egy komoly feladatra. Mivel meggyőződése, viselkedése, Istenhez és az emberekhez való hozzáállása megfelelt a Teremtő elvárásainak, ezért egy, az embereknek szánt üzenet közvetítésére jelölte ki. Ám, az ő esetében ez a feladat már kiterjesztésre került. Mivel Noé mindig igyekezett a családja számára jó példával elöl járni, úgy és arra nevelte a gyermekeit, hogy keressék a harmóniát a Teremtővel és az emberekkel, ezért ő már bevonhatta a **családját is**.

Így biztos családi támogatással a háta mögött Noé megkezdhette a Teremtő által feladatként kiadott **bárka építését**, valamint az emberiségnek szánt **üzenet közlését**: miszerint az ellene elkövetett bűneik miatt olyan hatalmas vízözön fogja ellepni a földet, hogy senki sem marad életben.

1Mózes 6:13 *„Isten ezután ezt mondta Noénak: „Minden test vége elérkezett előttem, mert a föld megtelt erőszakossággal miattuk; most pedig elpusztítom őket a földdel együtt."*

A kataklizma után a földnek idő kellett az újra benépesítéshez. Ezért csak több száz évvel az özönvíz után választott a Teremtő újabb személyt, akivel kapcsolatba kívánt lépni, a Mezopotámia területén született **Ábrámot.**

Ábrámból – akit később maga a Teremtő nevezett el Ábrahámnak – felesége meddősége okán **isteni segítséggel** vált **családfő,** és egy egész **nemzet alapítója.** Dédunokáiból, Jákob – későbbi nevén Izrael – 12 leszármazottjából létrejött az **Izraeliták 12 törzse.** Majd az ő utódaikat **Mózes** kovácsolta össze egységes nemzetté, azaz **Izraelé.**

A Kr.e. 1652. évben **Mózes** – 80 éves korában – az isteni akarat közvetítőjeként vezetőjükké vált az Egyiptomban, rabszolgasorban sínylődő zsidóknak, Izrael népének. Sőt, **közbenjárójuk** is ő lett a Teremtővel kötött szövetség – az **Ószövetség** – létrehozásában. A későbbiekben – már az Ószövetség zászlaja alatt – az ő közvetítésével a zsidó nép elkészítette a Teremtő nevének szentelt **Sátrat** – a Jeruzsálemi Templom elődjét –, mint az isteni **irányítás központját,** amely számukra az Istennel való közvetlen kapcsolattartás központjaként, valamint az oktatás forrásaként, számunkra pedig mintaként szolgál. Megmutatja ugyanis, hogy **Isten királyságának** volt és lesz, egy, a hatalomgyakorlás és az igazságszolgáltatás céljából létrehozott **központja,** az úgynevezett **Égi,** majd a későbbiekben az **Új Jeruzsálem.**

A Modell – a Zsidó Nemzet	A Valóság – Az egész lakott Föld
Vezetőjük: Mózes	Vezetőjük: Jézus
A zsidók kiváltója – Az Ószövetség megkötője	A világ megváltója – Az Újszövetés megkötője
A bűn kiváltására szolgáló áldozat: állati vér és test	A bűn kiváltására szolgáló áldozat: Jézus vére és teste
Az áldozat hatóereje: egy év (évente ismételni kell)	Az áldozat hatóereje: egyszeri és örökre szól (megismételni nem kell, de évente megemlékezni róla kötelező)
Sátor/Templom elkészítése = isteni irányítás központja	Égi- illetve Új Jeruzsálem = isteni irányítás központja a világ számára
A szövetség alapja az írott Törvénygyűjtemény	A szövetség alapja az emberi szívekbe írt két alaptörvény (Márk 12:29–31)

A **Teremtő** e **„modellen" keresztül** akarta az **emberiség tudomására hozni elhatározását a Világ irányítására vonatkozóan,** hogy semmi esetre se maradjunk tudatlanságban, s elképzelésünk lehessen akarata megvalósításának mikéntjéről. S, hogyan vonatkoztatható ez az egész emberiségre akkor, amikor az Ószövetség kifejezetten a zsidó népnek szólt? Bár a szövetség velük köttetett, minden embernek megadta a lehetőséget csatlakozni hozzá. Az izraelitáknak kötelező volt ugyanis továbbadni mindazt, amit a Teremtőtől megtanultak, s aki akart – szellemi beállítottsága alapján – csatlakozhatott prozelitaként – nem születési izraelita – az Ószövetséghez.

Ez az oktatási folyamat évezredekben mérhető, de vajon igazságos-e azokkal szemben, akik időközben meghaltak.

Megfogalmazhatnánk úgy is a kérdést, hogy, van-e visszaható ereje a Teremtő ebbéli jogalkotásának és elrendezésének.

Ha ugyanis a **Biblia,** mint **abszolút Igazság,** megállja a helyét, akkor a Teremtő által elhatározott társadalmi és életforma **nem csak a hatálybalépésekor élő,** s a szükséges **személyiségjegyekkel** és **meggyőződéssel bíró emberekre kell, hogy kiterjedjen. Azokra is** vonatkoznia kell, **akik** előttük **rendelkeztek ezekkel, de már meghaltak** – pl. a fent említett Noé, Ábrahám – sőt **azokra is, akiknek** az életük során **nem volt lehetőségük ismereteket szerezni** a Teremtő elvárásairól, s azok **hiányában nem volt módjuk alkalmazkodni azokhoz.** Mindkét esetben szükségszerűen felmerül a kérdés, hogy számukra milyen igazságos módón lesz elérhető Isten királysága. De persze feltehetnénk egyszerűbben is a kérdést, például úgy, hogy **lesz-e feltámadás.** S ha lesz, elképzelhetetlen, hogy a Biblia ne tartalmazzon erre vonatkozóan a bizalmunkat erősítő és mintaként szolgáló történeti leírást.

Miután még csak az elején tartunk a Bibliával való ismerkedésünknek, és ismereteinkhez még nem társul, nem is társulhat meggyőződés, csupán tényszerű, írásos bizonyítékainkra támaszkodhatunk. Ezekből **tudjuk, hogy a Teremtő előtt nincs lehetetlen.** Mindenható, láthatatlan és tiszta energiájával képes bármit létrehozni, akár anyagit, akár anyag nélkülit. S ha Ő teremtette az embert, természetes, hogy látja, érzi annak minden gondolatát, cselekedeteink okait, emlékeit, semmi sem marad rejtve előtte. Ezek az információk, valamint személyiségjegyeink meghatároznak bennünket és egyben meg is különböztetnek minket egymástól. S ahogyan mi, emberek is képesek vagyunk már hatalmas mennyiségű információkat tárolni egy egészen parányi adathordozón, úgy az egyes emberekre jellemző információ-csomagokat a Teremtő is eltárolja – elképzelhetetlen kapacitású – memóriájában.

Tiszta, teremtő energiájának segítségével nem okoz gondot az egyes embert meghatározó **személyiségjegyek** és emlékek összességét **új testbe adaptálni** úgy, hogy régi teste helyett – amely időközben elpusztult, s akár már le is bomlott – egy másikat hozzon létre, majd a ránk jellemző információkat az új test új agyába feltöltse. Hiszen a ránk jellemző egyedi információk elevenen élnek az emlékezetében.

Lukács 20:38 *„Ő nem a halottak Istene, hanem az élőké, mert mindnyájan élnek őneki".*

Jézus ezért reménykedhetett teljes joggal és bizalommal abban, hogy Atyja, az ő mártír halála után, emlékezni fog rá és visszaadja azt, ami az övé volt, az égi életét.

János 17:4–5 *„Én (**Jézus**) megdicsőítettelek a földön, és elvégeztem a munkát, melyet nekem adtál, hogy végezzem. Most tehát, Atyám, dicsőíts meg magad mellett azzal a dicsőséggel, amely megvolt nekem melletted, mielőtt a világ lett."*

S ahogy azt már előző fejezetünkben is olvashattuk, **Jézus** a feltámadása után, már nem egyszerű fizikai testtel, hanem **tökéletes** szellemi **testtel** tért vissza az életbe, amely akaratának megfelelően befolyásolható. Ezért volt képes zárt helységben – ajtó nyitása nélkül – egy szempillantás alatt megjelenni, majd eltűnni, de ennek köszönhetően tudott a földről felemelkedve távozni.

János 20:19 *„Mikor pedig már késő volt azon a napon, a hét első napján, és noha az ajtók a zsidóktól való félelem miatt be voltak zárva ott, ahol a tanítványok voltak, eljött Jézus, megállt középen, és ezt mondta nekik: „Béke legyen veletek!"*
Lukács 24:36–38 *„Még ezekről beszéltek, amikor ő maga állt ott közöttük. [[És ezt mondta nekik: „Béke legyen veletek!"]] De mivel megrettentek és megrémültek, azt hitték, hogy szellemet látnak. Így hát ezt mondta nekik: „Miért nyugtalankodtok, és miért támadnak kételyek szívetekben?"*
Márk 16:19 *„Az Úr Jézus pedig, miután szólt hozzájuk, felvitetett az égbe, és leült az Isten jobbjához."*

Jézussal kapcsolatban azonban meg kell említenünk egy egészen másfajta „szellemi adatátvitelt" is, mivel érkezése sem volt hétköznapi. A Teremtő úgy változtatta át szellemi testét fizikai testre – s került ez által Mária méhébe –, hogy közben nem volt szükség a halál állapotának beálltára sem. Ebből jól látható, hogy a Teremtő számára semmi, de valóban semmi sem lehetetlen! Persze, mondhatnák egyesek, hogy Jézussal könnyű példálózni, hisz ő egy egészen különleges személy volt. De mi van az emberekkel? Az ő életük is visszaállítható?

Elsőként Illésről jegyezték fel, hogy kérésére a Teremtő viszszaadta egy fiúgyermek életét. Majd Jézus, az emberré születése és evangéliumhirdető munkájának megkezdése után több alkalommal is hozott vissza embereket – mint például **Lázárt** – a halál állapotából azzal a hatóerővel, mellyel a Teremtő ruházta fel.

János 11:39 „Így szólt Jézus: „Vegyétek el a követ." Márta, az elhunytnak testvére ezt mondta neki: „Uram, most már biztosan szaga van, hiszen ez már a negyedik nap."

Az idézet egyértelmű bizonyítéka egyrészt annak, hogy hamis mindazok állítása, akik előszeretettel keverik össze a tetszhalotti állapotot Lázár valódi állapotával. S teszik ezt annak ellenére, hogy Lázár testének, szervezetének bomlástermékei már megtöltötték a levegőt, biztos jelét adva a bomlási folyamatok beindulásának. Másrészt pedig annak, hogy mind az ember képességeit, mind pedig a tudomány akkori, illetve mostani állását tekintve, Lázár állapotából nem lehetett volna visszaút. Ő mégis kisétált a sírboltból, s nem egy horrorfilmbe illő zombiként, hanem teljes értékű emberként, aki feltámadása után még leélt egy hosszú és teljes életet.

Ismerve az ember alapvetően kíváncsi természetét, életük során bizonyára sokan és sokszor megkérdezték a feltámadott személyeket, hogy milyen volt a halál állapotában lenni. De nyilatkozataik sajnos sosem kerültek lejegyzésre. Mégsem vagyunk ez ügyben információk nélkül.

Prédikátor 9:10 „*Mindazt, amit kezed megtehet, tedd meg a te erődből, mert* **sem cselekedet, sem tervezés, sem ismeret, sem bölcsesség** *nincs a seolban* **(pusztulás vagy enyészet)***, ahová mégy.*"

1Tesszalonika 4:13–14 „*Ezenfelül, testvérek, nem akarjuk, hogy tudatlanságban legyetek azok felől, akik* **halálalvásba** *merülnek; hogy ne búsuljatok úgy, ahogy a többiek is teszik, akiknek nincsen reménységük. Mert ha hisszük, hogy* **Jézus meghalt** *és* **fel is támadt***, akkor az* **Isten** *ugyanígy* **azokat is elhozza majd** *vele együtt,* **akik halálalvásba merültek***, Jézus által.*"

Mint ahogy az a fenti idézetekből is kiderül, a halál egyfajta nyugalmi állapot, hasonlóan az alváshoz, azzal a különbséggel, hogy az agyunk, ami egyébként alvás közben is működik, most megpihen. Nem tervez, nem gondolkodik, testünket lassan elnyeli az enyészet. Az agyunkban elraktározott információhalmaz, s a csak ránk jellemző tulajdonságaink „szellemi fájlként" utolsó energiánkkal „letöltésre kerülnek", visszatérnek a Teremtőhöz, feltöltve egy **„szellemi web tárhelybe"**, ahonnan később újból előhívhatóak.

Így visszatérve kiinduló kérdésünkhöz, miszerint **kinek is szól, kinek lesz része a Teremtő Királyságában (?)**, a fenti információk alátámasztják abbéli feltételezésünket, hogy **az ember születésének, illetve halálának ideje nem befolyásolja** a királyságban történő **állampolgárságának megszerzését** a Teremtő által bevezetett – egyszerre fogalomnak és jelenségnek – a **feltámadásnak köszönhetően**. Kijelenthetjük tehát, hogy a **Biblia**, a feltámadás speciális lehetőségével kiegészítve már **minden ember számára**, részrehajlás nélkül **igazságosnak bizonyul**. A továbbiakban pedig arra keressük a választ, a Teremtő **hogyan** valósítja meg akaratát. Ha egy szóval kellene válaszolni, azt mondhatnánk, **szakaszosan**. A Bibliában ugyanis **több**, jól elkülöníthető **szakaszt** figyelhetünk meg a Teremtő akaratának megvalósulása folyamatában, melyeket a **világhoz fűződő** aktuális érzelmi **viszonya alapján** a következő elnevezésekkel **jellemezhetünk**:

1. szakasz: a **harag időszaka**
 (Kr.e. 4340–Kr.e. 2675)
 Noé és a nagyon régmúlt
2. szakasz: a **közeledés és a próféciák időszaka**
 (Kr.e. 2674–Kr.u.1)
 Mózes és a régmúlt
3. szakasz: a **megváltás és összegyűjtés időszaka**
 (Kr.u.1–Kr.u. 2051)
 Jézus és a múlt
4. szakasz: a **nevelés és tökéletesedés időszaka**
 Kr.u. 2051–Kr.u. 3410)
 Jézus ezer éve és a végső próba
5. szakasz: a **megvalósítás időszaka**
 (Kr.u. 3410–örökké)
 Isten királysága és az örök élet

Ezen **nagyobb szakaszokban** további szabályos időegységeket fedezhetünk fel. A **ciklusok hétévente ismétlődnek**, ahogyan az év **heteit alkotó napok.**

1Mózes 2:2–3 „*A hetedik napra Isten elkészült a művével, amit alkotott, és a hetedik napon megnyugodott minden munkájától, amit végzett. Isten megáldotta és megszentelte a hetedik napot, mivel ezen a napon nyugodott meg minden munkájától, amit Isten a teremtés céljából végzett.*"

Pont úgy, ahogy a **teremtés 7.** „napja" kiemelt jelentőséggel bírt, úgy minden további hetedik nap, illetve hetedik év logikai kapcsolatban áll a történelmi eseményekkel. A Biblia a hetedig éveket, mint **sabbat évek**, illetve a hét hetedik napjait, mint **sabbat napokat** említi. Történelmileg kiemelt jelentőségükre elsőként a mózesi törvények világítanak rá.

2Mózes 20:8–11 „*Emlékezzél meg a **sabbat napról**, hogy megszenteld azt. Hat napon át végezz szolgálatot, és végezd el minden munkádat. De a **hetedik nap** Jehovának, a te Is-*

tenednek sabbatja. *Ne végezz semmi munkát se te, se a fiad, se a lányod, se a rabszolgád,se a rabszolganőd, se a háziállatod, se pedig a jövevény, aki kapuidon belül lakik. Mert hat nap alatt alkotta meg Jehova az eget és a földet, a tengert és mindent, ami azokban van, a hetedik napon pedig megpihent. Ezért áldotta és szentelte meg Jehova a sabbat napot."*
5Mózes 15:1-2 *„Minden* **hetedik esztendő** *(sabbat év) vége legyen az* **elengedés** *ideje. Ez pedig az elengedés módja: Minden hitelező engedje el azt, amivel felebarátja adósa neki."*

Az idézetekből látható, hogy a zsidóknak meg kellett különböztetniük a **hét utolsó napjaként** a **sabbatot (szombat)**, amikor is az egész napot az oktatásra, a szellemi fejlődésre és pihenésre kellett fordítani. De **minden hetedik évről** is kötelező volt megemlékezniük, mint az elengedés vagy **megváltás évéről**, amikor minden zsidó rabszolgát kötelező volt felszabadítani, tartozását elengedni és hazabocsátani.

Látható, hogy a sabbatok nagy **jelentőséggel bírtak** mind a zsidóság **történelmében**, mind pedig **hétköznapjaikban**. Míg a **sabbat napok a teremtésre** vezethetőek vissza, addig a **sabbat évek** az egyiptomi fogságból való szabadulásra emlékeztetnek, de a génjeinkben hordozott **bűneinktől való megváltásunkat** (Jézus váltságáldozati halálát) és **végső szabadulásunkat** (Isten királyságának megvalósulását) is **előre vetíti**. S a Mózes által lejegyzett törvénygyűjtemény az egy éven belül kötelezően megtartandó ünnepeket ennek fényében rögzítette.

1) 2Mózes 23:14-15 *„Tartsd meg a* **(pászkát és a) kovásztalan kenyerek ünnepét.** *Hét napig egyél kovásztalan kenyeret– ahogy parancsoltam neked –, abib (nissan) hónapban a meghatározott időben (14–21-ig), mert akkor jöttél ki Egyiptomból."*
2) 2Mózes 23:16 *„az* **aratás ünnepét, (pünkösd)** *amikor learatod fáradozásaid első érett termését abból, amit elvetsz a szántóföldön,"(nissan 21-től számított 49 nap elteltével, az ötvenedik napon, sziván hónap 6.-án) – 5 Mó-*

zes 16:9-10 „Számolj azután magadnak hét hetet. Attól fogva kezdd számolni a hét hetet, amikor először emelik a sarlót a lábon álló gabonára. Akkor ünnepeld meg a **hetek ünnepét** Jehovának"
3) 2Mózes 23:16 „a (hetedik azaz a tisri/etámin hónap 15-21). **betakarítás ünnepét (lombsátor ünnep)** az év vége felé, amikor begyűjtöd munkád termését a szántóföldről."

Meghatározta a pászka, a pünkösd és a lombsátor ünnepét. Sőt, ezen felül **minden ötvenedik évről, azaz a jubileumi év megtartásáról is rendelkezett.**

3Mózes 25:8-10-11 „Számolj magadnak hét sabbat évet, hétszer hét évet, és a hét sabbat év napjai negyvenkilenc évet tegyenek ki. És fúvasd meg az erős hangú kürtöt a hetedik hónapban, a hónap tízedik napján; az engesztelés napján fúvassátok meg a kürtöt mindenhol a ti földeteken. Szenteljétek meg az **ötvenedik évet**, és hirdessetek szabadulást az országban minden ott lakónak." „**Jubileum** lesz számotokra az ötvenedik év."

A hetes és annak szorzatai által egy igen pontos történelmi eseménynaptárt tudunk összeállítani, mely nemcsak a zsidóság, hanem az egész emberiség történelmét befolyásolja. Segítségével **kiszámíthatóvá válik a teremtéstől napjainkig** ténylegesen **eltelt időmennyiség**. Ám bármilyen számot kapunk is eredményként, számításaink csak akkor lesznek hitelt érdemlőek, ha **minden, a Teremtő akaratával** és megvalósításával **összefüggő nagy jelentőségű esemény sabbat évre esik**.

Elsőként azonban arra van szükség, hogy minden, az idő múlásával kapcsolatos dátumot, időmennyiséget pontosan kigyűjtsünk a Biblia elejétől a végéig történő olvasása során, majd ezeket össze kell vetnünk az emberi krónikák, könyvek által lejegyzett történelmi adatokkal, különös tekintettel azokra, amelyekre a Biblia maga is hivatkozik, hiszen ellenőrzésnek és egyben megerősítésnek is szánja.

Amikor már minden információt begyűjtöttünk, ellenőriztünk, feltétlenül rendszereznünk és egy időegyenesen ábrázolnunk kell azokat, hogy a későbbiekben az egyenesen „közlekedve" az általunk olvasott bibliai történeteket korban és időben el tudjuk helyezni. Ugyanis minden kornak meg voltak a maga sajátosságai, amik befolyásolhatták a gazdasági, társadalmi eseményeket, s vele együtt az egyének motivációit, és döntéseit. Miután kutatásaim során hatalmas mennyiségű információra sikerült szert tennem, idő-egyenesem igen hosszúra sikerült. Ezért egy lényegesen egyszerűbb változatát adom most közre, egy-egy hosszabb lélegzetű időszak éveit összegezve és annak megfelelően feltüntetve.

EGYSZERŰSÍTETT IDŐVONAL ÁDÁMTÓL NAPJAINKIG

Mint az, az időegyenesről leolvasható és összeadható, **a teremtéstől Jézus megszületéséig** összesen **4340 év telt el.** A számadatokat – jelen esetben másodlagosnak tekintve a régészeti felfedezések és a történészek megállapításainak vélt vagy valós pontosságát – összehasonlíthatjuk a nagy történelmi eseményekkel, s azt fogjuk látni, hogy azok fedik egymást. Ennek tükrében tekintsük át történelmünket a kezdetektől napjainkig.

A történelem tanítását szinte minden történelemkönyv a Krisztus előtti III. évezredtől (*Kr. e. 2999-tól 1999-ig*), az ókor tényszerű és részletes tárgyalásával indítja. Az ezt megelőző, őskornak nevezett időszakot pusztán találgatásokból építi fel, s olyan időbeli távlatokba – évmilliárdokba – vezet vissza, mely az ember számára felfoghatatlan.

De akkor hová tűnt az **özönvíz előtti időszak**. Maradtak-e fenn olyan tárgyi emlékek, amelyek alapján egyértelműen bizonyítható, hogy volt e özönvíz, s hogy létezett e előtte értelmes emberi élet. Ki tudja, talán igen, talán nem. Sajnálatos módon

Egyszerűsített idővonal Ádámtól napjainkig

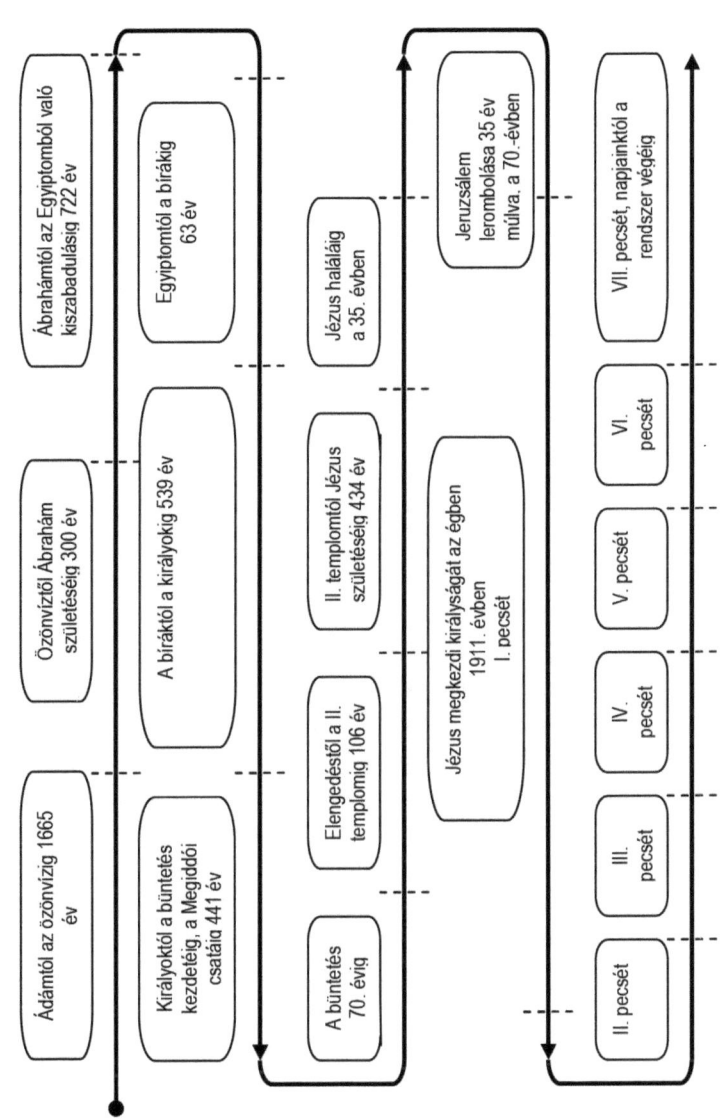

a tárgyak időbeli behatárolása igen bizonytalan, hitelességük pedig megkérdőjelezhető, még akkor is, ha sokan esküsznek a különböző – röntgen vagy karbon – kormeghatározásokra. Évmilliókkal vagy évmilliárdokkal bárki könnyedén dobálódzhat, ha senki sem várja el állításuk hitelt érdemlő és egyértelmű igazolását. Akkor mi a megoldás? Egyszerűen töröljük ki az elveszett éveket, mintha nem is lettek volna? Vagy pótoljuk a majomős-storyval és az evolúciós elmélettel? Semmi esetre sem!

E fenti bizonytalan – találgatásokkal teli – meghatározásokkal ellentétben a Biblia logikusan az ember megjelenésével, a teremtéstől kezdi történelmünk megörökítését, értelemszerűen folytatva azt egy olyan időszak ismertetésével, melyet egy az egész bolygót érintő özönvíz zárt le. De lássuk most részletesen ezt – a történészek számára ismeretlen – özönvíz előtti időszakot!

Ahogy elhagyjuk a Bibliában a **teremtés** viszonylag részletes leírását, majd a **bűnbeesés** és a **kiűzetés** történetét, egy hosszú – látszólag felesleges – **nemzetségtáblázattal** találjuk szembe magunkat **Ádámtól Noéig**, valamint az ő gyermekeinek születéséig. Figyeljük meg, hogy minden egyes családfő élettartama pontosan, számszerűen meg van határozva, ám ha csak az egymáshoz viszonyított életük hosszát próbáljuk követni – ki hány évvel élte túl saját szüleit – nem jutunk előrébb az eltelt idő meghatározásában.

Az **idő pontos meghatározását** egy mellékinformáció **biztosítja** a számunkra, mégpedig az **első fiúgyermek megszületése és az apa életkorának a kapcsolata**, azaz, hogy hány év telt el az apa életéből az első fia megszületéséig. Az egymást követő születések már meghatározzák az idő múlását, így pontos eredményekhez jutunk. Persze csak akkor, ha előtte elgondolkodunk azon, hogy míg mi általában születésétől a haláláig számoljuk egy ember életkorát, addig a bibliai jelen esetben a következő generáció fogantatását rögzíti, így érzékeltetve az idő múlását. Ezért a bibliai és jelen időszámítási rendszerünket összhangba kell hoznunk.

1Mózes 5:3 „Ádám százharminc évet élt, és akkor **nemzett** egy fiút az ő képmására és hasonlatosságára, akit Sétnek nevezett el."

A fenti idézetet alapul véve, az emberiség pontos kormeghatározásához a következőképpen kell eljárnunk: gondoljuk végig, hogy **Ádám** százharminc éves volt, amikor Sét-et nemzette. **Sét** viszont **csak egy év múlva** látta meg a napvilágot, azaz a teremtéstől számított **százharmincegyedik évben**. Tehát a leszármazási táblázat kiinduló pontjaként a százharmincegyedik évtől kell indítanunk számításainkat. S a továbbiakban minden, a Sét-et követő személy, teremtéstől számított **megszületésének** pontos **idejét úgy kapjuk meg, hogy egy évet hozzáadunk nemzésének idejéhez**. A részeredményeket összeadva pedig az ember teremtésétől (T.sz. 1. avagy a Kr.e. 4340.) eltelt, években pontosan kifejezett idejét kapjuk meg. A következő ábra ennek a metódusnak a felhasználásával ábrázolja az ember teremtésétől az özönvízig eltelt időszakot.

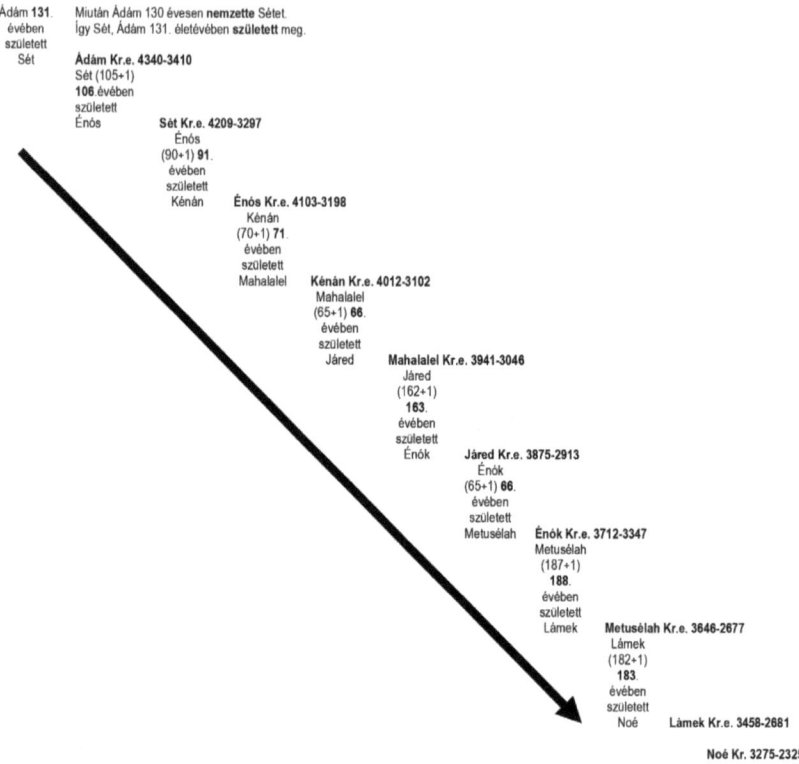

E táblázat segítségével már eljuthatunk a teremtéstől az emberiség fő vérvonalát alkotó családfőkön és utódaikon keresztül a sokat emlegetett – és sokak által megkérdőjelezett – **özönvízig**. A következő idézetekben ugyanis azt olvashatjuk, hogy Noé pontosan hatszáz éves (600) volt, amikor a vízözön a **Kr.e. 2675.** évben (sorszámnévként kifejezve) beköszöntött.

1Mózes 7:6 *„Noé hatszáz éves volt, amikor a vízözön elárasztotta a földet."*

1Mózes 7:11 *„Noé életének hatszázadik évében, a második hónapban, e hónap tizenhetedik napján, feltört a hatalmas, mély vizek összes forrása, és megnyíltak az egek zsilipjei."*

78

1Mózes 8:13-14 *„Történt pedig a (Noé) hatszázegyedik év(é)ben, az első hónapban, a hónap első napján, hogy a víz felszáradt a földről; és Noé eltávolította a bárka fedelét, és látta, hogy a föld felszíne száraz lett. A második hónapban, a hónap huszonhetedik napján a föld megszikkadt."*
1Mózes 8:16 *„Menj ki a bárkából, te és a feleséged, a fiaid és fiaidnak a feleségei veled együtt."*

Mivel a mózesi idézetek szerint a beszállástól a bárka elhagyásáig valamivel több, mint egy év telt el, így könnyen megállapítható, hogy az özönvíznek a **Kr.e. 2674.** évben lett vége.

E korszak lezárásaként a Teremtő a megmaradottakkal és – a jövőbe tekintve – azok utódaival szövetséget kötött – a szivárvány szövetségét –, mégpedig az alábbiak szerint:

1Mózes 9:8–11 *„Isten még ezt is mondta Noénak és a vele levő fiainak: „Én pedig **szövetséget kötök veletek és az utódaitokkal,** akik utánatok következnek, és minden élő lélekkel, amely veletek van a szárnyasok közül, és a négylábú állatok közül, s minden élő teremtmény közül, amely veletek van a földön, mindazoktól kezdve, ami kimegy a bárkából a föld minden élő teremtményéig. Igen, szövetséget kötök veletek: nem pusztul el többé minden test vízözön által, és nem lesz többé vízözön a föld elpusztítására."*
1Mózes 9:12–16 *„Isten még hozzátette: „Ez a jele a szövetségnek, amit veletek és minden élő lélekkel kötök, mely veletek van, nemzedékeken át időtlen időkig: Szivárványomat helyezem a felhőbe, hogy az legyen a jele a szövetségnek köztem és a föld között. Ha majd felhőt bocsátok a föld fölé, a szivárvány is megjelenik a felhőben. És megemlékezem a szövetségemről, mely köztem és köztetek, valamint minden test közül való minden élő lélek között van; és nem lesz többé a víz özönné minden testnek az elpusztítására. Szivárvány lesz a felhőben, és amikor látom, megemlékezem az időtlen időkig tartó szövetségről Isten között és minden test közül való minden élő lélek között, amely a földön van."*

Az özönvíz végétől számított második évben megszületett a következő generációt alkotó **első utód**, Noé elsőszülöttjének, Sémnek első fia, **Arpaksád**. S, bár a családfa figyelemmel kísérése, a végeláthatatlan felsorolások olvasása elsőre unalmasnak tűnhet, ám lehetőséget ad az önellenőrzésre is, mégpedig a következőképp:
Ha Sém fiának, **Arpaksádnak** születési éve – az özönvíz utáni második év – **helyesen** lett megállapítva a **Kr.e. 2672. év**ben, akkor egyszerre kell teljesülnie a következő három állításnak.

Először is ennek az évnek **az özönvíz végétől számítottan ténylegesen a második év**nek kellett lennie, **másodszor**, **ebben az évben** kell, hogy Noé fia, **Sém** betöltse **a százegyedik életévét**, **harmadszor** pedig **Noénak** ekkor a **603**. életévét kellett taposnia.

1Mózes 10:10–11 „Sém százéves volt, amikor nemzette Arpaksádot, két évvel a vízözön után. Miután Arpaksádot nemzette, Sém még ötszáz évet élt. Időközben nemzett még fiúkat és lányokat."

1. állítás	2. állítás	3. állítás
Az özönvíz Kr. e. 2674. évben fejeződött be. Arpaksád születési éve **Kr.e.2672.** Tehát, az özönvíztől valóban **2** évre született.	**Sém** kora 98 év volt a **Kr. e. 2675. évben** – mivel ő Noé 502 éves korában született –. Az özönvíz utáni második évben pedig valóban **101** éves volt.	Ha **Kr. e. 2675**-ben **Noé 600 éves** volt, akkor, a **Kr. e. 2672**-ben valóban **603** évesnek kellett lennie.
Eredmény: **Igaz**	Eredmény: **Igaz**	Eredmény: **Igaz**

Miután ellenőriztük az özönvíz előtti bibliai évek meghatározásának helyességét, térjünk vissza, a már említett hétéves ciklusokra, melyeknek – az isteni törvényből következtetve – nagy jelentőségük van az emberiség számára meghatározó események bekövetkeztében.

A következőkben első idővonalunkon azok az évek láthatóak, melyek Jézus születésétől visszafelé különös jelentőséggel bírtak, majd a hozzá tartozó táblázatban minden hétéves ciklus 7. évei kerültek megjelölésre, egészen a teremtés befejezéséig.

Az idővonal első része

Teremtés		Az első 4340 év			
	A harag időszaka	A közeledés és előre vetítés időszaka			
Az ember Első éve Kr.e.4340	Özönvíz vége Kr.e.2674	Mózes Egyiptomból szabadulás Kr.e. 1652	II. Templom felavatása Kr.e.434. év		Jézus születése 1. év

S ha a teremtés befejezésének – fentebb már említett, s az idővonalon jelzett – időbeni meghatározása, azaz a Kr.e. 4340 év helyes, akkor ennek matematikailag is **sabbat** évnek, méghozzá a teremtés utáni megpihenés idejének, azaz „**Isten legelső sabbatjának**" kell lennie.
Lássuk erre a bizonyítást!

81

Krisztus születésétől visszafelé (Kr.e.) számolt Sabbat évek

1	147	294	441	588	735	882	1029	1176	1323	1470	1617	1764	1911	2058	2205	2352
7	154	301	448	595	742	889	1036	1183	1330	1477	1624	1771	1918	2065	2212	2359
14	161	308	455	602	749	896	1043	1190	1337	1484	1631	1778	1925	2072	2219	2366
21	168	315	462	**609**	756	903	1050	1197	1344	1491	1638	1785	1932	2079	2226	2373
28	175	322	469	616	763	910	1057	1204	1351	1498	1645	1792	1939	2086	2233	2380
35	182	329	476	623	770	917	1064	1211	1358	1505	**1652**	1799	1946	2093	2240	2387
42	189	336	483	630	777	924	1071	1218	1365	1512	1659	1806	1953	2100	2247	2394
49	196	343	490	637	784	931	1078	1225	1372	1519	1666	1813	1960	2107	2254	2401
56	203	350	497	644	791	938	1085	1232	1379	1526	1673	1820	1967	2114	2261	2408
63	210	357	504	651	798	945	1092	1239	1386	1533	1680	1827	1974	2121	2268	2415
70	217	364	511	658	805	952	1099	1246	1393	1540	1687	1834	1981	2128	2275	2422
77	224	371	518	665	812	959	1106	1253	1400	1547	1694	1841	1988	2135	2282	2429
84	231	378	525	672	819	966	1113	1260	1407	1554	1701	1848	1995	2142	2289	2436
91	238	385	532	679	826	973	1120	1267	1414	1561	1708	1855	2002	2149	2296	2443
98	245	392	**539**	686	833	980	1127	1274	1421	1568	1715	1862	2009	2156	2303	2450
105	252	399	546	693	840	987	1134	1281	1428	1575	1722	1869	2016	2163	2310	2457
112	259	406	553	700	847	994	1141	1288	1435	1582	1729	1876	2023	2170	2317	2464
119	266	413	560	707	854	1001	1148	1295	1442	1589	1736	1883	2030	2177	2324	2471
126	273	420	567	714	861	1008	1155	1302	1449	1596	1743	1890	2037	2184	2331	2478
133	280	427	574	721	868	1015	1162	1309	1456	1603	1750	1897	2044	2191	2338	2485
140	287	**434**	581	728	875	1022	1169	1316	1463	1610	1757	1904	2051	2198	2345	2492

2499	2646	2793	2940	3087	3234	3381	3528	3675	3822	3969	4263
2506	2653	2800	2947	3094	3241	3388	3535	3682	3829	3976	4270
2513	2660	2807	2954	3101	3248	3395	3542	3689	3836	3983	4277
2520	2667	2814	2961	3108	3255	3402	3549	3696	3843	3990	4284
2527	**2674**	2821	2968	3115	3262	3409	3556	3703	3850	3997	4291
2534	2681	2828	2975	3122	3269	3416	3563	3710	3857	4004	4298
2541	2688	2835	2982	3129	3276	3423	3570	3717	3864	4011	4312
2548	2695	2842	2989	3136	3283	3430	3577	3724	3871	4018	4319
2555	2702	2849	2996	3143	3290	3437	3584	3731	3878	4025	4326
2562	2709	2856	3003	3150	3297	3444	3591	3738	3885	4032	4333
2569	2716	2863	3010	3157	3304	3451	3598	3745	3892	4039	**4340**
2576	2723	2870	3017	3164	3311	3458	3605	3752	3899	4046	
2583	2730	2877	3024	3171	3318	3465	3612	3759	3906	4053	
2590	2737	2884	3031	3178	3325	3472	3619	3766	3913	4060	
2597	2744	2891	3038	3185	3332	3479	3626	3773	3920	4067	
2604	2751	2898	3045	3192	3339	3486	3633	3780	3927	4074	
2611	2758	2905	3052	3199	3346	3493	3640	3787	3934	4081	
2618	2765	2912	3059	3206	3353	3500	3647	3794	3941	4088	
2625	2772	2919	3066	3213	3360	3507	3654	3801	3948	4095	
2632	2779	2926	3073	3220	3367	3514	3661	3808	3955	4102	
2639	2786	2933	3080	3227	3374	3521	3668	3815	3962	4109	

Mint az jól látható, a **4340.** év a várakozásnak megfelelően 7. év, azaz Isten **Sabbatja.** A táblázatban jelöltem néhány kiemelt évet – természetesen a teljesség igénye nélkül – melyek kapcsán érdemes megfigyelni, hogy mennyire fontos és pontos a hét éves periódusok figyelemmel kísérése. Ezek alapján biztosan kijelenthetjük, hogy az emberiség történelmében a véletlen csekély szerepet játszik. Mindennek oka és meghatározott ideje van.

Látva mindezt, több mint jogos az a feltételezés, hogy Jézus születése után szintén minden jelentősebb eseménynek hetedik évre kell esnie. Tehát a Teremtő akaratának beteljesedése és az ahhoz fűződő eseményeknek is Sabbat évben kellett, illetve kell megvalósulniuk. De lássuk a táblázatot a **Krisztus utáni időszak** jelentősebb eseményeiről.

Krisztus után (Kr.u.) számolt Sabbat évek

1	182	336	490	644	798	952	1106	1260	1414	1568	1722	1876	2030
35	189	343	497	651	805	959	1113	1267	1421	1575	1729	1883	2037
42	196	350	504	658	812	966	1120	1274	1428	1582	1736	1890	2044
49	203	357	511	665	819	973	1127	1281	1435	1589	1743	1897	**2051**
56	210	364	518	672	826	980	1134	1288	1442	1596	1750	1904	2058
63	217	371	525	679	833	987	1141	1295	1449	1603	1757	**1911**	2065
70	224	378	532	686	840	994	1148	1302	1456	1610	1764	1918	2072
77	231	385	539	693	847	1001	1155	1309	1463	1617	1771	1925	2079
84	238	392	546	700	854	1008	1162	1316	1470	1624	1778	1932	2086
91	245	399	553	707	861	1015	1169	1323	1477	1631	1785	1939	2093
98	252	406	560	714	868	1022	1176	1330	1484	1638	1792	1946	2100
105	259	413	567	721	875	1029	1183	1337	1491	1645	1799	1953	2107
112	266	420	574	728	882	1036	1190	1344	1498	1652	1806	1960	2114
119	273	427	581	735	889	1043	1197	1351	1505	1659	1813	1967	2121
126	280	434	588	742	896	1050	1204	1358	1512	1666	1820	1974	2128
133	287	441	595	749	903	1057	1211	1365	1519	1673	1827	1981	2135
140	294	448	602	756	910	1064	1218	1372	1526	1680	1834	1988	
147	301	455	609	763	917	1071	1225	1379	1533	1687	1841	1995	
154	308	462	616	770	924	1078	1232	1386	1540	1694	1848	2002	
161	315	469	623	777	931	1085	1239	1393	1547	1701	1855	2009	
168	322	476	630	784	938	1092	1246	1400	1554	1708	1862	2016	
175	329	483	637	791	945	1099	1253	1407	1561	1715	1869	2023	

Az idővonal második része

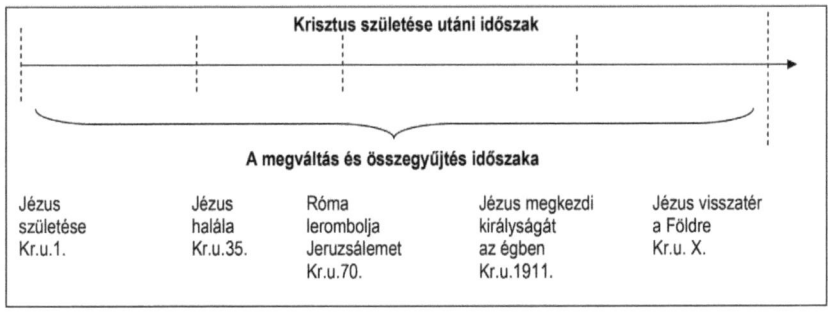

Jézus születése Kr.u.1.
Jézus halála Kr.u.35.
Róma lerombolja Jeruzsálemet Kr.u.70.
Jézus megkezdi királyságát az égben Kr.u.1911.
Jézus visszatér a Földre Kr.u. X.

83

Mind a Krisztus utáni táblázatokból, mind pedig a fent kiemelt időegyenesről jól leolvashatóak a (*mindig sorszámnévben kifejezett*) jelentősebb 7. évre eső események, melyek Jézus születése után következtek be, beleértve magát a születést, a **Kr. u. 1.** évet is. S, miért nem a nulladikat? Erre az Egyiptomból való kivonulás évének isteni meghatározása adja meg a választ.

2Mózes 12:1–2 „*Jehova így szólt Mózeshez és Áronhoz Egyiptom földjén:„Ez a hónap legyen a kezdő hónap számotokra. Ez lesz az év első hónapja nektek.*"

A kivonulás évét (Kr. e. 1652. év), mely önmagában véve sabbat év, a Teremtő rendelete alapján a zsidóság történelmének első éveként kell nyilván tartani. Ebből adódóan természetes, hogy Jézus születésének sabbat évét veszi a Biblia első naptári évnek – nem pedig egy évvel később a betöltött életéveket –, s így a születésétől számított **Kr.u.35.** év adja meg helyesen azt a **sabbat évet** melyben a **megváltás** Jézus halálával **megtörtént**.

Jézusról általánosságban azt tartják ugyanis, hogy halálakor 33 és fél éves volt, mely állítás megközelítőleg meg is felel a valóságnak. Ugyanis Kr. u. 34. november 28-án (a zsidó naptár szerint Kiszlév hónap 14-én) betöltötte a 33. életévét és belépett a 34. életévébe, majd pontosan három és fél hónap múlva – amikor már a Kr. u. 35. évet írjuk – (Abib) Nissan hónap 14-én **életét adta** a **Világért**.

A következő jelentős esemény a **Kr. u. 70.-ben** lezajlott hatalmas **pusztítás**, melyet a Római Birodalom hajtott végre **Jeruzsálem** ellen. S, amelyre Jézus közvetlenül a halála előtt megpróbálta felhívni a figyelmét követőinek. Sőt, azt is megmondta, hogy hogyan lehet megmenekülni, visszautalva Dániel prófétára és az ő könyvére.

Máté 24:2 „*Erre ő ezt mondta nekik: „Nem látjátok mindezeket? Bizony mondom nektek, hogy semmiképpen nem marad itt kő kövön, melyet le ne rombolnának.*"

Máté 24:15-16 „Mikor tehát meglátjátok a **pusztító utálatosságot**, amelyről Dániel próféta által szóltak, hogy **szent helyen áll** (az olvasó éljen tisztánlátással), akkor akik **Júdeában vannak, kezdjenek a hegyekbe menekülni**."
Dániel 12:11-12 „És attól az időtől fogva, hogy **eltávolítják az állandó áldozatot**, és felállítják a **pusztító utálatosságot**, ezerkétszázkilencven (1290) nap telik el. Boldog, aki vár, és megéri az ezerháromszázharmincöt (1335) napot!"

Képzeljük magunk elé a döbbenetes eseményt, amikor a Kr. u. 35. évben, azaz Kr. u. 34 Nissan hónap 12.-én – 35 évvel a megtörténte előtt – Jézus elmondja, hogy Róma több hullámban fog támadni, s mindenképpen legyőzi Izraelt.

Hogyan szólnak erről a történelemkönyvek: a Kr.u.66-ban Róma megelégelte a zsidóság folyamatos lázadásait, és próbálkozásait az önállóság visszaszerzésére. Jelentős haderővel felvonultak a város ellen. Ám a világbirodalomnak ezidőtájt már nem csak külső, de belső viszályokkal is szembe kellett néznie, ezért az **ostromnak hirtelen,** a zsidók átmeneti győzelmével **vége szakadt** s a római **haderő elvonult** Jeruzsálem falai alól. A város fellélegzett.

A lakosság túlnyomó többsége Róma hanyatlásának jelét látta győzelmükben, s hogy itt az idő a várva várt királyság helyreállítására, ám **aki Jézus szavait komolyan vette** – az úgynevezett békepártiak, akik eddig tartózkodtak minden katonai megnyilvánulástól –, az **most** vált igazán aktívvá, **csomagolt és menekült** a hegyekbe. A lakosság többi része Jeruzsálemben maradt, élvezte a város nyújtotta viszonylagos kényelmet, felkészüléssel töltve az időt a következő – reményeik szerint győztes – összecsapásra.

A menekülők, vállalva, hogy megvetés tárgyává vállnak a lakosság nagy részének a szemében, a környező hegyek barlangjaiban rendezkedtek be, kihasználva **Jézus** – illetve **Dániel** – által említett „ezerkétszázkilencven nap" adta lehetőséget, és kitartóan várakoztak.

S bizony jól tették, mert kevesebb, mint 3,5 év (1290 nap = 3 év és 5 hónap) elteltével, **Kr. u. 70.**-évben a Római Birodalom hatalmas sereggel tért vissza a város alá. Körbesáncolta Jeruzsálemet, hogy senki se tudjon kimenekülni. Akik ekkor bent rekedtek, azokat a római sereg vagy kiéheztette, vagy lemészárolta. A városban történt szörnyűségekről az ismert történetíró, Flávius Josephus „A zsidó háború" című írásában számol be részletesen. Akik viszont az önkéntes száműzetést választották, és a hegyekben várták ki az ezerháromszázharmincöt nap, azaz az 1290 nap + a 45 napig tartó ostrom = 1335 nap elteltét, azok valóban „boldogok" lehetettek, hiszen a próféciának megfelelően életben maradtak.

Időegyenesünkön ezután hatalmasat ugrunk, s megnézzük, hogy mi is történt a Kr.u. 1911.-évben, a huszadik század hajnalán. Ugrásunkat azonban az utolsó, a Teremtő által kinevezett – felkent – és törvényesen uralkodó zsidó király uralkodásának végétől kell indítanunk.

A **Teremtő ugyanis úgy határozott, hogy** a zsidó nép ellene, és törvényei ellen évszázadokon át sorozatosan elkövetett lázadásai miatt megbünteti őket, s **Júda trónját Nabukadnezár babiloni királynak adja.**

A fent említett és isteni kinevezéssel rendelkező utolsó júdeai király, név szerint **Jósiás** (Kr. e. 641–609) az ez irányú próféciáknak engedelmeskedve szövetséget kötött Babilonnal, a Teremtő által választott nagyhatalommal. Júdea e szövetségben betöltött helye és kötelezettség vállalása értelmében Megiddó mezején szembe szállt Egyiptommal. Ám a csatában Jósiás király Kr. e. 609.-évben életét vesztette. Vele megszakadt az isteni felhatalmazással uralkodó zsidó királyok sora.

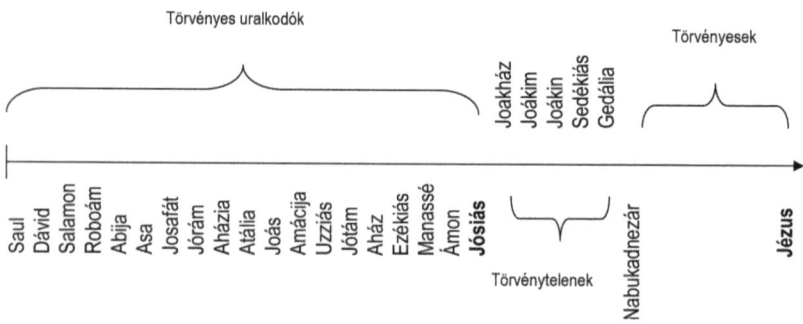

Még ebben az évben, tehát a Kr.e. 609-ben, Nekó fáraó már Egyiptomhoz hű királyt ültetett a trónra. Így a Jósiást követő uralkodók és helytartók (Joakház, Joákim, Joákin, Sedékiás, Gedália) **már nem gyakorolták isteni értelemben törvényesen a hatalmat.** A zsidóság egyszerre **helyezkedett szembe** a **Teremtő akaratával,** s az isteni felhatalmazással rendelkező későbbi **babiloni uralkodóval,** Nabukadnezárral. Mindez **isteni büntetést vont maga után.** A Teremtő **megvonta a békét** és nyugalmat a zsidóságtól, **hadszíntérré változtatva** országuk **területét,** a Kr.e. 598-ban pedig **védtelenné tette Jeruzsálemet,** kiszolgáltatva lakosságát a hódító babiloniaknak.

*Dániel 4:13–17 „Folytatódtak fejem látomásai az ágyamban, és íme, egy őrt, sőt szentet láttam lejönni az egekből. Fennhangon szólt, és ezt mondta: „**Vágjátok ki a fát,** és vagdaljátok le az ágait! Rázzátok le róla a leveleit, és szórjátok szét a gyümölcsét! Meneküljenek a vadak alóla és a madarak az ágairól!* ***De tövét hagyjátok a földben,*** *és legyen vas- és rézbilincsbe verve a mező füvében. Az ég harmata öntözze, és a vadállatokkal együtt legyen része a föld növényei között. Emberi szíve változzon át, s vadállat szívét kapja, és* ***hét idő múljon el felette.*** *Az örök rendeletére van ez, s a szentek szavára ez a kérés, hogy megtudják az élők, hogy a Legfelségesebb uralkodik az emberek királyságán, és annak adja azt, akinek akarja, és* ***az emberek közül a legalacsonyabb rangút állítja az élére.”***
Ézsaiás: 13:2–3, 5 „Kopár hegyen állítsatok jelt. Hangosan kiáltsatok nekik, lengessétek a kezeteket, hadd vonuljanak be az előkelők bejáróin. Én adtam parancsot megszenteltjeimnek. El is hívtam erőseimet, felettébb ujjongó embereimet, hogy kinyilvánítsák haragomat."… „Messzi földről ***jönnek,*** *az egek végső határáról –* ***Jehova és ítélethirdetésének fegyverei*** *–, hogy az egész földet feldúlják."*

Jósiás király Kr. e. 609-es halálától a fenti – dánieli – prófécia értelmében nem lesz törvényes – isteni felhatalmazású – zsidó király Isten népe felett, **amíg** a hét idő, azaz 7 x 360 év

(= 2520 év) elteltével az **Örökkévaló Fejedelem**, az égbe visszatért **Megváltó Jézus trónra nem kerül.**

Lukács 1:32-33 „*a Legfelségesebb Fiának fogják hívni, és Jehova Isten **neki adja** atyjának, **Dávidnak a trónját**, és királyként fog uralkodni Jákob házán **örökké**, és királyságának nem lesz vége."*
Zsoltárok 110:1 „*Ez Jehova kijelentése az én Uramhoz: „**Ülj** az én jobbomon, Mígnem ellenségeidet lábad zsámolyává teszem."*

Ennek okán egyértelmű, hogy a **Kr. u. 1911. évben Jézus** az égben **trónra került**. (lásd sabbat táblázat) S nem tétlenkedett, hanem azon nyomban **hadat üzent** a fizikai testtel alapvetően nem rendelkező **démoni lényeknek**, hogy **megtisztítsa** tőlük a pozitív viselkedési normával rendelkező **égi lények**, azaz angyalok **lakhelyét**.

Zsoltárok 110:2-3 „*Menj, **győzedelmeskedj** ellenségeid között!" Néped (angyalok) készséggel ajánlkozik a napon, melyen hadra kelsz."*
Jelenések 12:10 „***Most lett** meg a megmentés, az erő és a **királyság** a mi Istenünktől, és az ő **Krisztusának hatalma**, mert levetették testvéreink vádlóját, aki éjjel-nappal vádolja őket a mi Istenünk előtt!"*

Az **égi tisztogatás lezajlott**. De vajon ez számunkra is békét hozott? Sajnálatosan azok a bizonyos „**boldog békeidők**" csupán 3,5 évig tartottak.

Jelenések 12:12 „***Jaj a földnek** és a tengernek, mert **lejött hozzátok** az **Ördög** nagy **haraggal**, mivel tudja, hogy rövid ideje van."*

Sátán és a démonok haragjának hatására – az embereket egymás ellen hangolva – 1914-ben kitört az első világháború, amely

3,5 év nyomorúságot hozott a földre. Bár a szemben álló nemzetek békét kötöttek, a nyugalom, a béke, mint ha végleg elhagyta volna a földet.

Egy újabb rövid békeidőszak után 1940-től a második világháború is felégette a világot. Érdekes megfigyelni, hogy mindkét esetben Németország volt a fő mozgató rugója az eseményeknek. Vajon miért. Mi, vagy ki befolyásolta őket tetteikben?

Sokan sokféleképpen magyarázták már ennek okait elemzéseikben, tanulmányaikban, de lássuk, mivel indokolja a Biblia a **világbirodalmi, világháborús törekvések Németországra** koncentrálódását.

Az özönvíz előtt a fizikai testtel alapvetően nem rendelkező **égi lények** mindegyike **testet ölthetett és szabadon mozoghatott a saját és az emberek lakóhelye között**. Az **özönvíz utáni időszakban** az angyalok továbbra is felvehettek anyagi testet, míg a **démonok nem. Az özönvíz után csak hatást gyakorolhattak az emberekre „megszállva"**, azaz befolyásolva őket.

Jézus 1911-es győzelme után a **démonok** lekerültek a **föld közelségébe**, s többé **nem mehetnek** vissza az **égbe**. Az eddig sem elhanyagolható **hatalmukat** most **már kizárólag ránk** és **földünkre összpontosítják**.

Ezt igazolja az, az eset, amikor az Ördög Jézust próbára tette, **felajánlva** neki minden **gazdasági, politikai hatalmát a világ felett. Jézus** az ajánlatát ugyan **elutasította, de** állítását **nem cáfolta**. Tehát valóban az Ördög vagy Sátán – a démoni égi lények vezéralakja – uralta, s uralja a földet.

Máté 4:9 „*Mindezeket neked adom, ha leborulsz, és imádatot mutatsz be nekem.*"

Ha viszont uralkodó volt, akkor biztosan volt a **földön** trónja, vagy mai szóhasználattal élve **székhelye**. S hogy ez pontosan hol volt a földön, arra Jézus adja meg a választ a Jelenések könyvében leírt üzenetében.

*Jelenések 2:12–13 „A **pergamoni** gyülekezet angyalának pedig írd meg: ezeket mondja az, akinél az éles, hosszú, kétélű kard van:»Tudom, hol laksz: ott, **ahol Sátán trónja áll**, és mégis erősen ragaszkodsz továbbra is a nevemhez, és nem tagadtad meg a belém vetett hitedet, még Antipásznak, az én tanúmnak, az én hűségesemnek napjaiban sem, akit megöltek nálatok, **ahol Sátán lakik**.*"

Pergamon, a Törökországi Izmir város területén helyezkedett el. S a tizenkilencedik század végére monumentális régészeti ásatások kerültek elő az óváros romjai alól. Egy teljes épségben fennmaradt **Zeusz-oltár** a Kr.e. II. századból és az ahhoz kapcsolódó építmények.

Az első világháború előtt Törökország nem sokat törődött történelmi emlékeivel, illetve azok megóvásával. Ezért **a pergamoni leletek**, az országból minden gond nélkül és több lépcsőben kicsempészésre kerültek, s 1908 és 1913 között – még közvetlenül az első világháború kirobbanása előtt – **a berlini Pergamon Múzeumban** eredeti állapotukhoz híven kerültek felállításra.

Miután **Jézus a pergamoni Zeusz oltárt** a **Sátán trónjának nevezi,** akkor **Zeusz**, a görög mitológia alakja, nem más, mint maga az Ördög, aki az ókorban Pergamonból – földi központjából – fejtette ki legintenzívebben befolyásoló hatását. S miután **áttette,** illetve **áttették székhelyét Európa szívébe**, ott **folytatta** emberbutító, lázító és **befolyásoló hatását**, akár csak egy óriási sakktáblán, akarata szerint mozgatva, irányítva a valódi ismeretekkel nem rendelkező embereket, és bár Németországhoz hasonlóan sok európai ország küszködött gazdasági, társadalmi nehézségekkel, azonban – a sátáni befolyásnak köszönhetően – csak ők, a német nemzet látta a szükséghelyzet megoldásának kulcsát egy világbirodalom kiépítésében.

Az ókori mitológiát és vallási rendszert tanulmányozva, további fontos következtetésre juthatunk. Először is arra, hogy a görög mitológia többistenhite nem másnak, mint az özönvíz előtti társadalmi rendszernek állít emléket „**isteneivel**" azaz a földön élő démonokkal és azok gyermekeivel, avagy „**félisteneivel**", a bibliai Nefilekkel. Csupán csak az azok által hordozott erkölcsi töltést az ellenkezőjére, az emberekhez fűződő negatív, elnyomó viszonyukat pozitívra változtatva. Ez az ismeret pedig nem mástól öröklődött tovább, mint az első uralkodótól, Nimródtól a babiloni hamis istenkultusz megalapítójától. A történelemkönyvekből pedig tudjuk, hogy a görög többistenhit alakjait a rómaiak teljes egészében átvették, csupán az istenalakok neveit változtatták meg. Így a görög **Zeusz istenalakját** Rómában **Jupiter,** a római főisten vette át.

Ha viszont **Zeusz azonos** volt az **Ördöggel** vagy Sátánnal, akkor **Jupiter** személye **is azonos** az **Ördöggel**. A rómaiak pedig **minden év december 24 és 26 között Jupiter előtti tisztelgésként** többnapos evéssel és ivással **emlékeztek meg istenük „születésnapjáról".** Azonnal felmerül az emberben két fontos kérdés. Az első, hogyan került a kereszténység jézusi tanai közé egy pogány istenkultusz? A második, hogy kit is ünnepeltetnek igazán a különböző kereszténynek mondott vallási felekezetek **karácsonykor?!**

E rövid értelmezésbeli eszmefuttatás után térjünk vissza időegyenesünk utolsó bejegyzéséhez, Jézus visszatérésének várható idejéhez. Erre vonatkozóan bizonyosan nem fogunk napra pontos információkat találni a Bibliában, mert annak legalkalmasabb idejét csak a Teremtő ismeri.

*Márk 13:32-33 „Azt a napot vagy azt az órát **senki nem tudja**, sem az angyalok az égben, sem a Fiú, **csak az Atya**.*
Állandóan figyeljetek, maradjatok ébren, mert nem tudjátok, mikor van a meghatározott idő."

Ám a fenti számtalan példából egyértelműen kiderül, hogy bármikor is lesz **Jézus visszatérése**, annak bizonyosan 7. évben, azaz **Sabbat évben** kell megtörténnie.

„Hajtson a föld füvet" *(1Mózes 1:11)*

5. FEJEZET

A HARAG IDŐSZAKA

Ádám és Éva kényszerűségből elhagyta a paradicsomi kertet, de teremtőjük nem hagyta el őket. Felöltöztette és megtanította őket az alapvető ismeretekre, földművelésre, állattenyésztésre, stb. Ezáltal képessé váltak arra, hogy a saját lábukra álljanak. **Termelni kezdtek**, hogy **gondoskodjanak magukról** és **utódaikról**.

A népesség növekedésével létrejöttek először a családok, mint a társadalom alapjai, majd a nagycsaládi közösségek, és így tovább. Az ember **életkora** ekkor még **sokkal magasabb** volt, mint a mai emberé, s ahogy távolodik a teremtés tökéletes állapotától, úgy egyre csökken. Ez a magyarázat arra, hogy a Biblia által említett személyek között kezdetben nem volt ritka a 300, 600, 800, vagy akár 900 évet meghaladó feljegyzett életkor sem. A tökéletességhez viszonylag közeli állapotuk ellenére idővel megjelentek rajtuk a testi **öregedés jelei**, mely végül a végelgyengülésben való **elhalálozáshoz** vezetett.

Ám nem csak testi értelemben voltak tapasztalhatóak a büntetés következményei. A **szellemi, gondolkodásbeli torzulások** is megjelentek. Már az első gyermekek között felütötte a fejét a nagyravágyás, a féltékenység, az irigység, az erőszak és a gyilkosság. S az idő múlásával, valamint a népesség növekedésével az elferdült viselkedés okozta gondok egyre jobban hatványozódtak. Annál is inkább, mivel a Teremtővel legtöbbjüknek megszakadt az aktív kapcsolata. Bár bizonyos ismereteik megmaradtak és apáról fiúra tovább éltek, ezek az ismeretek is veszítettek pontosságukból, összemosódtak saját fantáziavilágukkal. Így mind a kapcsolat megszakadása, mind pedig a meggyőződésbeli torzulások **az ember Teremtőjétől való elidegenedését okozta**, melyet csak fokozott a fizikai testtel nem rendelkező égi lények érdeklődése az emberek, konkrétan a nők iránt.

Badarság lenne ugyanis azt gondolnunk, hogy egy olyan lény, aki az első emberpár felkészületlenségét kihasználta, az a személy csak és kizárólag a földre koncentrálja erejét. Saját létszférájában is megkezdte az egység bomlasztását.

Szemünk használatára a világ minden nyelvén több kifejezést ismerünk. Van, amikor azt mondjuk, hogy nézünk, s van, amikor azt, hogy látunk. Mind a kettő a szem érzékelésével kapcsolatos, de mégis mennyire különböző a ránk gyakorolt hatásuk. Ha kitartóan nézzük, amit látunk, már nem csak érzékelünk. A felfogott dolgok már érzéseket, vágyakat generálnak bennünk, és nemcsak bennünk. Amikor az angyalok kitartóan figyelték a nőket, a szépségüket, az általuk szerzett szexuális örömöket, az bennük is vágyakat gerjesztett, s bűnt fogant. Egészen addig, amíg már csak egy kis **megerősítésre** vártak, hogy engedetlenséget mutassanak Teremtőjükkel szemben. S ezt a **Sátán nekik is** készségesen **megadta**.

Ezután, a fizikai testtel nem rendelkező égi lények közül egyesek emberi testet vettek fel, hogy nőkkel vegyék körül magukat, s hogy olyan örömöknek adózzanak, amik elsődlegesen az emberek számára a szaporodást szolgálandó lettek bevezetve.

Milyen lehetett ez a felvett test? Hogyan működhetett? Azt olvashatjuk róluk, hogy ebben az emberi állapotban is megtartották **tökéletes** létformájukat, **halhatatlanok** maradtak. **Erejük** és **értelmi képességük** jelentősen **meghaladta az emberét**. Ezért könnyedén **hatalmuk** alá kényszerítették az embereket. De bármikor **„le is vethették"** ezt a felvett emberi testet és elhagyhatták a földet. Mindezen specialitások mellett felvett testük tökéletesen **kompatibilis** volt az emberekével, olyannyira, hogy képesek voltak **utódok nemzésére**. A földi asszonyok és égi lények szexuális kapcsolatából pedig életképes utódok is születtek, az úgynevezett **nefilek** (nefilimek).

*1Mózes 6:4 „**Nefilek** voltak a földön azokban a napokban – és azután is –, amikor az igaz Isten fiai együtt háltak az emberek lányaival, és azok fiakat szültek nekik; ezek voltak az ősidőktől fogva híres hatalmasok."*
*5Mózes 1:28 „Hova megyünk mi fel? Testvéreink megolvasztották szívünket, mert ezt mondták: ,Nálunk nagyobb és szálasabb népet láttunk ott, olyan hatalmas városokat, amelyeket az egekig megerősítettek, és még az **anákok** fiait is láttuk ott.'«*

Az alapvetően homogén emberi társadalom kibővült. Az **emberek** mellett megjelentek az **égi lények,** vagy „istenek" és a **nefilek, az ő** „félisteni" gyermekeik. Akik félig égi, félig emberi tulajdonságokkal bírtak.

Az első nefilek megszületésükkor még bizonyosan **képesek voltak az örök életre,** s mindehhez az emberénél **nagyobb** és **erősebb** testi felépítést is örököltek. Erejük pedig **elvetemültséggel, gonoszsággal** párosult. Mindezek ellenére mégiscsak embereknek számítottak.

A Bibliában hatalmasokként említett lények adták az óriásokról, félistenekről, vagy különleges lényekről szóló mesék alapjait, akárcsak Herkules vagy a titánok történetében. Bizonyára mindenki hallott már róluk, de ki gondolta volna, hogy létező személyekről mintázták figuráikat vagy, hogy honnan származtak ezek a személyek eredetileg.

Az égi lények, valamint a nefilek megjelenése a földön csak **mélyítette** a **Teremtő** és az **emberek, az emberi társadalom** között létrejött szakadékot. Fokozta az **elnyomást,** az **erőszak növekedését,** borzalmasabbnál borzalmasabb – a **hamis tanokból,** hazugságokból kialakult – **vérszomjas vallások,** elferdült **szexuális szokások elterjedését** a földön. Az Isten hatalmát tagadó égi lények, avagy **démonok és gyermekeik** istenekként **uralkodtak** az embereken, az emberek pedig szolgálták őket és féltek tőlük. Azért, **hogy az ember elnyomását csökkentse,** a **Teremtő** elvette a nefilek halhatatlanságát és **120 évre korlátozta** élettartamukat.

1Mózes 6:3 *"Ne működjék szellemem időtlen időkig az emberen (Nefilek), mert ő csak* **hús-vér lény***. Napjai ezért* **százhúsz évet** *tegyenek ki."*

Itt azonban egy kis kitérőt kell tennünk, mert sokan és sokféleképpen értelmezték már ezt, az idézetbeli **életkor-szabályozást**. A legelterjedtebb értelmezés szerint a fenti idézet az emberiségnek szól. Ám ebből az értelmezésből komoly ellentmondások születtek. Először is azért, mert az első emberpárra kiszabott halálbüntetés a következőképpen hangzott:

1Mózes 2:17 *"mert* **azon a napon***, amelyen eszel róla, bizony* **meghalsz***."*

Ennek ellenére, az ember még mindig több száz évet élt, mire visszatért a föld porába. Miért? A Biblia erre is megadja a magyarázatot.

2Péter 3:8 *"Ez az egy tény azonban ne kerülje el a figyelmeteket, szeretteim, hogy Jehovánál* **egy nap annyi, mint ezer év***, és ezer év, mint egy nap."*

S mivel a teljes ezer évet egyetlen ember sem élte meg, az állítás, miszerint még aznap meg kell halnia annak, aki vétkezett, be is igazolódott. Akkor mi értelme lenne az emberi élet további szűkítésének. Vagy inkább az értelmezéssel vannak gondok? Lássuk, milyen hatással volt a 120 éves korlátozás az emberiségre.

A korlátozó határozat után és annak ellenére Noé 950 évig, fiai pedig öt hatszáz évig éltek. S napjainkban – bár nagyon ritkán – még mindig előfordul, hogy valakinek az életkora meghaladja a 120 évet. Ám ha abból indulunk ki, hogy a Biblia csak akkor lehet a nagybetűs Igazság, ha minden mindennel öszszevág, akkor erre a látszólagos ellentmondásra magyarázatot kell, hogy adjon. S ad is, mivel az emberek lassú életkorcsökkenése és a 120 éves korlátozás egyszerre csak akkor lehet igaz, ha a korlátozott személy, vagyis az idézetbeli **"ember"** kifejezés a **nefilekkel** (későbbi leszármazottaik az anákok) **egyenlő**, azaz a félig ember, félig égi lény keverékére vonatkozik. Miért, **először** is azért, mert: **mi emberek**, magunk **is képesek voltunk** teremtésünk elején **az örök életre, másodszor**, mert minden **emberi jellemvonás** tovább **öröklődött bennük** az **anyjuk révén**, s **harmadszor**, mert **testüket nem voltak képesek átváltoztatni**, sem elhagyni azt. A **földhöz voltak kötve, mint az ember**.

Azzal tehát, hogy a Teremtő korlátozta a nefilek életének hosszát, esélyt adott az **ember – ember** kapcsolatból született **emberiség** számára a túléléshez. Mivel előbb vagy utóbb – erejük, képességeik, agresszív viselkedésük és az esetlegesen megmaradó örök életük révén – a nefilek kipusztították volna az emberi fajt a földről. Ám az érdekünkben történt korlátozásból kifolyólag az **ember** hosszabb életet élhetett, **túlélhette** a **démon – ember** kapcsolatból született elnyomóit.

Túlélhette őket, igen. De teljesen megszabadulni nem tudott tőlük. A **százhúsz év folyamatosan telt el az egyes személyek fölött**, tehát bizonyos mennyiségű nefil mindig jelen volt a társadalomban. Az **ember-nefil** kapcsolatból született **utódokban** (anákok) pedig **tovább öröklődtek a kevert gének**. Ez az igen vegyes társadalmi rendszer egészen az özönvízig tartott.

A gonoszság fokozódását semmi sem tudta megállítani. Az ember születésétől (teremtés 1. éve) számított 1665 év alatt a földet benépesítő égi, azaz démoni, nefil (ember-démon), anák (ember-nefil) és emberi lények egy visszataszító testi és szellemi fertővé változtatták a földet. Azt a Földet, amit nem mi, nem is ők, hanem a Teremtő készített. Mit szült benne ez az érzés, jogos haragot, az pedig igazságos ítéletet.

1Mózes 6:13 „Minden test vége elérkezett előttem, mert a föld megtelt erőszakossággal miattuk"

A démonok és fiaik által bevezetett hamis vallási irányzatok uralkodóvá válása mellett csak egy maroknyi ember volt tisztában a teremtés igazságával. Egy istentelen, elembertelenedett társadalomban ők voltak az erkölcs és a szellemiség fáklyái. Az idő előre haladtával azonban a fáklyák is kezdtek kialudni. Végül csak egyetlenegy olyan ember maradt a földön, aki még rendelkezett valódi ismeretekkel, ő „megismerte" a Teremtőt, a tetteit és hatalmát. **Noé** meggyőződéssel fordult a Teremtőhöz, kereste a kapcsolatot vele, rendszeresen imádkozott, azaz szólt hozzá, szabad akaratából osztotta meg vele gondolatait, s a **Teremtő** nemcsak, hogy meghallgatta, de beszélt is hozzá, válaszolt neki. S amikor meghozta a Világ ítéletét, közölte Noéval. Megosztotta vele szándékát és megmutatta neki a megmenekülés módját.

S mi lett a többiekkel? Felmerül a kérdés, vajon igazságos lenne-e, ha az elítélt nem ismerhetné meg az ítéletét? Egyáltalán nem. Ezért a Teremtő **Noénak** azt a **feladatot** adta, hogy akinek csak lehet, nyújtson segédkezet a megmeneküléshez, **adja tovább az ítélet hírét** és a **megmenekülés lehetőségét**.

Noé eleget is tett a megbízatásának. Bár az emberi joggyakorlat szerint egyszer is elég lett volna kihirdetni az ítéletet a végrehajtáshoz, a Teremtő szerint nem. Ezért Noé évtizedekig hirdette a Teremtő akaratát minden viszontagság közepette. Mivel a Teremtő igazságossága a miénknél magasabb rendű, összetettebb alapokon nyugszik, s célja sokkal távolabbra mutat.

Alapja – még mindig – az emberek iránt érzett szeretet és türelem. **Célja** pedig a **helyreigazítás**, az emberek gondolkodásának, szellemiségének a helyes mederbe való visszaterelése, s nem a megtorlás. De mivel üzenete süket fülekre talált, nem maradt más választása, mint az **ítélet végrehajtása**. Amivel lezárult az emberiség életének első szakasza, a teremtés hetedik napjától, Isten első sabbatjától, azaz Kr.e. 4340-től a Kr. e. 2675. évig terjedő időszaka, egy, az egész földet elárasztó **vízözönnel** (lásd Atlantisz legenda).

Ez volt a történet tényszerű megközelítése, ám mélyebben belegondolva a társadalmi viszonyokba, sokkal megdöbbentőbb kép tárul elénk, mely láttán nem marad egy cseppnyi kétségünk sem az ítélet szükségessége felől. Az **ember** volt **a társadalmi ranglétra legalsó fokán**, holott a Teremtő neki teremtette az egész Földet. Arra szánta, hogy ő uralkodjon a teremtés felett, s nem arra, hogy rajta élősködjenek. Gazdálkodott, földműveléssel és állattenyésztéssel foglalkozott – bár húst még nem fogyasztott – s családi közösségekben élt. Kiszolgálója volt az őt leigázó társadalmi rétegeknek.

Nemcsak a **nefilek,** az **anákok** de a testet öltött démonok is **elnyomták az embereket**, mely elnyomás kiterjedt az élet minden területére, lét- és fajfenntartásra egyaránt. A **társadalom csúcsán** a **démonok,** azaz önjelölt „isteneik" álltak, isten-királyi hatalmat gyakorolva felettük, ami az ember számára felfoghatatlan volt. Különösképpen az, hogy „isteneik" látták az emberek gondolatait. Rendelkeztek olyan szellemi energiával, ami hatóképes, azaz az emberek számára megmagyarázhatatlan – isteni – dolgokat képes véghezvinni.

Az „istenek" igyekeztek az emberek számára hamis képet festeni szellemi, etikai, morális és ideológiai téren a teremtésről, az emberek származásáról, saját démoni eredetükről és hatalmukról, a társadalmi együttélés szabályairól, joggyakorlásuk alapjairól, hatalmuk eredetéről. Nemcsak Sátán, démonai is hamar meglátták a hamis ideológiában, eltorzított tanításokban rejlő lehetőséget arra, hogy hatalmukat biztosítsák, elérjék, hogy **a Teremtőtől minden tiszteletet, szeretetet és figyelmet elvonjanak.** Az ember pedig saját bűnössége, elítélendő magatartása, szexuális vágyai miatt vonzódott ehhez a világhoz, sőt asszimilálódott hozzá.

Ebből a morális fertőből emelkedett ki Noé és családja. Bizonyára nem lehetett könnyű dolguk, de fáradozásuknak, hűségüknek és kitartásuknak eredményeként túlélhették a világrendszer változását. Vajon rajtuk kívül volt más túlélő is? Igen.

Az alapvetően fizikai testtel nem rendelkező égi lények, a **démonok** az általuk felvett emberi testet levetve, gyermekeiket, a nefileket és ember feleségeiket hátra hagyva angolosan távoztak még mielőtt a víz veszélyeztethette volna őket. Mi lett velük? Megúszták? Mivel a Teremtő magasabb igazságosságra törekszik, mint mi emberek, ezért ez elképzelhetetlen.

Történetük papírra vetésénél jóval később, az Újszövetségben szereplő Péter apostol második levelében (Kr. u. 1 század) olvashatunk róluk.

2Péter 2:4-5 *„ha az Isten nem habozott megbüntetni az angyalokat, akik vétkeztek, hanem a tartaroszba vetve sűrű sötétség vermeinek adta át őket, hogy ítéletre tartassanak fenn; és nem habozott megbüntetni egy hajdani világot, de Noét, az igazságosság prédikálóját nyolcadmagával megtartotta biztonságban, amikor vízözönt hozott az istentelen emberek világára"*

Tehát mai szóhasználattal élve előzetesben vannak és maradnak is, egészen addig, amíg végleges ítéletük végrehajtásra nem kerül. Ez, s a fenti idézet együttesen azt igyekszik tudatosítani bennünk, hogy az első időszak végét lezáró **isteni ítélet nem volt egy egyszeri esemény.** Meg fog ismétlődni, sőt meg kell, hogy ismétlődjön azért, hogy a Teremtő **akarata** és **igazságossága** mindenkire kiterjedően **érvényre jusson.**

6. FEJEZET
KÖZELEDÉS ÉS A PRÓFÉCIÁK

A világ teremtése a megpihenés évével Kr. e. 4340-ben befejeződött, s az azt követő **évtől** kezdve egészen az **özönvíz befejeződéséig** összesen **1666 év 2 hónap és 27 nap** telt el, amikor is **Noé és családja elhagyhatták a bárkát**. **A Teremtő haragja elmúlt**, s ennek **jeléül** megkötötte velük **az élet és a megmentés** (szivárvány) **szövetségét**.
Ebből adódóan a teremtés szerinti **1666**. év, azaz a **Kr.e. 2674. év** méltán nevezhető **a megmentés évének**. S miután az egész emberiséget érintő, hatalmas jelentőségű eseményről van szó, jogosan feltételezhetjük, hogy mindez egy hét éves ciklus **7. évére**, azaz **sabbat évre** kellett, hogy essen. Ellenőrizzük feltevésünket! Láthatóan jól számoltunk (lásd 4. fejezet táblázatai), hiszen a Kr. e. 2674. év valóban sabbat év. S minden alkalommal, amikor megjelenik a **szivárvány** az égen, a **megmentésünkre** és a Teremtővel kötött **szövetségünkre** emlékeztet minket, valamint arra az **ígéretre**, hogy **soha** többé **nem lesz kollektív pusztítás** – azaz a teljes bolygóra kiterjedő – **vízözön** a földön.

1 Mózes 9:12–16 *„Ez a jele a szövetségnek, amit veletek és minden élő lélekkel kötök, mely veletek van, nemzedékeken át időtlen időkig:* **Szivárványomat** *helyezem a felhőbe, hogy az legyen a jele a szövetségnek köztem és a föld között. Ha majd felhőt bocsátok a föld fölé, a szivárvány is megjelenik a felhőben. És megemlékezem a szövetségemről, mely köztem és köztetek, valamint minden test közül való minden élő lélek között van; és nem lesz többé a víz özönné minden testnek az elpusztítására. Szivárvány lesz a felhőben, és amikor látom, megemlékezem az időtlen időkig tartó szövetségről Isten között és minden test közül való minden élő lélek között, amely a földön van."*

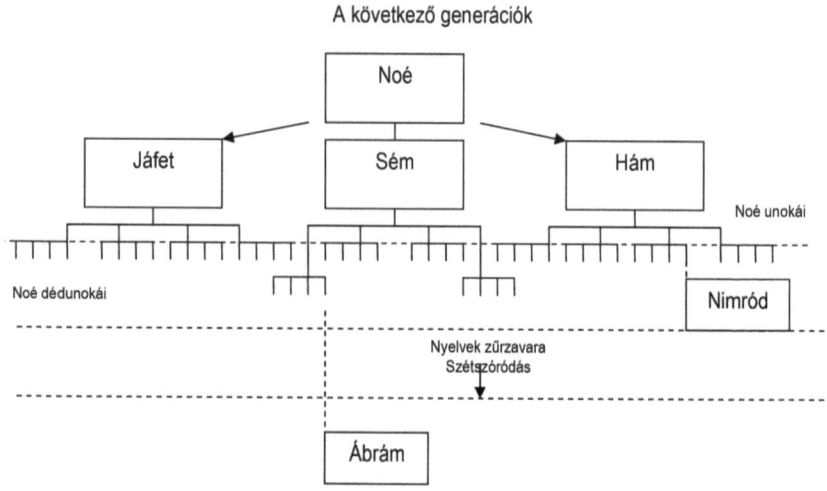

Noé és családjának megmenekülésével megkezdődött a **közeledés időszakán belül** egy – több mint hatszáz éves – „**kisebb**" **szakasz**, melyben az emberiség létszáma gyors növekedésnek indult, amiben még mindig nagy szerepe volt az ember és az ő teremtéskori tökéletességéhez mért viszonylagos közelségnek. **Az emberek átlagéletkora** ezidőtájt ugyanis még mindig magasabb volt, mint 400 év, s az időszak második felétől még mindig meghaladta a 200 évet. A **hosszú** élet, hosszabb szaporodó képességet jelentett, ami által egyetlen emberpárnak sokkal több utód felnevelésére volt lehetősége, mint a mai embereknek. Így az emberiség benépesítette Mezopotámiának az élelmiszer termelés szempontjából legelőnyösebb és legkedvezőbb éghajlatú területeit.

Független történészek szerint az emberi társadalom bölcsője Mezopotámia volt, tehát ebben nem mondanak ellent a Bibliának. **Noé** bárkája az ítélet lezajlása után, s a – szám szerint – második világrendszer kezdetén ugyan az Ararát hegység magasságában feneklett meg, a **család** azonban **visszatért** a mezőgazdaságilag előnyös, **folyóvízzel** – Tigris, Eufrátesz – **öntözhető**, jó termelési adottságokkal rendelkező **Mezopotámiába**. Ezen

a létfenntartáshoz igen előnyös területen kezdtek Noé fiai –
Sém, Jáfet és Hám – családot alapítani. Azonban letelepedésük
után viszonylag hamar, **komoly probléma adódott a családban.** Minekután Noé három fiából **Hám kegyvesztetté vált.**

1Mózes 9:20–25 *„Noé ekkor földműveléshez fogott, és szőlőt ültetett. Majd ivott a borból, lerészegedett, és meztelenre vetkőzött a sátra közepén. Hám, Kánaán apja később meglátta apja meztelenségét, és elmondta kint lévő két testvérének. Sém és Jáfet ekkor fogtak egy köntöst, a vállukra terítették, és bementek háttal. Így takarták be apjuk meztelenségét, elfordítva az arcukat, és nem látták apjuk meztelenségét. Noé végül felébredt a bortól való ittasságából, és megtudta, mit tett vele a legkisebb fia. „*

Hám, apja Noé magatehetetlen állapotát kihasználva, nevetségessé tette őt az egész család előtt, amit az nyilván nem hagyott szó és büntetés nélkül. Kettejük között komoly érzelmi „árok" keletkezett, mely az idő múlásával **mind fizikailag, mind pedig szellemileg tovább mélyült. Hám** egyre messzebb került a családjától, a család szellemi és morális állapotától, de nem csak tőlük.

Bár saját szemével **látta**, apja oktatásán keresztül pedig **tudta, hogy** a Teremtőhöz fűződő kapcsolatuk, **meggyőződésük** és az abból **fakadó helyes viselkedésük mentette meg őket**, magatartása mégis **megváltozott.** Nem volt már benne sem alázat, sem megbánás, sem kellő szeretet és ragaszkodás a családja és a Teremtője iránt. Úgy döntött, hogy innentől a maga útját járja **utódai** pedig **követték** döntésében. Mindent megtettek azért, hogy teljesen eltávolodjanak attól a családtól, és attól az Istentől, akinek az életüket köszönhették.

Hám **gyermekei** és **unokái** a Biblia felsorolásában a következők:

```
                    Noé
                     |
                    Hám
 Kús       Micraim        Pút      Kánaán

 Széba     Ludim                   Szidón
 Havila    Anámim                  Hét
 Szabta    Lehábim                 Jebusziták
 Raáma     Naftuhim                Amorták
 Szabtéka  Patruszim               Girgasiták
 Nimród    Kaszlúhim               Hivviták
           Kaftorim                Árkiták
                                   Sziniták
                                   Arvadiak
                                   Cemáriak
                                   Hamatiták
```

KIK VOLTAK VALÓJÁBAN A SUMÉROK

A **régészek** egy olyan népcsoport nyomaira bukkantak a Krisztus előtti harmadik évezredből, amelyről csak annyit lehet tudni, hogy Dél-Mezopotámiába kelet felől érkeztek. Nyelvükkel egyetlen ma ismert és/vagy beszélt nyelvvel sem sikerült minden kétséget kizárólag rokonsági kapcsolatot találni. Mítoszaikban egyetlen szó, egyetlen utalás sem esik őshazájukról, mert a terület őslakosainak tartották magukat, s civilizációjuk minden vívmányát isteni eredetűnek tekintették. Lássuk, hogy milyen következtetésekre jutottak a Bibliától teljesen független **történészek** erről az ismeretlen és beazonosíthatatlan népcsoportról.

Azt feltételezik, hogy a sumerek egy számunkra ismeretlen helyről (van még ilyen a Földön?) bevándorolt népcsoport, akik később keveredtek a már ott élő és a történettudomány által már beazonosított népcsoportokkal. Ám több évezred távlatából honnan tudhatjuk, hogy ez az állítás megfelel-e a valóságnak. Rávághatnánk azonnal, hogy a régészeti leletekből, de két extrém hosszú életet leélt és közel azonos korban elhunyt ember leletei alapján hogyan határozzuk meg, hogy ki élt ott előbb, s ki később? Továbbá a sumérokkal kapcsolatba hozva, a történészek találtak a Kr. e. 3000 körüli időkből olyan **feljegyzéseket**, illetve **leleteket** is, amelyek az **öntözéses gazdálkodás** megindulására és vele összefüggésben vagy vele közel egyidőben lezajlott „**özönvíz**" végére utalnak. Az írásokat értelmezve a történészek arra a megállapításra jutottak, hogy a csatornázások előtti gyakori áradások lettek megörökítve az özönvíz-legendákban, melyek szükségessé tették a csatornák megépítését. Az összehangolt, nagy volumenű természetformáló munkavégzés mérföldkő lehetett az ember életében. Ezért a történészek ma is úgy tanítják, hogy az öntözéses gazdálkodás megjelenésével beszélhetünk valójában az emberiség történelmének kezdetéről.

Megállapításaikban számomra kicsit sok a találgatás: „ismeretlen helyről" egy „beazonosítatlan népcsoport", s az özönvíz vagy csatornázás volt vagy sem. Szerintem, ha valami labdaformájú, piros, és pöttyös is, akkor minden bizonnyal pöttyös labda és nem ismeretlen pöttyös guruló tárgy. Ezért azt gondolom, kell, hogy legyen ésszerűbb magyarázat, mégpedig az, hogy a **sumerek** (sumérok) nem lehettek mások, mint Noé, gyermekei, unokái, és dédunokái. Ők valóban egy olyan nyelven beszéltek – egészen a bábeli zűrzavarig – amit rajtuk kívül senki sem beszélt. Mítoszaik nyilván nem fognak őshazáról szóló történeteket tartalmazni, hiszen valamivel több, mint egy évnyi távollétüktől eltekintve, mindig is itt éltek. Ám az özönvíz után lakhelyükhöz, Dél-Mezopotámiához képest valóban észak-keletről tértek vissza. S az is teljesen természetes, hogy minden technikai vívmányukat isteni eredetűnek tekintették, hiszen az is volt, mivel mindent magától a Teremtőtől tanultak.

Lássuk be, eléggé valószerűtlen, hogy csupán a szimbolika kapcsolná össze az **özönvíz** végét (Kr. e. 2674.) a **csatornázás** megindulásával, sokkal valószerűbb, hogy ez volt a **történések egymás utáni sorrendje**. A maroknyi fennmaradt régészeti le-

let, és maguk a legendák is megörökítették azt az emberiség számára két fontos eseményt, mely valóban meghatározója történelmünknek, ám a Biblia arra is rávilágít, hogy a sumérok, azaz Noé és gyermekei alkotják az emberiség történelmének azon hiányzó láncszemét, mely hitelt érdemlően magyarázatot ad – találgatás és evolúciós elméletek nélkül – eredetünkre.

NÖVEKSZIK A CSALÁD

A Teremtő szándékának és áldásának megfelelően, minden belső viszály ellenére Noé családja egyre bővült. S az utódok, hogy egymásnak elegendő életteret biztosítsanak, elvándoroltak, saját településeket, **városokat** hozva létre, mint **Kis** vagy **Uruk**, csak hogy a legjelentősebbeket említsem.

A népességnövekedés szempontjából Noé három fia közül nemcsak a legkisebbnek, Hámnak születtek bőségesen utódai, hanem a másik két fiúnak is.

Jáfet, a középső fiú leszármazottai, **fiai** és **unokái** pedig a következők voltak:

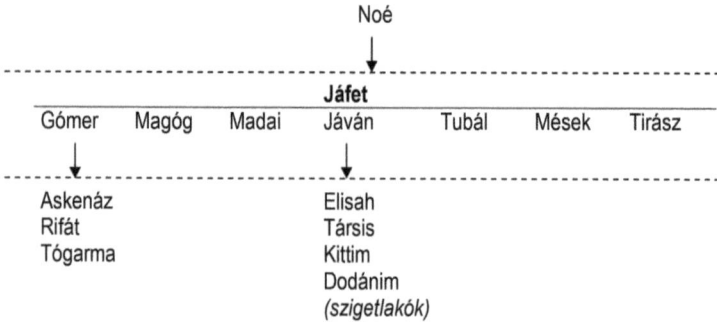

Jáfetről tudjuk, hogy nem vett részt Hám, apja ellen irányuló rosszindulatú tréfájában, éppen ellenkezőleg. Sémmel együtt igyekezett menteni a helyzetet, amely cselekedetéért Noé áldást kért rá és családjára a Teremtőtől. Ebből kifolyólag Sém és Jáfet családjára egyaránt a béke és a békés egymás mellett élés keresése volt a jellemző.

Ellenben Hám családjában korán felütötte a fejét a hatalomvágy. Elsőszülött fiától Kr.e. 2600 körül született unokája, **Nimród** volt az első olyan férfiú, akit nemcsak nagy vadászként, hanem több **város alapítójaként**, az első **városállamok szervezőjeként** tartanak számon. A nevéhez fűződik **Erek, Kalné, Akkád** városok megalapítása. Továbbá a Biblia szerinti időrendet követve a Kr.e. harmadik évezred második felében megalapította **Babili**t – az „**Istenek kapuját**" – avagy **Babilont,** a majdani Óbabiloni birodalom központját.

Miért kezdett Noé dédunokája **városokat alapítani,** annak **ellenére, hogy tudta,** a **Teremtőnek az, az akarata, hogy az emberiség szétszóródjon és betöltse a földet,** nem pedig, hogy csomópontokba tömörüljenek? Koncentrálva a népességet, megteremtette hatalmának alapját, azt a néptömeget, melyből ki- és melyen felülemelkedhetett.

Fejezetünk elején már kitértünk a Noé családjában kialakult viszályra, mely az idő múlásával egyre csak fokozódott. **Hám** és **leszármazottai** odáig jutottak az elszakadás folyamatában, hogy már csak részleteikben őrizték az igazságról szóló ismereteiket. Meggyőződésük megingott, a Teremtővel, valamint törvényével való kapcsolatuk pedig teljesen megszűnt.

A valóság, a valódi ismeretek mellett újból felütötte a fejét az **ellenszegülés** és megjelentek a **régmúlt emlékei** az özönvíz előtti **társadalom felépítéséről**, amik azután **keveredtek** az **ember alkotta fantáziaszüleményekkel, és istenfigurákkal.** A **Teremtőt** ugyan még számon tartották, mint a „**legistenibb istent**" vagy az „**ég istenét",** de már nem volt számukra egy konkrét személy. Az ember alkotta istenségek között megjelentek a különböző természeti **elemek, jelenségek megszemélyesített alakjai,** a hajdanvolt uralkodók, a **démonok és**

109

nefilek emlékei, s az emberek ezeket a figurákat kezdték hatalommal felruházni, tisztelettel övezni, a nekik bemutatott áldozataikkal pedig befolyásolni. Utódaiknak pedig a róluk és a hozzájuk fűződő ceremóniákról szóló történeteket és kötelező előírásokat már, mint kultúrájuk részét adták tovább.

Nimród maga is a régmúlt történetein nőtt fel, nagyapjától, Hámtól pontos ismereteket szerzett az özönvíz előtti társadalmi rendszer sajátosságairól, a hajdan köztük élt égi és fél-lényekről, akiket valódi istenekként tiszteltek. Ezen lények tiszteletének visszaállítására, önmaga tőlük való leszármaztatására, **hatalma égi eredetének igazolására született meg egy új vallási irányzat**, melynek **Babilon** lett a **bölcsője**. Vallási tanításaik szimbólumaként, s újonnan bevezetett ceremóniáik végrehajtásának helyszínéül, valamint **Nimród isteni hatalmának** és uralkodáshoz való jogának **demonstrálásaként** építette meg az első **zikkuratot**, azaz toronytemplomot, vagyis **Bábel tornyát**.

Annak érdekében, hogy Nimród egyeduralomra törését megfékezze, és a népesség elterjedésének korlátozására irányú törekvéseit meghiúsítsa, (Kr. e. 2570–2331 között) megtörtént a **nyelvek összezavarása**, amely jelentős **népvándorlást eredményezett**, s a népek **újbóli letelepedése** már az egyes **nyelvcsoportok szerint** ment végbe. Ezután már nem a közös őstől – Noétól – **származtatták magukat**, hanem a **közös nyelvet beszélő** emberek csoportosulásaikból kialakult **városaik alapján** tartották számon hovatartozásukat. Így jött létre például – a Nimród által alapított – **Akkád város lakóiból** a későbbiekben egy egész népcsoport, azaz az – egy nyelvet beszélő – **akkádok**.

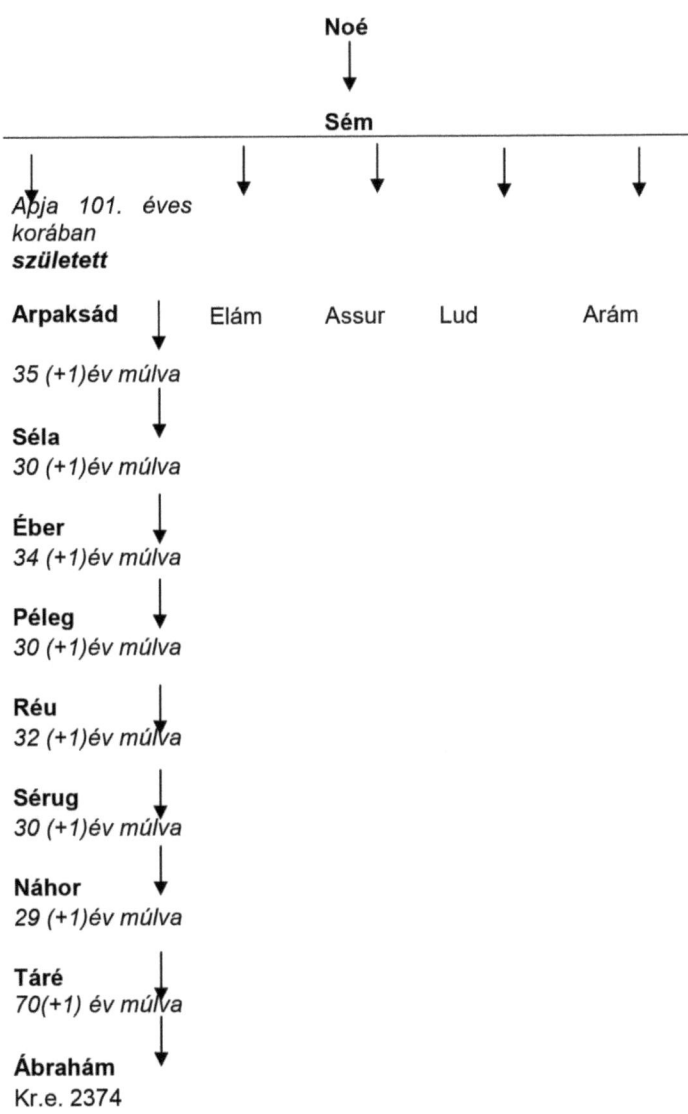

Ezek után egyre másra jöttek létre a városállamok, mint Lagas, Umma, vagy éppen Úr. Ahol 24 évvel az akkád **I. Sarrukín** birodalmának (Kr. e. 2350–2230) megalakítása **ellőtt** – Noé első fiának, **Sémnek** a **leszármazottjaként** megszületett **Ábrám** (Kr. e. 2374–2199), a későbbi Ábrahám. Családi életükről viszonylag szűkszavúan szól a Biblia. Annyit azonban tudunk, hogy **Táré** (Kr. e. 2445–2240), Ábrám apja még szülővárosukban kiházasította három fiát, **Ábrámot, Náhort** és **Háránt**. Majd, miután **Lót** – Táré unokája – megszületett, Táré legkisebbik fia Hárán, meghalt.

VÁNDORLÁS AZ ÍGÉRETEK NYOMÁBAN

Hárán halála után **Táré** összefogta a családot, Ábrámot, Ábrám feleségét, valamint Lótot, az unokáját, s elhagyta Úr városát, hogy eljusson **Kánaán** földjére, amely nevét Noé legfiatalabb fiának, Hámnak elsőszülött gyermekéről kapta, hogy egy jobb élet reményében ott telepedjenek le.

Táré azonban már nem érhette el végcélját, útközben Kánaán felé, **átmeneti szálláshelyükön életét vesztette**. Ezt a helyet Táré fiának emlékére, Lót apjáról **Háránnak** nevezték el. A Teremtő innen hívta el Ábrámot, próbára téve őt, hogy kész-e feltétlenül követni az isteni útmutatásokat.

1Mózes 12:1–3 „*Menj ki földedről, rokonaid közül, és apádnak házából arra a földre, amelyet mutatok neked; és* **nagy nemzetté teszlek**, *megáldalak, és naggyá teszem nevedet;* **légy áldássá**. *Megáldom azokat, akik téged áldanak, és aki téged átkoz, azt én is megátkozom, és* **a föld minden családja áldást nyer általad**.*"*

A fenti próba és egyben **ígéret** elhangzásakor Kr.e. 2299-ben Ábrám már hetvenöt (75) éves volt. S mindent annak megfelelően tett, ahogy a Teremtő parancsolta neki.

1Mózes 12:5 *„Fogta tehát Ábrám Szárait, a feleségét, és Lótot, testvérének a fiát, és mindent, amit gyűjtöttek, valamint azokat a lelkeket, akiket Háránban szereztek, és elindultak Kánaán földjére, majd végül **meg is érkeztek Kánaán földjére**."*

Érkezésük után a Teremtő egy további **ígéretet** is tett Ábrámnak.

1Mózes 12:7 *„A te **magodnak** adom ezt a földet."*

Ekkor Ábrám még **gyermektelen** volt, és felesége meddősége miatt nem is számíthatott utódokra. A Kr.e. 2299-ben végleg letelepedtek, de egy újabb aszály és egy ebből adódó élelmiszerhiány folytán a család megjárta **Egyiptomot**, majd az aszály elmúltával ismét visszatértek **Kánaán** földjére. Ekkor Ábrám és Lót útjai elváltak, mert a két rokon nomád állattenyésztő életmódjából adódóan jelentős emberi és állati szaporulatra tettek szert, s ez komoly konfliktusokhoz vezetett. **Ábrám Kánaán földjén** maradt, **Lót** viszont a Jordán folyó környékén **Szodomában** telepedett le.

Ezidőtájt Kánaán területén is megindult a **városállamok** és **szövetségeik** kialakulása, mely gyakran szült ellentéteket. A Bibliában megörökített történet alapján Ábrám is, egy két városállamokat tömörítő front konfliktusába keveredett, amikor az egyik szövetséges tábor Lótot és családját fogságba ejtette és elhurcolta. Ábrám az ő kiszabadításukra csapatot szervezett, s győzelmet aratott. Az ellentábor szövetségesei közül **Melkisédek** – akit mint a Teremtő **papját** és egyben Sálem városállam **királyát** említik az írások – kenyérrel és borral üdvözölte Ábrám hazatérését, mely nem az étkezést szolgálta, hanem rituális célja volt, mégpedig a testnek és a vérnek, mint egy örök **szövetség jelképének** voltak **a megtestesítői**. Egyik oldalon

113

maga **a pap-király volt a szövetség megkötője**, másik oldalon pedig Ábrám, aki viszonzásként a zsákmányból **tizedet** adott Melkisédeknek. Ez volt a történelem **első tizede**, amit egy meggyőződésbeli **szövetség jelképe és elismeréseként** adtak a szövetségkötőnek a Kr.e. 2289-ben.

A Teremtő igen összetett ígéretét, miszerint **Ábrámnak lesz** saját **gyermeke, leszármazottai** nagyon **sokan lesznek**, továbbá, hogy **Kánaán földjét megkapják** örökös birtokként, **egy,** az Ábrámmal és leszármazottaival kötendő **szerződés alapján**, egymás után többször is olvashatjuk, s minden alkalommal egyre jobban megerősítve, biztosítva Ábrámot annak megvalósulása felől.

Ezen túlmenően Ábrám betekintést kapott a távoli jövőbe is, megismerhette, hogy mi fog történni leszármazottaival a következő hatszáz évben. Továbbá, hogy ez az időszak nem lesz zökkenőmentes, négyszáz évig egy elnyomó nép hatalma alatt kell majd élniük.

Ám egy nemzet megalapításához **először saját szabadjogú gyermek** kellett. A rá vonatkozó ígéretet Ábrám **Kr. e. 2274. évben** (99. életévének betöltése után, de a 100. életévének betöltése előtt) kapta, miszerint (közel) egy év múlva fia fog születni a – jogállását tekintve szabad – feleségtől, – az akkor még meddő – **Száraitól**. Mindezek megtörténte után **a Teremtő megkötötte szövetségét** Ábrámmal, azaz –a Teremtőtől kapott új néven – **Ábrahámmal**.

*1Mózes 17:9–14 „Te pedig tartsd meg **szövetségemet**, te és a te magod utánad a nemzedékeik szerint. Ez az én szövetségem, köztem és köztetek, és az utánad következő magod között, amelyet tartsatok meg: **Metélkedjen körül** nálatok minden férfi. Metéljétek körül testetek előbőrét, és ez legyen a köztem és köztetek kötött szövetség jele. **Nyolcnapos korában** metéljenek körül nálatok minden fiút, nemzedékeitek szerint, mindenkit, aki a házadban születik, vagy akit áron vásároltatok meg idegentől, aki nem a te magodból való. Feltétlenül metéljenek körül minden férfit, aki házadban szüle-*

tett, és akit pénzen vásároltál; és időtlen időkig tartó szövetség lesz szövetségem a testeteken. A körülmetéletlen férfit pedig, akinek nem metélték körül testének előbőrét, azt a lelket ki kell irtani a népéből. Megszegte szövetségemet."

A szövetség megkötése után, de még gyermeke megszületése előtt **Ábrahám a Teremtőtől érkező égi lényekkel, angyalokkal is találkozott**, akik emberi testet öltöttek. Tőlük tudta meg, hogy Lót és a családja ismét bajba keveredett. Szodomát és Gomorát – az ikervárost – a Teremtő ítélet alá vonta és az angyalok azt jöttek végrehajtani. Ekkor Ábrahám igyekezett rokonai számára lehetőséget biztosítani a megmenekülésre, s mint azt a későbbi feljegyzésekből megtudhatjuk, sikerült is neki.

Majd egy évvel később, de már a **Kr. e. 2273. évben** Szárai, azaz Sára életet adott **Izsáknak**, Ábrahám örökösének, a későbbi zsidó nemzetség magjának, **akivel a Teremtő megerősítette szövetségét**.

Izsák utódai, iker fiai közül **Jákob** – aki később az **Izrael** nevet kapta – (született: **Kr. e. 2212. évben**) volt az, akivel a Teremtő kész volt megerősíteni Ábrahámnak tett ígéretét és megkötni szövetségét. Ám Kánaánban való végleges letelepedésük még váratott magára.

Józsefnek (Kr. e. 2121–2011.), az ő fiának köszönhetően **a Kr. e. 2082.** évben **Izrael** (Jákob) – százharminc éves korában – egész háznépével együtt, **Egyiptomba** költözött a Kánaánban beköszöntő éhínség elől, s **ott még tizenhét évet élt**, a már jelentős népességet alkotó, s a fáraó által, Józsefre tekintettel, nyújtott kedvezményeket élvező családja körében.

Mielőtt azonban továbblépnénk a héber nép történetének megismerésében, tekintsük át, hogy a Bibliát nélkülöző, azaz világi történelmi szempontból mit ismerünk az eddigi eseményekből. Milyen társadalmi, gazdasági, politikai környezet vette körül, majd késztette őket az Egyiptomba költözésre.

MEZOPOTÁMIÁT, azon belül is Úr városát Ábrahám és apja, Táré közvetlenül az Akkád Agaddei birodalom megalakulása előtt hagyták el. A **sumerokból** (Sém, Jáfet és leszármazottai) **és** az **akkádokból** (Hám és Nimród leszármazottai) **szerveződött Agaddei Birodalmat I. Sarukkin** uralkodása, és a birodalom virágkora után utódai viszonylag rövid ideig tudták csak fenntartani. A betörő **Guti népek** és **katonakirályaik** kezébe került a hatalom. Ám ők is képtelenek voltak a birodalom tartós működtetésére. A hanyatlást kihasználva **Lagas** sumer származású királya, **Gudea** ragadta magához a hatalmat (Kr. e. 2076–2007 között). Szilárd, gazdaságilag erős városállamot szervezett, mely segítségével kiterjesztette hatalmát a térségre. Gazdaságuk alapját a **mezőgazdaság** adta, de virágzott a **külkereskedelem** is. A térség éghajlatának megváltozása, melegebbé és szárazabbá válása, valamint az öntözéses gazdálkodás által a talaj elszikesedése komoly változásokat hozott. A gazdasági visszaesés éhínségeket eredményezett, az pedig társadalmi feszültségeket generált.

A városállamok széthulló szövetségei már nem tudtak ellenállni az Édentől keletre elhelyezkedő Zagrosz hegységből rendszeresen betörő nomád **sémi** *(Sém leszármazottai)* **amurrúk** támadásainak. Kr. e. 2007-től magukhoz ragadták a hatalmat, s megalakították a Kr. e. 2000-től a Kr. e. 1595-ig fennálló **Óbabiloni Birodalmat**. Melynek legismertebb alakja **Hammurápi** – s a nevéhez fűződő törvénygyűjtemény – **volt**.

Ábrahám – illetve az akkor még Ábrám – és Lót, valamint az ő családjaik **első alkalommal Izsák születése** (a Kr. e. 2273) **előtt** az **Óbirodalom időszakában**, a nagy piramisépítő fáraók (Dzsószer, Kheopsz, Mükerinosz) által fémjelzett időszakban **kerültek** rövid időre **EGYIPTOMBA**.

Időhatárok	Elnevezés
Kr. e. 2955–2635	Korai Birodalom
Kr. e. 2635–2155	**Óbirodalom**
Kr. e. 2155–2040	**1. átmeneti kor**
Kr. e. 2040–1785	Középbirodalom
Kr. e. 1785–1552	2. átmeneti kor
Kr. e. 1552–1070	Újbirodalom
Kr. e. 1070–525	Késői kor

Izrael (Jákob) és családjának hosszú távú (430 évre történő) **átköltözése** (Kr. e. 2082-ben) pedig már a Kr. e. 2155–2040-ig tartó **első átmeneti korra,** annak is a végére tehető, amikor is a **fáraó még közel sem minden földterület mindenható ura.** Sokkal inkább egy, a feltörekvő nagybirtokosok között. Akinek a trónt csupán születési-származási előjoga biztosítja. A **Biblia** azonban részletesen **megörökíti, hogyan vált földbirtokosból Egyiptom tejhatalmú urává.** Leírásai alapján magunk is tanúi lehetünk annak a folyamatnak, ahogyan az éhínség beköszöntével a nép – az akkor még szabad parasztság – eladta földterületeit, állatait, majd saját magát is az élelemért, a vetőmagért, így kerülve a fáraóval függőségi viszonyba, rabszolgasorba.

József földfelvásárlási reformjának köszönhetően a fáraó hatalma megerősödött, a hatalom alapját képező földbirtokok – a papi földeket kivéve – a kezében összpontosultak. A Kr. e. 2040. évtől megkezdődött az egyiptomi **Középbirodalom időszaka** (Kr. e. 2040–1785).

Ám Izrael (Jákob) leszármazottai, a héber törzsek jóléte Egyiptomban hamar leáldozott József, azaz Cafenát Paneáh, a fáraó héber helytartójának 110. életévében (Kr. e. 2011. évben) bekövetkezett halála után. Az új fáraó (fáraók) a központosított hatalom megerősítésére, s hatalmas városépítési terveik megvalósí-

117

tására törekedtek. A politikai helyzet megszilárdulása kedvezett a gazdasági fejlődésnek, s fellendültek a kereskedelmi kapcsolatok is. Nőtt a városi lakosság politikai jelentősége és a rabszolgatartás szerepe. Izrael törzseit utol érte a Teremtő Ábrahámmal közölt próféciája, a nép helyhez kötöttsége, elnyomása és a rabszolgasor. De hogyan fognak szabadulni ebből a helyzetből?

1Mózes 15:13-16 *"Tudd meg, hogy magod jövevény lesz egy olyan földön, amely nem az övé. Szolgálni fogják azokat, és nyomorgatják őket négyszáz évig. De megítélem azt a nemzetet, amelyet szolgálni fognak, és utána nagy vagyonnal jönnek ki. Te pedig békében térsz meg ősatyáidhoz, jó vénségben temetnek el. Csak a negyedik nemzedék tér ide vissza"*

A héber (zsidó) **Mózes,** még az elnyomás időszakának letelte előtt, a néppel kötendő szövetség ígéretének árnyékában, **Kr. e. 1732. évben, az egyiptomi Gózenben** látta meg a napvilágot, de népe életében csak nyolcvanadik életévének betöltése után kezdett jelentős szerepet játszani, amikor is **Kr. e. 1652. évben** kivezette őket Egyiptomból. Így bizonyos, hogy **ő** képviseli a fenti idézetben szereplő négy generáció **negyedik,** azaz utolsó tagját, aki csupán **nyolcvan** (80) **évet** töltött az Egyiptomi uralom alatt. Az ő elődei voltak: **Amrám**, **Kehát**, és **Lévi**.

1. **Lévi** (Kr. e. 2139–Kr. e. 2002.), **Izrael** fia, **Mózes dédapja** volt. Tizennyolc évvel volt idősebb, mint az átköltözést megszervező öccse, József. Összesen 137 évet élt, de **Egyiptomban** ebből **csupán** az átköltözéstől – ötvenhét (57) éves korától – haláláig, Kr. e. 2002. évig, tehát csak **nyolcvan (80) évet élt.**
2. **Kehát**, **Lévi** fia, **Mózes nagyapja**, már teljes életét, életének mind a **százharminchárom (133) évet** Egyiptomban töltötte.
3. **Amrám**, **Mózes apja**, szintén egész életét, **százharminchét (137)** évet élt Egyiptomi uralom alatt.
4. **Mózes** pedig a Kr. e. 1732. évtől Kr. e. 1652. (sabbat évig) **nyolcvan (80)** évet töltött elnyomásuk alá rendelten.

A négy generáció Egyiptomban töltött éveinek összértéke így négyszázharminc (430) év. Ami pontosan megegyezik a Biblia, következő idézetében szereplő számadattal.

2Mózes 12:40 *„Izrael fiai, akik Egyiptomban laktak,* **négyszázharminc évig** *laktak ott. És a négyszázharminc év végén, ugyanazon a napon történt, hogy Jehova minden serege kiment Egyiptom földjéről."*

Ami a szabadon bocsátásuk körülményeit illeti, a Biblia leírása minden apró részletre kiterjed. Mindez azonban Egyiptom történelmi időszakait tekintve már a **második átmeneti korra** (Kr. e. 1785–1552) tehető, amikor a betörő hükszoszok elfoglalták Egyiptom nagy részét s a dinasztiaalapító fáraók trónját.

A Bibliában megismerkedhetünk eme Hükszósz dinasztia egyik tagjával, Ramszesz fáraóval, aki Egyiptom korábbi fővárosát, Avariszt saját nevéről Per-Ramszeszre keresztelte. Vele került szembe Mózes, aki a fáraó hatalmát jelentősen meggyengítette a héber nép kivezetésével. Azonban az őt követő fáraók Kr. e. 1552-re újból (Újbirodalom) megszilárdították hatalmukat. Ekkor a mezopotámiai **Óbabiloni Birodalom** hatalmának fénykora már **leáldozott**. **Asszíria** kezdett előretörni.

A Kr. e. 1652. évtől a fent leírt társadalmi és politikai környezetben kezdett hozzá Mózes a **héber nép** egységes nemzetté formálásához, ám korántsem saját erőből, hanem a Teremtő akaratából, az Ő elhatározása alapján és segítségével, melynek látható, sőt tapintható, minden érzékszervükkel tapasztalható jelét is adta.

Míg az **első világrendszerben** (a teremtéstől az özönvízig) a fizikai testtel nem rendelkező – Isten törvényeit áthágó – **démoni lények felvehettek** tökéletes **emberi testet**, s vissza is éltek vele, a **jelenlegi** (második) **világrendszerben már csak** az isteni törvényeket tisztelő, fizikai testtel alapvetően nem rendelkező **angyali lények vehettek fel** tökéletes **emberi testet**. Így találkozhattak velük az emberek, úgymint Ábrahám, vagy éppen Lót. Ám a Kr. e. 1652. évben egy egészen új eseményre is sor került az emberiség életében. A **Teremtő közvetlen kapcsolatot teremtett** az emberekkel, elsősorban az általa méltónak talált – s ígéretéhez híven kiválasztott – ábrahámi leszármazottakkal, de nem zárta ki a más nemzetekből való, s Hozzá közeledni kívánó embereket sem.

3Mózes 19:33-34 *"Ha valaki jövevényként lakik veled földeteken, ne bánjatok vele rosszul. A jövevény, aki jövevényként lakik köztetek, legyen számotokra olyan, mintha közületek való bennszülött volna; és szeresd őt, mint önmagadat, mert ti is jövevények voltatok Egyiptom földjén. Én vagyok Jehova, a ti Istenetek."*

Egyetlen nemzeten keresztül kívánta **bemutatni** – akár csak egy maketten – **azt a társadalmi rendszert, amit** egy adott időben **létre kíván hozni** – eredeti terveinek megfelelően – az egész emberiség számára. Ezért az egyiptomi fogságból való szabadulást követő harmadik hónapban a Teremtő felvette a kapcsolatot Mózessel és a Sínai-pusztában a következőket közölte vele:

2Mózes 19:5-6 *"ha igazán hallgattok szavamra, és valóban megtartjátok* **szövetségemet***, akkor bizony* **különleges tulajdonommá lesztek** *minden nép közül, mert enyém az egész föld. Ti pedig* **papok királysága és szent nemzet lesztek** *nekem."*

Elérkezettnek látta az időt arra, hogy **a szövetséget** – a körülmetélkedés szövetségét, amelyet Ábrahámmal kötött, majd Izsákkal és Izraellel megerősített – most kiterjessze a héberek 12 törzsére, hogy **egységes nemzetet kovácsoljon** belőlük.

Társadalmi felépítését tekintve államformájuk **királyság**, hiszen maga **a Teremtő a királya**, a **közvetítő** vagy a szerződés szerzője Isten és ember között pedig **Mózes,** aki „kiváltója" lett a népnek.

A **társadalom irányítói** és **bírái** a Teremtő által választott és kinevezett **papság,** mint akaratának végrehajtói, hatalmának gyakorlói. Őket – mint magot – veszi körbe, s optimális esetben követi a héber **nép**. Királyukhoz és egymáshoz fűződő viszonyukat, az együttélés normáit maga a Teremtő szabályozta. **Törvényeiben** részletesen leírta azokat a magatartási **normákat**, cselekményeket, amelyek elkövetése **bűntettnek** minősült, általa pedig az állampolgár **büntethetővé** vált, ezen kívül a bűntetthez kapcsolódó **büntetési tételeket** is meghatározta. Ám legnagyobb jelentősége abban állt, hogy **szembesítette az embereket bűnös mivoltukkal**, azzal, hogy nincs egyetlenegy bűntelen ember sem a világon, még a csecsemők sem, mivel a szüleiktől örökölt bűnt már eleve magukban – génjeikben – hordozzák.

A Biblia ezen álláspontját tanulságos összehasonlítanunk a 19. század vezető filozófiai irányzatával, a felvilágosodás eszméjével. A kor gondolkodói (Voltaire, Rousseau, Descartes), annak ellenére, hogy gyakorlatilag egy keresztény világban éltek – melyben minden keresztény vallás vállaltan a Bibliára alapozza tanításait – kidolgozták azt a bibliának teljesen ellentmondó nézetüket, miszerint az ember eredendően jó, s a tanulás, a nevelés és a környezet határozza meg, hogy kiből milyen ember válik.

Hatásukra megindult a közoktatás megszervezése és bevezetése (lásd Mária Terézia oktatási rendelete, Ratio Educationis 1777), ami alapjában véve helyes és hasznos. De vajon a bűnözést képes volt megszüntetni, vagy akárcsak hatással lenni rá? Nem. Sajnálatos módon minden pozitív kezdeményezés ellenére az elgondolás eleve bukásra volt ítélve.

Ma viszont már tudjuk, hogy bizonyos gének jelenléte a szervezetben hajlamossá tesz a bűnözésre. Tehát – ahogy azt a Biblia állítja – valóban magunkban hordozzuk a bűnt. A bűnnel való szembesítést és annak tudatosítását szolgálta az is, hogy a **Törvény kötelezte** a szövetség **minden polgárát** évente egyszer **engesztelési áldozat bemutatására**. Amikor is a főpap, (Isten és ember között) békéltetési ceremóniát végzett a **népért** – akik közé a saját döntésük alapján csatlakozott jövevények is beletartoztak – valamint **önmagáért**, tehát kivétel nélkül **mindenkiért, aki csak a szövetséghez tartozik**.

3Mózes 16:32–34 „*A pap, akit felkennek, s akinek a kezébe hatalom töltetik, hogy papként szolgáljon apjának utódaként, végezzen engesztelést, és öltse fel a lenvászon ruhákat. Szent ruhák azok. Végezzen tehát engesztelést a szent szentélyért, a találkozás sátráért, és az oltárért is végezzen engesztelést; a papokért és a gyülekezet egész népéért is végezzen engesztelést. Legyen ez időtlen időkre szóló rendelet nektek, hogy végezzetek engesztelést Izrael fiaiért minden bűnük miatt évente egyszer.*"

2Mózes 30:10 „*Az engesztelés bűnért való felajánlásából – áldozati állatból – származó vérből végezzen engesztelést érte, évente egyszer nemzedékeiteken át. Szentséges az Jehovának.*"

Az évenkénti kötelező engesztelés – a talió, azaz „életet életért adj" elv alapján – ami az embert bűneiből időlegesen kiváltja, bűntelenné, azaz tisztává vagy szentté nyilvánítja a népet, kiengeszteli és megbékélteti a Teremtőt az emberekkel. Ettől a ceremóniától vált a héber szent, azaz tiszta nemzetté, míg a többi nemzet, ország, országok szövetsége vagy birodalom megmaradt bűneiben, mivel azt sem tudták, hogy bűnösök.

A Törvény szabályozta a heti **sabbat napok** (szombat) **megtartását is** – amikor tilos volt minden vagyonszerzésre irányuló tevékenységet végezni – mely a teremtés folyamatára, s a Teremtő hetedik napi megpihenésére vonatkozó **emlékeztető** volt, továbbá **figyelemfelhívás**, hogy az **embernek** nem csak anyagi, hanem **szellemi** javakra is **szüksége van** a teljes élethez. Hiszen minden ünnepnap és ceremónia megtartása hiábavaló, ha a Teremtő **szellemi elvárásainak**, melyek gyakorlatilag **az egyes ember személyiségének megváltoztatását célozták**, nem hajlandók eleget tenni. S hogy ezt megértesse velük, folyamatosan **hangsúlyozta a szövetség megtartásának fontosságát**, **s** annak jelképeként a **körülmetélkedést**, mely arra volt hivatott, hogy az ember legérzékenyebb részére helyezve a szövetség emlékeztetőjét, tudatosítsa bennük elkötelezettségüket.

Miután a **Teremtő népévé válás**, a választott nemzethez tartozás egy egészen speciális módon, **szellemi elvárásoknak való**

megfelelés útján zajlott le, nem meglepő, hogy a héber nép **állammá szerveződése** is a történelmi tapasztalatoktól eltérően ment végbe. A városok, városállamok, az országok mind-mind az azonos területen lakók közösségeiből kovácsolódtak össze. Viszont a héberek nemzetté szerveződése a Teremtővel kötött szövetségük, a **törvényi alapok** megteremtésével kezdődött, jóval a behatárolható és közösen lakott terület, saját **ország nélkül**. **Ígéretet** kaptak ugyan **egy saját országra**, amiért azonban tenniük kellett. Egyrészt **megtartani** a Teremtővel kötött **szövetséget**, másrészt **megtartani a törvényt**. A mindennapi életük részévé kellett, hogy váljon a törvény gyakorlása, s ez nem ment zökkenőmentesen. Ebben volt segítségükre, **a hatalom gyakorlásának helyszínéül** – isteni parancsra és isteni tervek szerint – elkészített **hajlék** vagy más néven **a találkozás sátra**. Így kézzelfoghatóvá és ésszel felérhetővé vált számukra a Teremtővel való közvetlen kapcsolat, de még ennek ellenére is adódtak nehézségek.

A sátor első felállítására **Kr. e. 1650.** év **első** hó **elsején** (azaz a Kr. e. 1651. évben) került sor, a nép pedig már a következő – **második** – hónap **23.-án** ellenszegült a Teremtő akaratának. Eredményeként negyven év bolyongás lett a büntetésük, amíg ki nem halt minden ember a vétkező nemzedékből. Csak ezután léphettek át a Jordán folyót, mint természetes határvonalat, mely köztük és Kánaán, az ígéret földje között húzódott.

AZ ÍGÉRET FÖLDJÉN

A negyvenéves büntetés – pusztai bolyongás – leteltével, s az azt követő kétévnyi hadakozás után, az Egyiptomi fogságból való szabadulás 42. sabbat évében, **Kr. e. 1610. első hó 10-én** végre megtörtént a várva várt **átkelés a Jordánon**, s **kezdetét vehette a héber nép honfoglalása** Isteni támogatással.

Ezidőtájt – a **Kr. e. 17–16.** században – több **keleti nép megerősödését** lehet nyomon követni Mezopotámiától egészen Egyiptom határáig. Az első közülük **Mitanni** a vas és a ló birodalma, lakói pedig a **hurrik** voltak. A kezdeti háborúskodás után jó viszonyba kerültek a **terjeszkedő egyiptomi Újbirodalommal**. Legnagyobb uralkodójuk Tusratta gyakran küldött levelet Vassukanniból, a fővárosból III. Amenhotep fáraónak Thébába. Kapcsolatuk kölcsönös érdekeken alapult mivel az egyiptomi aranyért Mitanni állatokat, harci kocsikat és rabszolgákat küldött Egyiptomnak. Szövetségi kapcsolatuk akkor mélyült el, amikor Egyiptom északi határán megjelentek a **hetiták**. III. Amenhotep halála után Egyiptom nem tudott támogatást nyújtani Mitanni számára, ezért kénytelen volt behódolni a hetiták előtt.

A **Kr. e. 14. század** kezdetére új nagyhatalom született, az Egyiptommal is határos **Hettita Birodalom**. A hettita törzsek már a Kr.e. 18. századtól aktív szereplői a történelemnek Kis-Ázsia területén. **Kr. e. 1595**-ben pedig már meghódították **Babilont** is. Saját törvénygyűjteményt bocsátottak ki, amely azonban jelentősen eltért a környező népek törvényeitől. Például nem ismerték a talió, azaz a szemet szemért elvet, büntetési tételeik inkább jóvátétel, mint megtorló jellegűek voltak, és ez a törvénygyűjtemény bizony összetartott egy olyan birodalmat, amelynek lakói legalább nyolcféle nyelven beszéltek. Miután meghódították Mitannit, kezükbe került Fönícia és Szíria. Egyiptommal azonban akkor még nem kerültek szembe, mivel Ehnaton, Egyiptom akkori fáraója békére törekedett velük.

Egyiptom uralkodója nem avatkozott be a Hettita állam hódításaiba, mivel minden erejét lekötötték belső problémái, az **Ámon-papsággal** vívott hatalmi harcai. Ám halála után megnyílt az út a hetiták előtt Egyiptom békés úton történő megszerzésére. Miután Ehnaton utódja, **Tutanhamon** fiatalon és gyermektelenül hunyt el, a királyné hettita királyfit kért férjül. Leendő férjét azonban meggyilkolták a királyné politikai ellenfelei, ami maga után vonta a hetiták hadüzenetét. Mindkét fél nagy erőket mozgósított, de háborújuk végül békeszerződéssel végződött. A két ország közti béke az egész térség stabilitását szolgálta, és ez volt az ókori Kelet **első nemzetközi politikai szerződése**. Mindeközben más népcsoportok is megerősödtek és elindultak az állammá, majd birodalommá szerveződés útján. A Kr.e. 16. században mind **Babilon**, mind pedig **Asszíria** folyamatosan növelte területeit egyre több városállamot hódítva meg. E négy nagyhatalom, az **Egyiptomi Birodalom**, a **Hettita Birodalom**, valamint **Babilon** és **Asszíria** által meghatározott területen kezdődött el a **héberek** harca az ígéret földjéért. Még a Jordánon történő átkelés előtt, a Kr. e. 1611. évben **elhunyt Áron**, az első főpap, s még ugyanazon évben, pár hónappal később **Mózes is**. Ezért az átkelést a **Kr. e. 1610. sabbat** évben már **Józsué** vezette, aki öt évvel később hozzálátott Kánaán földterületeinek felosztásához Izrael törzsei között. Ám száztíz éves korában (a Kr. e. 1589. évben) Józsué is eltávozott az élők sorából.

Az egyre népesedő, de még államiságában továbbra sem egységes héber törzseknek a **Kr. e. 1588. évtől** kezdődően a Teremtő **bírákat** adott, hogy segítse törvényeinek értelmezését és betartását, hiszen a nép eddig is csak több-kevesebb sikerrel követte azokat. Amikor elpártoltak a törvényektől, s lazult a szövetséghez való hűségük, mindig idegen hatalom uralma alá kerültek. S amikor visszatértek a szövetség törvényeinek betartásához, a Teremtő által előírt magatartási normákhoz, akkor békés időszakok következtek az életükben. Ez az oda-vissza időszak a Jordánon való átkeléstől számított ötszázharminckilencedik (539.) évig tartott – kiszámítása továbbra is sorszámnevek figyelembevételével történik – mígnem **komoly törés** ment végbe a Teremtő és a héber nép közötti **szövetségben**.

Sámuelt – a papot és prófétát – mint az utolsó **bírót**, aki a **Kr. e. 1050-ig** ítélte a népet, azzal a kéréssel keresték meg a nép követei, hogy tolmácsolja kérésüket a Teremtőnek, miszerint a környező államok mintájára **nevezzen ki a Teremtő számukra uralkodót**.

Ember-királyt kértek tőle annak ellenére, hogy a héber törzsek éppen a Teremtő által váltak különleges néppé, a Teremtő szövetsége kovácsolta össze őket, s maga volt uralkodójuk. Mindig **hűséges és szeretetteljes volt** hozzájuk, ha ők hűségesek voltak Hozzá. Igazságos volt, **igazságos döntéseket, ítéleteket hozott** vitás ügyeikben, most mégis királyt akartak maguk fölé, tudva és elfogadva azt a tényt, hogy leendő uralkodójuk is csak egy ember lesz, mint bárki más, aki sosem fog a Teremtőhöz hasonlóan bánni velük.

A héber nép mindenáron a környező népek mintáját akarta követni, mert **nem ismerték fel**, hogy a **szövetség** egy olyan előre mutató **társadalmi rendszer alapja,** mely jócskán **meghaladta korát**, megmutatva számukra a Teremtő általi vezetés minden áldásos hatását, hogy a későbbiekben átlépve a héber nemzet határait, majd **ez lehessen** – a Teremtő akaratából – **az általános az egész világon.**

A FÖLDI KIRÁLYSÁG KORA

Első királyuk, **Saul** Kr.e. 1050–1010-ig uralkodott, s őt követte fia, **Is-Bóset**, aki csak két évig uralkodott Izrael felett. Utánuk a zsidóság fénykorának első királya, **Dávid** (Kr. e. 1008–966-ig.) került a trónra.

*Máté 1:2-7 „**Ábrahám** nemzette Izsákot; **Izsák** nemzette Jákobot; **Jákob** nemzette Júdát és testvéreit; **Júda** nemzette Pérecet és Zerahot Támártól; **Pérec** nemzette Hecront **Hecron** nemzette Rámot; **Rám** nemzette Amminádábot; **Amminádáb** nemzette Nahsont; **Nahson** nemzette Sálmont; **Sálmon** nemzette Boázt Ráhábtól; **Boáz** nemzette Obedet Ruthtól; **Obed** nemzette Isait; **Isai** nemzette Dávidot, a királyt. **Dávid** nemzette Salamont Uriás feleségétől; **Salamon** nemzette **Roboámot**;"*

Uralkodása alatt létrehozta az egységes zsidó államot és megalapította az új fővárost, Jeruzsálemet. Egy jól szervezett, jól működő, rendkívül jó külkapcsolatokkal rendelkező államot hagyott fiára, **Salamonra** (Kr. e. 966–924-ig) akinek az uralkodása alatt folytatódott a **zsidó állam fénykora**. Salamon valósította meg apja, Dávid város- illetve palotaépítésre vonatkozó terveit, s megépíthette Isten nevének tiszteletére a **jeruzsálemi templomot is**. Így a Teremtővel való **kapcsolattartás helyszíne** áthelyeződött a (mózesi) sátorból a **Templomba**. A papok és a templomi szolgálat végzői, a léviták most már itt végezték szolgálatukat, és ez lett egyben a **szövetség központja** és az uralkodó – Istentől eredő – **hatalmának** jelképe.

> **2Krónikák 6:10–11** *„Jehova valóra váltotta kimondott szavát, hogy apámnak, Dávidnak a helyébe lépjek, és Izrael trónján üljek, amint megmondta Jehova, és megépítsem a házat Jehova, Izrael Istene nevének, és elhelyezzem ott a ládát, ahol Jehova szövetsége van, amelyet Izrael fiaival kötött."*

Míg **Dávid** életének **legnagyobb részében hűséges volt** a Teremtő **törvényeihez**, a **szövetséghez** és törekedett arra, hogy **mint király, és mint ember** egyaránt eleget tegyen a Teremtő elvárásainak, addig **Salamon** a trón átvétele utáni remek kezdetet követően, **életének utolsó éveiben** meglazult a kapcsolata a Teremtővel, más vallású, nem a Teremtőt tisztelő feleségei kedvére oltárokat építtetett az országban azok isteneinek. Ezzel **teret engedett** a Babilonból származó **hamis vallások**, a burkolt démonizmus **gyakorlásának**.

Salamon halálával fia, **Roboám** (Kr. e. 924–923) örökölte a trónt, ám ahhoz, hogy uralkodni tudjon, nem volt elegendő a vérségi kötelék. Roboám nem követte nagyapja, Dávid és apja, Salamon példáját a Teremtővel való jó kapcsolat és a saját személyisége kialakításában. A kellő ismeretek, tapasztalat és bölcsesség hiányában pusztán erőszakkal kívánt uralkodni, mely ahhoz vezetett, hogy az eddig egységes állam szétesett. Az ország kettészakadásából két különálló állam született, egyrészt a zsidók tíz törzséből álló **Izrael, Samriai** – vagy, ahogy a Biblia nevezi: Szamáriai – fővárossal, másrészt a maradék két törzsből **Júda, Jeruzsálemi** központtal. **Roboámhoz** az utóbbi, Júda és Benjamin törzse maradt hűséges, **Izrael** tíz törzse pedig **Jeroboámot** választotta királyának. Hatalmuk eredetét tekintve mindkét uralkodó törvényesnek számított, mivel **Roboám** születése folytán **örökölte Dávid trónját, Jeroboámot** pedig a Teremtő **prófétája,** annak akaratából **kente fel** királynak.

Zsoltárok 132:11 „*Jehova megesküdött Dávidnak, Bizony nem áll el attól: „Ágyékod gyümölcsét Ültetem trónodra."*

1Királyok 11:29 „*Ebben az időben történt, hogy Jeroboám kiment Jeruzsálemből, és az úton találkozott vele a silói Ahija próféta.* és 31 *„Íme, kiszakítom Salamon kezéből a királyságot, és neked adok tíz törzset"*

A két állam között **folyamatosak voltak** a politikai, hatalmi és vallási **viszályok,** különös tekintettel a Teremtő előírásainak, törvényeinek betartását illetően. Ugyanis Jeroboám rossz néven vette, hogy népe, Izrael évente háromszor Júda területére, Jeruzsálembe vándorolt a Teremtő ünnepeinek megtartása céljából.

2Mózes 23:17 „*Évente háromszor jelenjen meg minden férfi közületek az igaz Úr, Jehova előtt."*
2Mózes 20:2–5 „*Én vagyok Jehova, a te Istened, aki kihoztalak téged Egyiptom földjéről, a rabszolgák házából.* **Ne legyenek más isteneid** *a színem előtt.* **Ne készíts magadnak faragott képmást***, vagy ahhoz hasonló alakot, ami fenn van az egekben, vagy lenn van a földön, vagy ami a vizekben van a föld alatt.* **Ne hajolj meg előttük,** *és* **ne hagyd magad rávenni a szolgálatukra***, mert én, Jehova, a te Istened olyan Isten vagyok, aki kizárólagos odaadást vár el"*

E fenti rendeleteket semmibe véve **Jeroboám** nyíltan ellenszegült Isten parancsának, amikor **Kr. e. 923**-ban **két aranyborjút készítetett a nép számára és istenük megszemé-**

lyesítésére. Hozzájuk kapcsolódóan egy egészen **új vallást és vallási rendszert** alapított, hatalmához hű **papokat** nevezett ki, új vallási **ünnepeket** jelölt meg, melyek mind-mind politikáját voltak hivatottak szolgálni.

1Királyok 14:16 „*Kiszolgáltatja Izraelt Jeroboám bűnei miatt, amelyekkel vétkezett és **bűnbe vitte** Izraelt.*"

Tehát alig több mint százhúsz év leforgása alatt **a zsidóság semmibe vette** a **Teremtő királyságát, mert** a környező népekhez hasonlóan **ember-királyt akart maga fölé emelni**. **Majd** – két törzs kivételével – **megtagadták** a Teremtő **istenségét is**, amikor **felrúgták szövetségét**.

A két törzsből álló **Júda** népe és uralkodói azonban – elhajlásaik ellenére – időről időre visszataláltak a Teremtőhöz és szövetségéhez. Ezzel szemben **Izrael** teljesen elfordult tőle. Bár a Teremtő mindent megtett annak érdekében, hogy **„szép szóval"** észhez térítse az elkóborolt népet, **prófétái által** folyamatosan **üzent** nekik, hívta őket magához, de nem sok eredménnyel járt. Papjait és prófétáit megverték, bebörtönözték, meggyilkolták.

Látva, hogy ez nem hoz eredményt, később megpróbálta **büntetések** által észhez téríteni őket. Például **Júdát** az **egyiptomi** fáraó, **Sisak** (Sesonk) kezére adta, aki **végigdúlta**, kifosztva Jeruzsálemet, megszentségtelenítve a Templomot, elrabolva a Frigyládát, az isteni szövetség jelképét.

Izrael pedig **Asszíria** kezébe került. A lakosság nagy részét **II. Sarrukín** vezetésével Asszíriába hurcolták, amivel gyakorlatilag megszüntették a tíz törzsből álló Izraelt.

A BÜNTETÉS KEZDETE ÉS A BABILONI FOGSÁG

Izrael sorsa intő például kellett volna, hogy szolgáljon Júdeának, de nem tette. Először Ézsaiás, majd Jeremiás próféta által is üzent a Teremtő a megmaradt népnek, de nem vették komolyan. Majd megüzente népének, hogy **ítélete megszületett** velük szemben. Júdeától elveszi a békét, a békés élet lehetőségét, letaszítja a Dávid király trónján ülő és vérvonalából származó királyokat és elküldi ellenük az időközben jelentősen megerősödött, **káld** népcsoport által alapított **Babiloni Birodalmat** és annak királyát, hogy végrehajtsa ítéletét.

A térség nagyhatalmainak terjeszkedése minden kisállamot választási kényszer elé állított. Választaniuk kellett, hogy ki, melyik hatalom mellett foglal állást. **A júdeai Jósiás király** (Kr. e. 641–609) Ézsaiás és Jeremiás próféciáinak hatására **Babilonnal lépett koalícióra**, miután ők, azaz Babilon bírta Jehova, a Teremtő jóváhagyását. S mint babiloni koalíciós partnerének Kr. e. 609-ben szembe kellett szállnia Egyiptommal. A megiddói csatában nemcsak legyőzték Júdeát, de maga Jósiás király is életét vesztette. S ettől az időponttól kezdve megszűnt a béke, vele együtt a Dávid vérvonalából kormányzó isteni felhatalmazással rendelkező törvényes királyok sora, továbbá megkezdődött a Jeremiás által előre jelzett büntetés időszaka Júdeában. **Kr. e. 609-től** ugyanis már a Nekó fáraó által kinevezett Egyiptom-barát királyok kerültek a trónra egészen a Babiloni birodalom megjelenéséig.

A babiloni seregek Kr. e. 614-ben először elfoglalták Asszíria fővárosát, Assurt, majd Kr. e. 612-ben Ninivét. **Kr. e. 598**-ban pedig – Nabu-kudurri-uszur – **Nabukadnezár** bosszúhadjáratot indított az ellene és a Jósiás királlyal kötött koalíció ellen lázadó Joákim király és **Jeruzsálem** ellen. A várost több szakaszban kifosztotta, feldúlta, a népet pedig elhurcolta és saját városaiban telepítette le.

Ám aki jól figyelt a Jeremiás próféta általi üzenetre, az azt is megtudhatta, illetve megtudhatta volna, hogy egy pontosan meghatározott időt kellett (a Kr. e. 609-től kezdődő) büntetésben és a Babiloni Birodalom uralma alatt eltölteniük. Ez a körülmény reményt adhatott volna a szövetséghez hű népnek, hogy a Teremtő hűséges, türelmes, és hazavárja őket.

Jeremiás 25:11 „*Pusztasággá, döbbenet tárgyává lesz ez az egész föld, és Babilon királyát kell szolgálniuk e nemzeteknek hetven évig.*"

A hetven éves büntetés, és annak részét képező száműzetés (Kr. e. 609-tól 539-ig) ideje alatt a Júdeai zsidóknak nemcsak számos törvénytelen királya váltotta egymást, de nemzetek és azok hatalomátvétele is végbe ment felettük, mígnem a fogság befejeztével és hazaengedésükkel véget ért az isteni büntetés.

Büntetésük alatt éltek **Egyiptom**, a **káld** hódító **Nabukadnezár,** és a „fiaként" említett **Belsazár** – vagy Bel-sarri-uszur azaz Belsaccar – uralma alatt is, aki „könnyűnek találtatott" és igen rövid ideig uralkodott, majd merénylet áldozata lett. Ezek után uralkodójuk volt a **méd** származású **I. Dáriusz** – a Belsazár elleni merénylő – avagy Dareios a Kr. e. 559 körül. Dáriuszt követően a Biblia a perzsa **Küroszt** – vagy Círuszt – említi, miután a **médek és a perzsák** szövetségre léptek egymással. **Kürosz egészen sajátos módon** nem alakított ki saját államszervezetet, hanem egyszerűen **átvette** a méd Dáriusz által kialakított **államgépezetet**. Így a 120 tartományt – satrapiát – tartományi vezetők, vagy helytartók – satrapák – segítségével kormányozta.

A történelmi hűséghez hozzátartozik azonban, hogy a **korabeli feljegyzések** említenek még egy ismeretlen – utolsó – **káld** királyt **Nabu-na'id**-ot, aki megpróbálta magához ragadni a hatalmat, ám a Biblia őt meg sem említi, mivel kísérletei a hatalom megszerzésére eredménytelenek voltak.

Nabu-na'id ugyanis túlzott jelentőséget tulajdonított a birodalom egységének megteremtésében személyes jelenlétének és a néppel való közvetlen kapcsolatának, e személyes kapcsolaton alapuló kormányzás megteremtésének és megszilárdításának.

Tíz évig utazgatott végiglátogatva az egész birodalmat, mialatt a Dárius által megszervezett **120 satrapia**, az azokat **vezető satrapák**, valamint az azok fölé rendelt **3 felügyelő** továbbra is intézték az állam ügyeit. Az egyik ilyen – nagy tiszteletnek örvendő – felügyelő a gyermekkorában Babilonba hurcolt és ott nevelkedett héber **Dániel** – vagy, ahogy Nebukadnezár nevezte, **Baltazár** – volt. Az ő nevéhez fűződik az első feljegyzés arról, hogy neki sikerült Jeremiás próféciáját megértenie, miszerint a büntetésnek (ami nem csupán a száműzetést jelentette!) pontosan hetven évig kell tartania.

*Dániel 9:1-2 „A médek közül származó Ahasvérus fiának, Dáriusznak az első évében, akit a káldeusok királysága fölé királynak tettek meg, tehát az ő uralkodásának az első évében én, Dániel, felfigyeltem a könyvekben az évek számára, amellyel kapcsolatban Jehova azt mondta Jeremiás prófétának, hogy **hetven évig** tart Jeruzsálem pusztán hagyása."*

Kr. e. 539-ben a perzsa Kürosz – vagy **Círusz** – vette át a hatalmat Babilon felett, s megalapította saját birodalmát, a **Perzsa Birodalmat**. S még abban az évben a próféciának megfelelően valóban **szabadon bocsátotta a zsidókat**. Habár saját életében megvalósítani nem tudta, de határozatot hozott a Jeruzsálemi Templom újjáépítéséről is, melynek megvalósítása már utódjára, **Artaxerxész** (Kr. e. 465–424) királyra várt.

Ezsdrás 1:2-3 „Ezt mondja Círusz, Perzsia királya:»A föld összes királyságát nekem adta Jehova, az egek Istene, és ő bízott meg azzal, hogy építsek neki házat Jeruzsálemben, amely Júdában van. Bárki van is köztetek az ő egész népéből, legyen vele az ő Istene. Menjen fel Jeruzsálembe, amely Júdában van, és építse újjá Jehovának, Izrael Istenének – ő az igaz Isten – a házát, amely Jeruzsálemben volt."

DÁNIEL KIVÉTELEZETT HELYZETBEN

Dániel – a bibliai Dániel könyvének részben az írója, részben a szereplője – Kr. e. 598-tól, Jeruzsálemből gyermekként történő elhurcolásától egészen Kr. e. 539-ig, Kürosz uralkodásának első évéig a birodalom fővárosában, Szúzában – lásd Susán – tartózkodott. Az utolsó évben **szemtanúja lett népe szabadon bocsátásának**, de nem csak annak, mert más fontos esemény is történt ekkor. A Teremtő **angyalt,** fizikai testtel alapvetően nem rendelkező hírhozót küldött hozzá Kr. e. 559 körül, hogy **megmutassa neki a jövőt**, a közeljövőt, a következő ötszáz év történetét, sőt még az azon túlmutató eseményeket is. Dániel mindezt aprólékosan lejegyezte, de jegyzetei – könyve – sajnálatos módon Babilonban, Szúzában maradt, ezért írásait sokáig nem is tekintették a Biblia részének.

A Teremtő, miután látta népe elnyomását, és a nép nagy részének őszinte bűnbánatát, hajlott a megbocsátásra, és újból királysága alatt akarta egyesíteni őket. Ennek érdekében esélyt adott nekik szövetségük megújítására, és erre vonatkozólag az alábbi üzenetet adta át az angyal Dánielnek:

*Dániel 9:24–25 „Hetven hét szabatott ki népedre és szent városodra, hogy véget érjen a törvényszegés, megszűnjön a **bűn**, hogy **engesztelést** mutassanak be a **vétekért**, elhozzák az igazságosságot időtlen időkre, bepecsételjenek látomást és prófétát, s hogy **fel legyen kenve a szentek szentje**."*

Kérdés persze, hogy egyáltalán tudjuk-e értelmezni az üzenetet. **Milyen bűnt** követett el a nép, hogy az még városukra is kihatással volt. **Mennyi idő** az a hetven hét. **Mikor kezdődött** és **mikor lesz vége** a bűn miatti haragnak.

A prófécia megfejtése szorosan kapcsolódik a negyedik fejezetben már érintett időszakok meghatározásához. A legcélravezetőbb eljárás az lenne, ha az értelmezésben visszafelé haladnánk, hogy minden részletnek beazonosíthassuk a pontos jelentését.

A prófécia végén, „a szentek szentjének" felkenése a Templom és a város, Jeruzsálem helyreállítására vonatkozik, ugyanúgy, ahogy az idézet folytatása is – „Jeruzsálemet helyreállítják, újjáépítik, lesz köztere és sáncárka, de mindez viszontagságos időkben történik." – erről árulkodik.

Amikor tehát a **Teremtő** királyságának és **hatalomgyakorlásának helyszíne elkészül**, akkor fel lesz kenve, azaz **fel lesz szentelve** – gyakorlatilag meg lesz tisztítva – „a szentek szentje", azaz **a belső oltár**, ahová a pap is csak évente egyszer léphetett be, hogy engesztelési áldozatot mutasson be a szövetség minden egyes tagjáért. Ha pedig **engesztelést** kell bemutatni, akkor az **nem történhet máskor**, mint annak a Törvényben pontosan meghatározott idejében, a zsidó **Tisri** (7.) **hónap 10.-én**.

Ezután, mármint az engesztelési szertartás elvégzése után a Teremtő már hajlandó lesz népének megbocsátani **a bűnt**. A bűn pedig, melyet a zsidó nép elkövetett, nem volt más, mint a **Kr. e. 923-ban** Jeroboám király általi **hamis vallásgyakorlás** bevezetése – az arany borjúk elkészítése, a király általi új vallás létrehozása, a politikát szolgáló papság, hamis vallási ceremóniák beiktatása –, **amivel „bűnbe vitte Izraelt"**.

A **hetven hét** tehát ettől (Kr. e. 923) a dátumtól számolandó. Időtartamát tekintve pedig az előző fejezeteinkből már megtudtuk, hogy az évek múlását is, hasonlóan a napok múlásához, szintén hetekbe csoportosította a Teremtő. Így évhetekben a **hetven hét** négyszázkilencven (490) évvel egyenlő. Ebből adódóan a Kr. e. 923-tól **490 éven** keresztül tartó hűtlenségnek és szövetségszegésnek a **Kr. e. 433-ban** megbocsátással lett **vége**.

Ez a Biblia álláspontja, de lássuk, mit mondanak a számok. A második Jeruzsálemi Templom építése **Artaxerxész** király (Kr. e. 465–424) uralkodásának **20. évében** kezdődött, Nehémiás a zsidó származású helytartó – tirsáta – vezetésével, és tizenkét évig tartott, mígnem az első engesztelési áldozatra és a felavatásra sor kerülhetett. Vajon ezt alátámasztja a Biblia?

Nehémiás 2:1 „*Niszán (első) hónapban történt,* **Artaxerxész** *király* **huszadik évében**"

Nehémiás 5:14 *"Attól a naptól fogva, hogy ő megbízott azzal, hogy kormányzójuk legyek Júda földjén, Artaxerxész király huszadik évétől a harminckettedik évéig,* **tizenkét éven át***, én és a testvéreim nem ettük a* **kormányzónak** *járó kenyeret."*
Nehémiás 13:6-7 *"Amikor mindez történt, nem voltam Jeruzsálemben, hisz Artaxerxésznek, Babilon királyának* **harminckettedik évében** *mentem oda a királyhoz, és valamivel később kértem engedélyt a királytól az eltávozásra. Majd* **Jeruzsálembe érkeztem"**

Tehát a felújítás Kr. e. 445-től egészen Kr. e. 433-ig tartott, tökéletes pontossággal jelölve meg ugyan azt az évet, amikor is a hetven hétnek, vagyis a négyszázkilencven évnek le kellett telnie. Az üzenet azonban tartalmaz még **egy bizonyos személyre szóló utalást** is, úgymint: *"elhozzák az igazságosságot időtlen időkre,* **bepecsételjenek** *látomást és* **prófétát***".*

Mit jelentsen ez? Az idézet az időtlen időkről, azaz az **örökké tartó igazságosságról**, egy látomásról, tehát egy a **jövőben megvalósuló elhatározásról** és **a prófétájáról szól**. Tehát nem egy, hanem „a" prófétáról van szó, s mindennek a bepecsételéséről, azaz a rá vonatkozó döntés véglegesítéséről, a határozat pecséttel történő érvényesítéséről.

Ettől a dátumtól visszavonhatatlanná válik a Teremtő igazságos királyságának megvalósítása Jézus, vagyis „a" próféta által, mely örök időkig áll majd fenn. S, hogy mire alapozom ebbéli megállapításomat? A következő idézetre:

Dániel 9:25 *"Tudd meg azért, és értsd meg éleslátással: a* **Jeruzsálem helyreállítása és újjáépítése** *felől való* **szózat elhangzásától** *a* **Messiás Vezérig** *hét hét és hatvankét hét lesz. Jeruzsálemet helyreállítják, újjáépítik, lesz köztere és sáncárka, de mindez viszontagságos időkben történik"*

E fenti idézetet sokan hajlamosak félreérteni, ugyanis a „szózat" kifejezést tévesen, Kürosz király határozatának kibocsátásával azonosítják. Ami valóban a Jeruzsálemi Templom helyreállításáról szólt, arról a királyi határozatról, hogy a templomnak meg kell épülni. Ám tudjuk, hogy Kürosz ennek már nem tudott eleget tenni. S ha jobban megfigyeljük a szöveget, láthatjuk benne, hogy Jeruzsálem köztereit és az azt körülvevő sáncárkot is említi, ami egy városban csak akkor kerül kialakításra, ha magát a várost már helyreállították. A valódi „szózat", vagyis annak hivatalos **bejelentése**, hogy **a város és a Templom elkészült**, Nehémiás helytartó és a szövetséget megújító nép közös akaratával hangzott el, s pecsétes emlékiratban került rögzítésre **Kr. e. 433-ban, Tisri** (7.) hónap **24**-én.

*Nehémiás 9:1-3 „Ugyanennek a hónapnak a **huszonnegyedik napján** Izrael fiai egybegyűltek böjtölve, zsákruhában, és porral a fejükön. És Izrael magva elkülönítette magát minden idegentől, és előálltak megvallva bűneiket s atyáik vétkeit. Majd felálltak helyükön, és felolvastak Istenük, Jehova törvényének a könyvéből a nap negyedrészében, másik negyedrészében pedig vallomást tettek, és leborultak Jehova, az ő Istenük előtt."*

S mivel már ismerjük a „szózat" elhangzásának napra pontos idejét, ismerjük a hét napok és a hét évek számításának rendjét, valamint tudjuk azt is, hogy a zsidó naptárban csak harminc (30) napos hónapokat számoltak, minden ismerettel rendelkezünk ahhoz, hogy pontosan meghatározzuk Jézus születésének dátumát.

A helyi értékeket is figyelembe véve az első időmeghatározás a következő:

Hét hét = 7 x 7 **nap** =49 nap = **1 hónap** (30 nap) + **19 nap**.

A meghatározás második tagja pedig:

62 hét = 62 évhét = 62 x 7 év = **434 év**.

Így tehát Kr. e. 433 Tisri (7.) hónap 24.-től pontosan 434 évnek, egy hónapnak és tizenkilenc napnak kellett eltelnie a „Messiás Vezér" Jézus születéséig, pontosan az **első** (1.) **év 09.** (Kiszlév) **hónap 14**-ig. Amely nap az általunk használt **Gergely-naptár** szerint megközelítőleg **november 28**-ra tehető.

Jelentőségét tekintve pedig, ahogyan a zsidó nép Egyiptomból való szabadulásának éve, Jézus születése is új időszámítás bevezetését eredményezte, de már nemcsak a zsidók számára. **Születésének** éve **időszámításunk kezdő, azaz első éve.**

2Mózes 12:1-2 „*Jehova így szólt Mózeshez és Áronhoz Egyiptom földjén: „Ez a hónap legyen a kezdőhónap számotokra. Ez lesz az év első hónapja nektek.*"

Minthogy ez az Ószövetség egyik csúcspontja, a messiás (megváltó) Jézus születésének éve természetszerűen Isten Sabbatjára, azaz sabbat-évre kellett, hogy essen, mely ellenőrizhető 4. fejezetbeli táblázatunkban.

ÍGÉRET EGY KIRÁLYRA ÉS EGY KIRÁLYSÁGRA

Az ígéret messzi időkre nyúlik vissza, egészen Ábrahámig. Akinek hűségét a Teremtő komolyan próbára tette. Izsákot, Ábrahám egyetlen törvényes örökösét kérte a Teremtő áldozatul saját magának. Ábrahámban fel sem merült, hogy ne engedelmeskedjen, úgy gondolta, hogy ha Isten gyermeket tudott adni neki, akkor fel is tudja támasztani. Minden kétség nélküli, teljes meggyőződéssel cselekedett, a Teremtő pedig valójában csak erre volt kíváncsi. A következőt üzente számára, miután megállította az áldozat végrehajtásában.

1Mózes 22:16-18 *"amiért így cselekedtél, és nem tagadtad meg tőlem a fiadat, a te egyetlenedet, bizony megáldalak téged, és* **megsokasítom a te magodat**, *mint az egek csillagait, és mint a homokszemeket a tengerparton; és a te* **magod birtokba veszi ellenségeinek a kapuját**. *És a te* **magod által nyer áldást a föld minden nemzete**, *mert hallgattál a szavamra."*

Hogyan valósult meg ez az ígéret? A zsidó nemzet valóban **megsokasodott**, országuk a térség meghatározó tényezőjévé vált. Kánaán területének nagy részét **meghódították**, miután a térségben előttük letelepedett népek által kifejtett komoly ellenállást sikerült leverniük. De **hogyan válik** mindez a föld **minden nemzete számára áldássá**?

Ábrahám unokája, **Izrael** (Jákob) halála előtt megáldotta fiait és unokáit, akik a tizenkét törzs alapítói lettek. Ezek közül **Júda** áldása a következőképp hangzott el.

1Mózes 49:8, 9, 10 *"Ami pedig téged illet, Júda, testvéreid magasztalni fognak… Apádnak fiai meghajolnak teelőtted. … Nem kerül el Júdától a jogar, sem a vezéri pálca térdei közül, míg el nem jön Siló; és a népek neki engedelmeskednek."*

Kr. e. 1008-tól Dáviddal valóban **megkezdődött a Júda nemzetségéből származó királyok sora**, mely egészen **Jósiás** király haláláig, **Kr. e. 609-ig** tartott. Érdekes azonban, hogy az idézetben szereplő **Siló** nevű zsidó király egy sem született, aki az összes nemzetre hatással lett volna. Dávid viszont őszintén várta színrelépését.

Zsoltárok 2:6-8 *"Én, igen, én iktattam be királyomat Szent hegyemen, a Sionon."*
Hadd adjam hírül Jehova végzését!
Ezt mondta nekem: "Te vagy az én fiam;
Én atyáddá lettem a mai napon.

*Kérd tőlem, hogy nemzeteket adjak neked örökségül,
És birtokodul a **föld** határait."*

Aki Dávid szerint nem is egy nemzet vagy több nemzet uralkodójaként hivatott a **hatalmat gyakorolni**, hanem az **egész földre** ki fog terjedni uralkodói hatalma.

***Zsoltárok 8:6** „Úrrá tetted őt kezed munkái fölött,
Mindent a lába alá vetettél"
Zsoltárok 45:6 „Isten a te trónod időtlen időkig, igen, **mindörökké**; Királyi uralmad jogara az egyenesség jogara."*

Amint az, az idézetből is kitűnik, ez a **Siló** nevű **zsidó király**, aki az **egész földön** hivatott uralkodni, nem egy pár évre lesz a föld királya, hanem „**időtlen időkig**". S mit tudhatunk még róla. Lássuk mit mondott Ézsaiás.

***Ézsaiás 7:14** „maga Jehova ad nektek jelt: Íme, a **fiatal nő** (szűz) **teherbe esik**, és fiút szül, és az Immánuel (velünk van az Isten) nevet adja neki."*
***Ézsaiás 9:6** „Mert gyermek született nekünk, **fiú** adatott nekünk, és a **fejedelmi uralom az ő vállán lesz**. Így fogják nevezni: Csodálatos Tanácsadó, Erős Isten, Örökkévaló Atya, Béke Fejedelme."*
***Ézsaiás 11: 3** „Nem pusztán szemének látása szerint ítél, nem is csupán fülének hallása szerint fedd. **Igazságossággal** fogja **ítélni** az alacsony sorúakat, és egyenességgel nyújt feddést a föld szelídei érdekében."*

Tehát egy szűztől születendő ember-gyermekről beszélünk, akinek különleges képességei vannak, és aki igazságos királyként fog uralkodni, s akit Ézsaiás egy új szövetség szerzőjeként – Mózeshez hasonlóan, ám sokkal nagyobb személyiségként – említ a következő idézetben.

Ézsaiás 42: 5-6 *„Így szól az igaz Isten, Jehova, az egek Teremtője... „Én, Jehova hívtalak el igazságosságban, és megfogtam kezedet. Megóvlak téged, és* **a nép szövetségéül adlak***, a nemzetek világosságául"*

Tudjuk, hogy a zsidók számára ekkor már évek óta – Kr.e. 1652-től folyamatosan – **hatályban volt az Ószövetség**. A Teremtő tehát bizonyosan nem a régire, hanem **egy új szövetség megkötésére** gondolt. Hogy miért? Valószínűleg azért, mert a zsidóság a nekik szóló szövetségnek sosem tett eleget, ezért is kapták büntetésként a hódítókat, az elnyomókat, akik elhurcolták, rabszolga sorba taszították őket.

5 Mózes 28:45-48 *„Mindezek az átkok rád szállnak, üldöznek téged és utolérnek, míg meg nem semmisülsz, mert nem hallgattál Jehovának, a te Istenednek szavára megtartva parancsolatait és rendeleteit, melyeket parancsolt neked. Továbbra is rajtad lesznek és utódaidon jelül és előjelül időtlen időkig, amiért nem szolgáltad Jehovát, a te Istenedet örvendezéssel és szívbeli örömmel, holott bővelkedtél mindenben.* **Ellenségeidet kell szolgálnod, akiket Jehova rád küld***,"*

A régi és a készülő Újszövetség között jelentős különbség, hogy míg az Ószövetség jelképe a frigyláda, addig az **Újszövetség jelképe** maga a **Megváltó**.

Ézsaiás 59:20-21 *„El fog jönni Sionhoz a* **Megváltó***, és azokhoz, akik elfordulnak a törvényszegéstől Jákobban" – ez Jehova kijelentése."Ami pedig engem illet, ez* **az én szövetségem velük***" – így szól Jehova."*

Ézsaiás könyvében hosszabb lélegzetű leírást olvashatunk a Messiásról, jövetelének céljáról, jelentőségéről és a megváltásról, vagyis az általa bemutatott engesztelési áldozatról. Mindezt a Kr. e. 8–7. század körül, tehát jóval megelőzve a Messiás Jézus (Siló) érkezését.

Ézsaiás 53:4-6,8-10,12 „Bizony a betegségeinket hordozta ő, és fájdalmainkat viselte ... Ámde a **mi törvényszegésünkért szúrták át,** és a mi vétkeinkért törék össze. **Ő kapta a békénket szolgáló fenyítést,** és sebei szereztek nekünk gyógyulást. ... Jehova pedig **őrá rakta mindannyiunk vétkét**. Nagy nyomás nehezedett rá, és hagyta, hogy nyomorgassák, de nem nyitotta meg száját. ... Mert **kiszakították az élőknek földjéből**. Népem törvényszegése miatt érte a csapás. A gonoszok mellett adtak neki sírhelyet, és a gazdagok mellett a **halálakor,** bár nem követett el erőszakot, és nem volt csalárdság szájában. ... Ha **vétkességi felajánlássá** teszed lelkét. ... **mivel halálra adta lelkét,** és a törvényszegők közé számították; ő hordozta sokak bűnét, és közbenjárt a törvényszegőkért."

Az idézetekből egyértelművé válik, hogy megfelelve a bűn büntetéséről szóló isteni kijelentésnek – „a bűn zsoldja a halál" –, emberi bűneinkért emberi életet kell adni. Ezért a **Megváltó** saját döntése alapján emberi életével fizet a mi bűneinkért, megvásárolva számunkra a szabadságot.

Ha viszont Siló mártírhalált hal, hogy megváltsa az emberiséget ádámi bűneitől, **hogyan lesz időtlen időkre király**? A már említett **Illés** próféta és története adja meg a választ, a próféta ugyanis Sareptában tartózkodott, amikor **szállásadójának,** egy özvegyasszonynak **fia az életét vesztette**, de a **Teremtő visszaadta** neki a próféta kérésére.

1 Királyok 17:21-24 „Akkor egész testével ráborult a gyermekre háromszor, Jehovához kiáltott, és ezt mondta: „Ó, Jehova Istenem! Kérlek, add, hogy térjen vissza e gyermekbe a lelke!" Jehova végül meghallgatta Illés szavát, így visszatért a gyermekbe a lelke, és életre kelt. Ekkor Illés megfogta a gyermeket, levitte a tetőszobából a házba, és odaadta az anyjának. Ezután így szólt Illés: „Íme, él a te fiad!" Az asszony akkor ezt mondta Illésnek: „Most már tudom, hogy Isten embere vagy, és igaz a te szádban Jehova szava."

Illés **története igazolja Ábrahám logikáját**, amikor is **a Teremtő** mindenhatóságával kapcsolatban helyesen azt feltételezte, hogy az, aki az életet adta, az egy elhunytnak is képes visszaadni az életét, azaz **fel tudja támasztani**.

VISSZA DÁNIELHEZ

Ám túllépve a mózesi szövetség korlátain, egy az **egész Földre vonatkozó terv** kibontakozásának is tanúi lehetünk, vagyis a teremtéskor megálmodott **isteni királyság megvalósításának**. Láthatjuk, hogy a **mózesi szövetség tanító céllal** született, hogy az Újszövetség alapjait képezze, egy szilárd alapot, amire építeni lehet. Az Ószövetség keretei között a Teremtő tudatosította a zsidókban a **bűnösség** fogalmát, a **megváltás** vagy a kiengesztelés **szükségességét**, kormányzatának formáját, a **királyságot**. Megismertette velük a királyi – vagy a Teremtőhöz viszonyított helytartói – hatalom gyakorlóját, a **Messiás** királyt, s az Ő szükségszerű **szenvedéseit** a földön, de a várható **feltámadását** is, ami majd lehetővé teszi, hogy „**időtlen időkig**" tartson megbízatása. **Ez a Biblia ószövetségi jövőképe**.

Most azonban **térjünk vissza Dániel korába**, Kr. e. 6–5. századba, amikor is a **zsidók** még éppen **büntetésüket töltik**. Bár vétettek, a Teremtő nem mondott le róluk. Gondoskodott róla, hogy hazaengedjék őket, hogy megtérhessenek Istenükhöz, megbánva az elkövetett hibáikat. **Dániel** első kézből **értesülhetett** a **Teremtő** irántuk érzett **megbocsátásáról**, Jeruzsálem és a **Templom helyreállításáról**, valamint a **Messiás** születésének várható **idejéről**.

Dániel 9:25 „*Tudd meg azért, és értsd meg éleslátással: a Jeruzsálem helyreállítása és újjáépítése felől való szózat elhangzásától a Messiás Vezérig hét (7) hét és hatvankét (62) hét lesz.*"

Ez az előrejelzés megerősíti Ézsaiás több mint kétszáz évvel ezelőtti próféciáját, miszerint a **Messiásnak születése után meg kell halnia**.

Dániel 9:26 *„ És a hatvankét hét elmúltával kiirtják a Messiást, és nem marad semmije."*

Bizony a **Messiásnak nem marad** semmije, még az **élete** sem. Az évenként elvégzendő engesztelési állatáldozat helyett **a Messiás fog bemutatni engesztelést** önmaga feláldozásával a **zsidókért** és az **egész emberiségért**, mindanyiunkat megváltva és a Teremtőt kiengesztelve az ellene és akarata ellen elkövetett bűneinkért. Általa – mint Ábrahám leszármazottja által – válik érthetővé a Teremtő azon ígérete, miszerint:

1Mózes 18:18 *„Hisz Ábrahám nagy és hatalmas nemzetté lesz, és általa nyer áldást a föld összes nemzete."*

Mert, ahogy Ádám hibájáért mindenkinek az életével kell fizetni, úgy a Messiás **halálával mindenki életet nyerhet**.

Zsoltárok 37:27-29 *„Fordulj el a rossztól,* ***cselekedd a jót****,*
És ***lakozz a földön időtlen időkig****!*
Mert Jehova szereti az igazságosságot,
És nem hagyja el lojálisait.
Ők ***időtlen időkig megőriztetnek****,*
De a gonoszok utódjai bizony kivágatnak.
Az ***igazságosak öröklik a földet****,*
És örökké rajta lakoznak.

Fejezetünk nem véletlenül kapta a **"közeledés és a próféciák"** címet, hiszen az Ószövetségen keresztül rövid betekintést kaphattunk a Teremtő elképzeléseibe, szándékának megvalósítási módjába, mindenről pedig jó előre tájékoztatta népét, s rajtuk, illetve az Írásokon keresztül minket is.

Ézsaiás 48:3 „*Az elsőket már akkortól megmondtam; az én számból származtak, és mindig hallattam azokat. Egyszer csak cselekedtem, és bekövetkeztek.*"
Ézsaiás 46:11 „*Megmondtam, meg is valósítom. Megformáltam, meg is cselekszem.*"

A Teremtő minden fontos eseményt előre jelez, minden beazonosítási lehetőséget megadva – akár történelmi, akár matematika, stb. – nem hagyja az emberiséget kétségek között, ismeretek híján. Pontosan lejegyeztette – mindenki számára hozzáférhető könyvek formájában – az eseményeket, még jóval a megtörténtük előtt, de bekövetkeztük, megvalósulásuk után is, hogy a tények megismerésén alapuló meggyőződésünk szilárd legyen. Ezzel az ember kezébe került minden létfontosságú információ, amire csak szüksége van, illetve lehet, múltjának, jelenének és jövőjének megértéséhez, valamint felelős döntéseinek meghozatalához.

"Pezsdüljenek a vizek az élő lelkek sokaságától," (1Mózes 1:20)

7. FEJEZET
ÖSSZEGYŰJTÉS ÉS MEGVÁLTÁS

Felelős döntést hozni sosem egyszerű. Bár életünk minden területén folyamatosan hozunk **döntéseket**, de olyan nagy volumenű és távolba mutatót, mint ami **előtt** most **áll az emberiség**, már rég nem kellett meghoznia. De, mint azt láttuk, a **Teremtő** minden segítséget megadott hozzá. **Felkészítette teremtményeit Messiásának fogadására** és befogadására. Elegendő **időről** is **gondoskodott**. Ugyanis amíg az első világrendszer vége előtt csupán pár évtized állt az emberek rendelkezésére, hogy átgondolják, átértékeljék az életüket, visszatérjenek Teremtőjükhöz és megmeneküljenek az ítélettől, addig ma – jelenlegi második világrendszerünkben – már több mint négyezer hatszáz éve egyengeti számunkra a Hozzá visszavezető utat.

Ez idő alatt megismerkedhettünk a **Teremtő kormányzásának módjával**, hatalomgyakorlásának konkrét elképzeléseivel **a zsidó nemzet** megalakításán és vezetésén **keresztül**. Megteremtette az **együttélés törvényi feltételeit** a Mózes által lejegyzett **törvénygyűjtemény összeállításával.** Ezen kívül tanúi lehettünk annak, ahogy Ábrahám leszármazottai több száz éves **személyiség formáló nevelési folyamaton mentek keresztül.** Áldásokkal és büntetésekkel terelgetve a helyes útra, s alkalmassá téve őket arra, hogy a **következő** világrendszer **társadalmának magvát** alkossák.

A zsidó nép bűne, és bűnhődése után, **Kr. e. 433-ban** a Teremtő kész volt hosszú távú terveinek megvalósítása érdekében mindent **megbocsátani** nekik, és megújítani velük szövetségét. Ennek **jelképéül épült** meg **a második Jeruzsálemi templom**. Ezzel a zsidóság státusza, úgymint „választott nép"-ként átmenetileg helyreállt. A Teremtő célja azonban nem a hatalomnak szolgai módon vagy érdekből engedelmeskedő választott nemzet létrehozása. Egy **szeretetből és meggyőződésből engedelmeskedő embercsoportot szeretett volna és szeretne ma is maga köré** gyűjteni.

2 Korintusz 6:18 „És én atya leszek nektek, ti pedig fiak és leányok lesztek nekem« – ezt mondja Jehova, a Mindenható."

Ennek megvalósításához szükséges a bűneinkből kiváltó – engesztelő – áldozat, a **Messiás áldozati halála**. De tényleg csak ezért született volna a földre a Megváltó? Nem, nem csak ezért! Mint azt már olvashattuk Ézsaiás könyvében, maga a Messiás lesz az örök időkre kinevezett „**Béke Fejedelme**" valamint a „Csodálatos **Tanácsadó**" is, aki **vezetni** és **tanítani** is fogja az embereket.

*Jeremiás 31:31-32 „Íme! Jönnek napok – ez Jehova kijelentése –, és **új szövetséget** kötök Izrael házával és Júda házával. Nem olyan szövetséget, amilyet ősatyáikkal kötöttem azon a napon, amikor kézen fogtam őket, hogy kihozzam őket Egyiptom földjéről."*

Jeremiás 31:33 „Mert ez az a szövetség, amelyet Izrael házával kötök ama napok múltán: törvényemet bensőjükbe helyezem, és a szívükbe írom. Én Istenükké leszek, ők pedig népemmé lesznek" – ez Jehova kijelentése."

Már évszázadokkal a **Messiás földre születése előtt döntés született** arról is, hogy a Teremtő **egy egészen új szövetséget** kíván kötni az emberiséggel, mégpedig olyat, aminek **törvényeit** már nem kőtáblára, hanem az **emberek szívébe** fogja „vésni". **Az emberek** belső, lelki beállítottságát célozva meg vele, hogy **új egyéniséget, új személyiséget** fejlesszenek ki. Az egyén átalakulásával pedig, az egész társadalom megváltozik. Az új társadalom által pedig egy, az egész földre kiterjedő egységes **népesség**, melyek tagjai már mind a Teremtő elvárásainak **megfelelő tulajdonságokkal bírnak**, s a **szeretet** és **kölcsönösség** jegyében képesek **örökké, békésen** egymás mellett élni.

Mondhatnák azonban, hogy ez csak utópia, mégsem az, mivel a megvalósulásához vezető út nagy részét már megtettük. Most azonban térjünk vissza a történelem azon szakaszához, amikor még csak várták a Messiást, hogy lépésről-lépésre nyomon tudjuk követni a próféciák, előzetes információk megvalósulását. Mint azt már tudjuk, Kr. e. 559 körül Dániel **lejegyezte**, hogy a bűn **490 éves** időszakának letelte **után Kr. e. 433-ban megépítik a Jeruzsálemi templomot**, s ez meg is történt az akkor hatalmon lévő perzsa uralkodó, Artaxerxész király uralkodásának harminckettedik (32.) évében. Az **innen** számított **434. évben megszületik a Messiás**. Továbbá, hogy **nem most fogja elkezdeni** örökké tartó **fejedelemségét**, mivel **meg fog halni**, ezzel **téve eleget megváltásunknak**.

Miután a születésére vonatkozó prófécia tökéletes pontossággal valósult meg, jogosan vetődhet fel bennünk a kérdés, hogy a zsidó nép miért nem ismerte fel Messiását Jézusban. Komoly társadalmi, politikai és emberi okai voltak, ahogyan a prófécia is erre utal.

Dániel 9:25 *„mindez viszontagságos időkben történik."*

S bizony tényleg viszontagságos volt, de nemcsak az időszak, a zsidóság sorsa is. Alig, hogy a **Babiloni Birodalom** lehanyatlott, hatalmát felváltotta a perzsa uralom.

A **Perzsa Birodalom** Kürosz, Kambüszész, majd Dareiosz király alatt egyre csak növekedett, mígnem a görög városállamok ellenállásába ütközött. S a perzsák elszenvedték első – ámde nem utolsó – komoly vereségüket, mivel az egyre erősödő görög-makedón állam Kr. e. 337-ben szembekerült a Perzsa Birodalommal.

II. Philipposz **Makedón** király döntött Perzsia megtámadása mellett, de fia, Alexandrosz vitte azt végbe, aki Kr. e. 331–330 között elfoglalta a Perzsa Birodalom minden fontos városát. A meghódított területeket **Alexandrosz** birodalommá – **Makedón Birodalommá – szervezte**. A meghódított népcsoportokból egységes népet szeretett volna kovácsolni, de ennek megvalósítására már nem került sor Kr. e. 323-ban bekövetkezett halála miatt.

A birodalmat hadvezérei, valódi **örökösei** – a **Diadokhoszok** –, komoly harcok árán Kr. e. 323–280 között **négy részre osztották**, így a zsidó nép újabb idegen uralkodó hatalma alá került. Vajon **tudhattak róla, hogy ez lesz a sorsuk?** Ha más nem is, **Dániel biztosan**, mert a következőket láttatta vele egy angyal:

*Dániel 7:2–6 „Ezt láttam éjszakai látomásban: Íme, az egek négy szele felkorbácsolta a nagy tengert. És a tengerből négy hatalmas vadállat jött elő, mindegyik különbözött a többitől. Az első oroszlánhoz hasonlított, és sasszárnyai (**Babilon**) voltak. Néztem, mígnem kitépték szárnyait, és felemelték őt a földről, két lábra állították, mint egy embert, és emberi szívet adtak neki. Íme: egy másik vadállat, a második, amely medvéhez (**Perzsia**) hasonlított. Egyik oldalára emelkedett, szájában a fogai között pedig három borda volt. Ezt mondták neki: »Kelj fel, és egyél sok húst!«* **Azután ezt láttam: íme, egy másik vadállat, leopárdhoz (Makedónia) hasonló, de négy szárny volt a hátán, olyan mint a repdeső teremtményeké. Négy feje volt a vadállatnak, és uralkodói hatalmat (Diadokhoszok) adtak neki."**

Izrael és Jeruzsálem sorsának meghatározójává az örökösök közül **I. Szeleukosz** és az általa megalapított **Szeleukida Birodalom** vált, majd leszármazottai közül is **IV. Antiokhosz Epiphanész** (Kr. e. 175–164), aki az uralkodókultusz isteni hangsúlyozásában látta hatalmának megerősítését. Az uralma alatt élő népek legtöbbjének ez nem okozott gondot, ám az egyistenhívő (monoteista) zsidó nép számára ez elfogadhatatlan volt.

Alig 250 évvel a második Jeruzsálemi templom megépítése és szövetségük megerősítése után a nép foggal-körömmel ragaszkodott az igaz vallás gyakorlásához, mint önállóságuk utolsó darabjához.

A **király** istenségének megtagadására rendkívüli **kegyetlenséggel válaszolt. Kr. e. 170-ben elfoglalta Jeruzsálemet**, megszentségtelenítette a Templomot, megkínoztatta és megölette azokat a zsidókat, akik nem voltak hajlandók a szobra előtt áldozatot bemutatni, sőt mindent megtett annak érdekében, hogy az eredeti ószövetségi kéziratokat kézre kerítse és teljesen megsemmisítse. Az elnyomás pedig ellenállást váltott ki. Felkelések robbantak ki, melyek két évtizedig elhúzódtak. A felkelések legismertebb alakja **Júdás Makkabeus** volt Kr. e. 168-ból. Kr. e. 142-re pedig a **Hasmoneus** család ragadta magához a hatalmat. Először csak, mint **főpapok**, majd később **királyokként** kormányozták a zsidó népet. Céljuk a salamoni dicső királyság helyreállítása és az isten királyságára vonatkozó próféciák valóra váltása volt.

*Dániel 11:14 „A te népedhez tartozó **útonállók fiai** (Makkabeus, Hasmoneus) is arra ragadtatnak, hogy valóra váltsanak egy látomást; de elbuknak."*

Kr. e. 66-tól a zsidó nép és Jeruzsálem a terjeszkedő Római Birodalom fennhatósága alá került, **Nagy Heródes** helytartói kinevezésével. Ő igen jó viszonyt ápolt Augustus császárral (Kr. e. 27–Kr.u. 14), így **Róma fennhatósága alatt**, de viszonylag nagy önállósággal **kormányozta Palesztinát** a Kr.u. 4-ben bekövetkezett haláláig. Az adóztatás megállapításához – még Heródes uralma alatt, de közvetlenül Jézus születése előtt – küldte el **Augustus** a népszámlálásról szóló rendeletét **Quiriniusnak,** a Szíriát kormányzó helytartónak. Dániel ezekről az eseményekről is tájékoztatást kapott, csupán csak a neveket nem ismerte, azon kívül minden eseményt előre láthatott.

*Dániel 11:5 „A déli király (**Szeleukosz**) pedig megerősödik, sőt amannak fejedelmei közül is az egyik (**Antiokhosz**), aki legyőzi őt, és nagy hatalommal fog uralkodni, nagyobb uralkodói hatalommal, mint az."*
*Dániel 11: „És azokban az időkben sokan támadnak a déli király ellen. A te népedhez tartozó útonállók fiai (**Makkabeus, Hasmoneus**) is arra ragadtatnak, hogy valóra váltsanak egy látomást; de elbuknak."*

Dániel 11:20 *"Olyan valaki áll a helyére* **(Augustus)***, aki behajtót küld* **(Quirinius)***, hogy járja be a dicső királyságot. Néhány napon belül megtörik, de nem haraggal, és nem is háborúban." (Augustus Kr. u. 14-ben, 76 éves korában természetes halált hal Rómában.)*

Ellenőrzés képen lássuk, mit írt Lukács, az orvos és egyben egyike az evangélium íróknak, aki lejegyezte ezt az eseményt:

Lukács 2:1-3 *"Azokban a napokban pedig rendelet jött ki Augusztusz császártól, hogy az egész lakott földet írják öszsze (ez az első összeírás akkor történt, amikor Kvidiusz volt Szíria kormányzója); és mindenki ment, hogy bejegyezzék, kiki a maga városába."*

Dániel azonban tovább folytatja a történelmi események és személyiségek felsorolását.

Dániel 11:21-22 *"Megvetésre méltó ember áll a helyére* **(Tibériusz** *császár Kr. u. 14–37), és nem adják neki a királyság méltóságát" ... „Az áradat karjai (Róma hadereje) beözönlenek miatta, és megtöretnek, akárcsak a szövetség Vezére."* **(Jézus)**

A második Jeruzsálemi Templom felavatása utáni 434. évben megtörtént a népesség összeírása egész Palesztinában. Elérkezett az idő, hogy **színre lépjen** a Teremtő **Messiása**, Megváltója és királyságának leendő uralkodója. Vele egy újabb lépéssel közelebb kerülünk a Teremtő akaratának megvalósításához és Jézus születéséhez. Létezését azonban sokan megkérdőjelezték.

Ahhoz, hogy megbizonyosodjunk róla, hogy valóban létező történelmi személyiség volt, vizsgáljuk meg a kortársak feljegyzéseit. **Tacitus,** Kr. u. 2. század elején, Nérónak szóló tudósításában a következőt említi: „Christust, akitől ez a név származik, Tiberius uralkodása alatt Pontius Pilatus procurator kivégeztette..." **Suetonius** pedig Claudius és Néró életrajzában tesz említést Jézusról és a keresztényekről. De említhetnénk még az ifjabb **Pliniust** is, aki Kr. u. 111–113 között Traianus császárhoz írt levelében lesújtó hangvételben minősíti a keresztény vallást, ámde életmódjukban nem talált semmi kivetnivalót. Habár a római történetírók egyáltalán nem szimpatizáltak a kereszténységgel, mégis minden kétséget kizáróan támasztják alá, hogy Jézus Krisztus, mint történelmi személy, valóban létezett.

JÉZUS SZÜLETÉSE ÉS HALÁLA

A korábbi próféciákhoz hűen Jézus **Betlehem** városában, egy **érintetlen nőtől**, tökéletes emberként látta meg a napvilágot. Születésének körülményei és részletes története a Bibliában lépésről lépésre nyomon követhető.

A néphangulatra jellemző volt az általános **Messiás-várás**. A római uralom alól kiutat kereső zsidó nép továbbra is abban reménykedett, hogy egyszer sikerül visszaállítani Izrael királyságának fénykorát.

Érdekes módon nem csak a zsidó nép várta egy új király megjelenését. Keletről (feltehetőleg Babilon területéről) érkező asztrológusok egy kisebb csoportja egy égi jelenséget követve Jeruzsálembe érkezett, majd folytatta útját Betlehembe, Jézus születésének helyszínére, annak pontos idejében, sem előbb, sem később. Honnan tudták ilyen nagy pontossággal meghatározni, hogy mikor kell érkezniük? Dánieltől – ahogy az már az előzőekben említésre került – mivel saját könyvtárukban őrizték Dániel, a volt királyi felügyelő kéziratait. S nemcsak őrizték, de ismerték is a könyv tartalmát. Ezt bizonyítja az is, hogy jól kiszámítottan indultak útnak és igen pontosan érkeztek, annak ellenére, hogy hatalmas távolságot tettek meg állataik hátán.

Mikeás 5:2 *„És te, ó, **Betlehem Efrata**, aki túl kicsiny vagy ahhoz, hogy Júda ezrei közé számláltass, **belőled szárma-***

zik nekem, **aki uralkodó lesz Izraelen**, akinek származása ősidőkbe, időtlen idők napjaiba nyúlik vissza."

Máté 2:1 „Miután Jézus megszületett a júdeai Betlehemben Heródes király napjaiban, íme, keleti vidékekről való asztrológusok jöttek Jeruzsálembe"

Jézus gyermekkoráról viszonylag keveset tudunk, azt viszont igen, hogy közvetlenül megszületése után a szülők a csecsemővel **Egyiptomba** menekültek **Nagy Heródes** haragja elől, és csak amikor Heródes meghalt, és **utódai** – a jeruzsálemi Malthake-tól született – **Heródes Antipas** és testvére, **Fülöp** kerültek hatalomra, akkor tértek vissza és telepedtek le Názáretben.

Máté 2:14–15 „Felkelt tehát, és még az éjjel maga mellé vette a kisgyermeket és anyját, elment Egyiptomba, és ott maradt Heródes haláláig, hogy beteljesedjen, amit Jehova megmondott a prófétája által, aki így szólt: „**Egyiptomból hívtam ki a fiamat**."

Tizenkét éves koráig nincs feljegyzés a gyermek Jézus életéről, mert valószínűleg **teljesen normális életet élt**. Amit azonban ismerünk, azt az édesanyjától tudjuk. A Biblia többször is utal rá, hogy **Mária** minden **fontos eseményt megjegyzett** gyermeke születésétől fogva, s az ő elbeszélése alapján örökíthették meg az evangéliumírók. Közülük is leginkább **János** leírása tekinthető a leghitelesebbeknek, miután **Jézus** halála előtt **őrá bízta édesanyját**, hogy viselje gondját. Ennek a szoros kapcsolatnak hála, Mária biztosan minden fontos eseményt megosztott Jánossal, többek között azt is, hogy mielőtt **Jézus** messiási feladatainak ellátásába kezdett volna, **be kellett, hogy töltse** a **nagykorúságot**, azaz a harmincadik életévét. Az akkor már erős római és római jogi behatásra – de feltehetőleg a zsidó jogszokás szerint is – a 14 éves kort meghaladó, de a harmincadik életévét még be nem töltött, azaz nagykorúságát még el nem érő fiúgyermek (filius familias) csak korlátozottan volt cselekvőképes. Jogokat szerezhetett, kötelezettségeket viszont még nem vállalhatott. Az életvitelbeli döntések, mint a keresztelkedés, mely egy egész életre szóló felelősségvállalással jár, bizonyosan ebbe a kategóriába esett, így erről harmincéves kora betöltése előtt szó sem lehetett. Természetesen ugyanez vonatkozott **Keresztelő Jánosra** is (anyai ágon rokona Jézusnak), aki a Biblia szerint pontosan fél évvel volt idősebb, mint Jézus. Így elsőnek János töltötte be a nagykorúságot jelentő harmincadik életévét (Tibériusz császár uralkodásának 15. évében, azaz Kr. u. 31. évben) s azonnal elkezdte prédikálni a **bűnök megbocsátásának előfeltételét, a megbánást**, valamint annak szimbólumaként a **keresztelkedés** szükségességét.

Fél év múlva, amikor végre Jézus is betöltötte a harmincadik életévét – a zsidó naptár szerinti Kiszlév (9.) hónap 14-én (a Gergely-naptár szerint november 28-án) – a megszületésétől számított 31. évében – követve a zsidó nép azon részét, akik hittek Keresztelő Jánosnak – Jézus is megkeresztelkedett a Jordán folyóban.

Ezzel a szimbolikus cselekedettel Ő természetesen **nem a bűneinek megbocsátását kérte**, mert az neki nem volt, hanem egyfajta **jelentkezés volt** előre **meghatározott feladatának elvégzésére**. Továbbá ekkor **kapta vissza emlékeit** azokról az évekről, amelyeket a Teremtő mellett töltött el.

Ezután, gyakorlatilag azonnal megkezdte tanító, prédikáló munkáját. Melyet két évnél bizonyosan hosszabb ideig folytatott. Mivel az év vége felé bekövetkezett keresztelkedése után, de a következő év (azaz a Kr. u. 32. év) tavasza közötti rövid időszakban Keresztelő János börtönbe került, és két évet töltött ott egészen a haláláig. Az evangélistáktól pedig tudjuk, hogy Keresztelő János halála után Jézus még bizonyosan folytatta a tanítást, és Isten népének összegyűjtését, egészen a Kr. u. 34 (sorszámnévben azonban 35. év) Nissan (1.) hónap 14-én bekövetkezett haláláig.

AZ ÖSSZEGYŰJTÉS FOLYAMATA

Kr. u. 31-ben a bűntelen Jézus – miután megkeresztelkedett – a Teremtő erejével megáldva elkezdhette összegyűjteni a mózesi törvényeken iskolázott, szövetséges népet.

Ám amikor kiemelkedett a Jordán vizéből, az ott álló emberek olyasminek lehettek a fültanúi, amit utoljára akkor hallhatott az ember, amikor (Kr. e. 1652. évben) az Ószövetséget megkötötték. A Teremtő személyesen szólt hozzájuk és **azonosította Jézust**, **mint** elsőszülött **fiát**.

Máté 3:16–17 *„Megkeresztelkedése után Jézus azonnal feljött a vízből; és íme, az egek megnyíltak, és látta, amint Isten szelleme alászáll, mint egy galamb, és leereszkedik rá. Íme, hang is hallatszott az egekből, amely így szólt: „Ez az én szeretett Fiam, akit helyeslek."*

Majd közvetlenül ezután, Jézus komoly próbatételen esett át, hogy teljesen alkalmassá váljon a szolgálatra, a Teremtő akaratának megvalósítására.

1Tessalonika 2:4 *„amiképpen az Isten próbatétel által alkalmasnak talált minket arra, hogy ránk bízza a jó hírt,"*
Máté 4:1–3 *„Akkor a szellem felvezette Jézust a pusztába, hogy az Ördög megkísértse őt. Miután negyven nap és negyven éjjel böjtölt, megéhezett. Ekkor a Kísértő odament ..."*

A próbatétel alkalmával ő – ellentétben az első emberpárral – hűségesnek és alkalmasnak bizonyult arra, hogy a Teremtő népét tanítsa és hirdesse nekik Isten királyságának megvalósulását.

Mit is kell tudnunk a királyságról? Azt, hogy megvalósítása egy sokkal hosszabb folyamat, mint azt gondolnánk, ugyanis a sokak által ismert bibliai mustármag példája erről árulkodik.

Ahogyan az apró mustármagnak is idő kell a növekedéshez, úgy Isten királyságának is időre van szüksége.

Máté 13:31-32 „Az egek királysága hasonló a mustármaghoz, amelyet fogott egy ember, és **elültetett** *a szántóföldjébe; ez a* **legapróbb** *ugyan minden mag közül, de amikor* **felnő***, a* **legnagyobb** *a zöldségfélék között, és* **fa** *lesz belőle, úgyhogy az ég madarai eljönnek, és az ágai között helyet találnak, ahol letelepedhetnek."*

Mikor került **elültetésre** a „mustármag". Amikor a **Teremtő beváltotta ígéretét** Ábrahámnak és leszármazottaiknak, s **szövetséget kötött** velük egy földi királyságra. Megkapták magát a Teremtőt királyuknak, Ő pedig meghatározta államszervezetüket, törvényeiket, szokásrendszerüket. Elültetve a magot, a királyság magját. Ez a „mag" folyamatosan növekedett, s Izrael, a zsidó állam a térség egyik meghatározó államává vált. De vajon úgy vezették-e Isten államát – királyságának magját – az emberi uralkodóik, ahogyan a Teremtő elképzelte?

Máté 21:33-39 „Volt egy ember, egy házigazda, aki szőlőt ültetett, körbevette kerítéssel, borsajtót vájt benne, tornyot emelt, kiadta szőlőműveseknek, és külföldre utazott. Amikor eljött a gyümölcsérés időszaka, elküldte **rabszolgáit** *a szőlőművesekhez, hogy átvegyék gyümölcsét. A szőlőművesek azonban megfogták a rabszolgáit, és kit megvertek, kit megöltek, kit megköveztek. Elküldött még* **más rabszolgákat** *is, többet az elsőknél, de ezekkel ugyanazt tették. Utoljára elküldte hozzájuk a* **fiát***, ezt mondva: »A fiamat meg fogják becsülni.« A fiú láttán a szőlőművesek ezt mondták maguk között: »Ez az örökös; gyertek, öljük meg, és szerezzük meg az örökségét!« Megfogták hát, kidobták a szőlőből, és megölték."*

Mint azt már láthattuk, a Teremtő folyamatos ellenőrzése és helyreigazítási kísérletei ellenére a zsidóság egyre inkább a környező országok társadalmi, politikai és szokásrendszerét vette át. Ezért **először prófétákat** (Ézsaiás, Jeremiás stb.) küldött a néphez, hogy figyelmeztesse és emlékeztesse őket a köztük lévő szövetségre és annak kötelezettségeire. Amikor ez már nem segített, **ellenséges birodalom vezéreit, uralkodóit** (például a babiloni Nabukadnezárt) **küldte** megleckéztetésükre.

*Jeremiás 20:4-5 „Egész Júdát a **babiloni király kezébe adom,** ő pedig **száműzetésbe hurcolja** őket Babilonba, és lesújt rájuk karddal. Kiszolgáltatom mindazt, amit e város összegyűjtött, minden munkáját és minden drágaságát. Júda királyainak összes kincsét az ellenségeik kezébe adom."*

Időszakosan helyre állt ugyan a szövetség - például annak megújítása idején Kr. e. 433-ban - de tartósan nem sikerült megőrizni a szövetség értékeit, és az emberek ahhoz való hűségét. Mindazon által a „**mag**", azaz a Teremtő és a zsidók közötti **szövetség egy királyságra,** mint a zsidóságot összetartó utolsó **kapocs, tovább élt és hatott környezetére.** Más államok, más nemzethez tartózó személyeknek is lehetőségük nyílt megismerni nézeteiket, törvényeiket, sőt prozelitaként - nem születés szerint, hanem felvett vallásúként - még csatlakozhattak is hozzájuk.

Amikor pedig Jézus (Kr. u. 31-től) megkezdte tanító munkáját, **felelevenítette** az időközben feledésbe merült **törvényt,** annak tanításait, **helyreigazította** az ismereteiket, **megvilágítva** azok **valódi értelmét.**

Tanításai rendkívüli fontossággal bírtak, mivel az évszázadok folyamán **a tudás kiváltsággá vált,** s csak egy egészen szűk „írástudó" réteg birtokolta, ezért az egyszerű nép szellemileg kiszolgáltatottá vált. Továbbra is betartották ugyan az előírt Sabbat napi megjelenést a zsinagógákban és az írások meghallgatását, de csak azt, és annyit tudhattak meg az igazságról - a szövetség valódi elveiről és törvényeiről - amit az írástudók közöltek velük. Ezért nem ok nélkül ostorozta őket Jézus élete során oly gyakran.

Máté 23:13 *"Jaj nektek, írástudók és farizeusok, képmutatók! Mert bezárjátok az egek királyságát az emberek előtt; ti magatok ugyanis nem mentek be, és az odatartókat sem engeditek bemenni."*

Tény, hogy az „írástudók" akkor már közel sem a valódi mózesi írásokat tanították, hanem az **emberek értelmezéseit**, valamint más vallási felekezetektől átvett – nem ószövetségi eredetű – **szokásokat**. S mindezt nem kényszerből, saját döntéseik alapján tették, amiért vállalniuk kellett annak következményeit. Ám nem csak magukról döntöttek, sajnálatos módon ezzel megakadályozták, hogy bárki más is betarthassa a valódi Törvény valódi előírásait, és általa alkalmassá válhasson a Királyság állampolgárságára.

Ebben a szellemi sötétségben Jézus valóban maga volt a világosság, s egyben a kezdet, mert **vele és általa megkezdődött** a **Teremtő Királyságának előkészítése**. A „**mag**" – azaz a Teremtő által lefektetett Igazság a teremtésről, a világról, az emberiségről és annak jövőjéről, a királyságról – Jézus által **elkezdett szárba szökni**.

János 8:12 *"Jézus azért ismét szólt hozzájuk, és ezt mondta:* **„Én vagyok a világ világossága**. *Aki engem követ, semmiképpen nem fog sötétségben járni, hanem övé lesz az élet világossága."*

Továbbra is nyitott maradt azonban a kérdés, **hogyan** és **meddig** tart majd a szárba szökött mag „fává" válása. Hiszen a Máté 13:32 alatti idézetben egyértelműen azt olvashatjuk, hogy *„fa lesz belőle"*.

Márk 16:15–16 *"Majd ezt mondta nekik: „Menjetek el az egész világba, és* **prédikáljátok a jó hírt** *az egész teremtésnek! Aki hisz, és meg van* **keresztelve**, *megmentésben fog részesülni, de aki nem hisz, azt elítélik."*

A „hogyan" nem más, mint **Isten Királyságának** a megvalósulásáról szóló **jó hír** és minden egyéb információ **megismerése**, úgymint a **bűn** kötelező **megbánásának** és a megbánás jelképének, a **keresztelkedésnek**, valamint Jézus **új törvényeinek**, és azok **betartásának** szükségessége. Ezt kell **tudatosítani** és **tovább adni** ahhoz, **hogy** fává, az új **emberi társadalom családfájává** cseperedjen az apró **„mustármag"**. De hogyan lesz a mustármagból **emberi családfa**. Úgy, hogy egy olyan **nagycsaládot fog össze**, amely **„Istentől született"**, tehát minden olyan embernek, aki személyiségét szabad akaratából hajlandó megváltoztatni, hozzáalakítani a Teremtő elvárásaihoz, annak **Atyja örökbefogadás útján** maga **a Teremtő lesz**.

2Korintusz 6:18 „„»És én **atya leszek nektek**, ti pedig **fiak és leányok lesztek nekem«** – ezt mondja Jehova, a Mindenható."

Róma 8:15 „Mert nem rabszolgaság szellemét kaptátok, amely ismét félelmet idéz elő, hanem fiúként való **örökbefogadás** szellemét kaptátok, amely által ezt kiáltjuk: „Abba, Atyám!"

Jézus a következőképpen tanította tanítványait erről a belső folyamatról, az emberi személyiség megváltoztatásáról, a szellemi „újjászületésről".

János 3:3 „Jézus erre ezt mondta neki: „Bizony, bizony mondom neked, ha **valaki újra nem születik, nem láthatja az Isten királyságát**."

1János 3:9 „Mindaz, aki **az Istentől született**, nem tart ki a bűnben, mert az ilyenben megmarad az Ő szaporító magja, és **nem gyakorolhat bűnt**, mert az Istentől született."

1János 4:7–8 „Szeretteim, továbbra is szeressük egymást, mert **a szeretet az Istentől van**, és mindaz, **aki szeret, az Istentől született**, és **megszerzi az Isten ismeretét**. Aki nem szeret, nem ismerte meg az Istent, mert az Isten szeretet."

1János 5:3-4 „*Isten szeretete azt jelenti, hogy* **megtartjuk a parancsolatait;** *a parancsolatai pedig nem megterhelőek, mert minden,* **ami az Istentől született, legyőzi a világot.**"

A közös szülőtől, a **Teremtőtől származó** új emberi **társadalom**, s azon belül az egyes **emberek** mind **szeretettel és kellő ismerettel rendelkezve** képesek lesznek „legyőzni" a jelenlegi világrendszert. Ebből adódóan **az új társadalom magjának** szárba szökése – Jézus színrelépésétől – és óriási **fává válása** – az **evangéliumnak** (Isten királyságának jó híre) az egész világban történő **elterjedéséig** –, azaz a jelenlegi **világrendszernek** a **befejezéséig tart.**

Máté 28:19-20 „*Menjetek hát, és tegyetek* **tanítvánnyá** *minden nemzetből való embereket,* **kereszteljétek** *meg őket az Atyának, a Fiúnak és a szent szellemnek nevében, és* **tanítsátok** *meg őket arra, hogy* **megtartsák** *mindazt,* **amit parancsoltam** *nektek. És íme, én veletek vagyok minden napon a* **világrendszer befejezéséig.**"

Mindezek alapján megállapíthatjuk, hogy jelenlegi **világrendszerünknek** is **van**, illetve lesz egy **lejárati ideje**, mégpedig akkor, **amikor** már nem maradt **a világon** egyetlen talpalatnyi hely sem, ahol nem **hallottak** volna **az evangéliumról**. Tudható, hogy meddig tart? Egyesek szerint nem lehet tudni, s a következő idézetre hivatkoznak.

Máté 24:36 „*Azt a* **napot** *és azt az* **órát** *senki nem tudja, sem az egek angyalai, sem a Fiú, csak az Atya.*"

De pontosan mit is mond nekünk ez az idézet. Azt, hogy a **napot** és az **órát** nem ismerhetjük. Ám arról egy szó sem esett, hogy ne rendelkeznénk viszonyítási alappal. Ugyanis az idézet folytatása Noé bárkaépítő munkájával kapcsolatban von párhuzamot a régi és a jelenlegi világrendszerünk vége között. Noé ugyanis tudta, hogy, ha elkészül a bárka, itt lesz az idő. Számunkra pedig az ad biztos kapaszkodót, hogy amikor az Ördög vagy Sátán bíróság elé áll, elítélik, s ezer évre előzetesbe zárják, „megkötözik", akkor **az ő ítéletével** egyidőben **zajlik majd le a mi világrendszerünk megítélése is.**

> **Jelenések 20:4** „És láttam trónokat, és ott voltak azok, akik leültek rájuk, és hatalmat kaptak az **ítélkezésre.**"
>
> **Máté 25:31–33** „Amikor az Emberfia megérkezik dicsőségében, és vele az angyalok mind, akkor leül az ő dicsőséges trónjára. És eléje gyűjtik az összes nemzetet, ő pedig különválasztja egymástól az embereket, mint ahogy a pásztor különválasztja a juhokat a kecskéktől. És a juhokat jobbjára fogja állítani, a kecskéket pedig baljára."
>
> **Máté 25:41** „Akkor szól a balja felől állókhoz is:»Menjetek el tőlem, ti átkozottak, az örök tűzre, amely az Ördögnek és angyalainak készült."
>
> **Dániel 7:11–12** „a vadállatot megölték, a testét – azaz **földi politikai testületét – elpusztították,** és az égő tűzbe vetették. A többi vadállat uralkodói **hatalmát elvették, életüket** azonban **egy ideig meg egy időszakig meghosszabbították.**"
>
> **Jelenések 20:1–2** „Majd láttam egy angyalt lejönni az égből a mélység kulcsával és egy nagy lánccal a kezében. És megfogta a sárkányt, az őskígyót, aki az **Ördög** és **Sátán,** és **ezer évre megkötözte.**"

Persze kérdezhetnék, hogy miben segített minket előre ez az információ, hiszen nem tudjuk, hogy az Ördög mikor fog bíróság elé állni. Ám ez tévedés. Ugyanis az általunk nagyító alá vont Dániel könyve megdöbbentő információkat tartalmaz, csak ott kell felvenni a történelmi leírások szálait, ahol Jézus élettörténete előtt abba hagytuk, azaz a Szeleukida birodalom, közelebbről IV. Antiokhosz Epiphanész uralkodása idején. Lássuk, mit is mond erről az elnyomó uralkodóról a Dánielt tájékoztató angyal.

Dániel 8:13-14 *"És hallottam, amint egy szent szólt, és egy másik szent a következőket kérdezte attól, aki szólt: "Meddig tart a látomás az állandó áldozatról és a pusztító törvényszegésről, és arról, hogy a szent helyet és a sereget hagyják tiportatni?" Így szólt hozzám: "**Kétezer-háromszáz estig és reggelig**; s a szent helyet biztosan a megfelelő állapotba hozzák."*

Ennek értelmében **IV. Antiokhosz Epiphanésznak** kétezer háromszáz nap adatott, ameddig kiélhette agresszióját a zsidó nép felett, majd megszűnik felettük hatalma. S mit mondanak életéről a történelemkönyvek. A Kr. e. 170-ben Antiokhosz Epiphanész valóban lerombolta Jeruzsálemet, s kétezer háromszáz nappal, azaz valamivel több, mint hat év három hónappal – **6,389 év** – később betegségben hunyt el. A prófécia tehát pontosan megvalósult. Ellenszegülő, erőszakos személyét a Dánielt informáló angyal pedig párhuzamba állította **Sátánnal** és az ő viselkedésével.

Dániel 8:10-11 *"Tovább nőtt, egészen az egek seregéig, némelyeket a seregből és a csillagokból a földre vetett, majd letaposta őket.* **Felmagasztalta magát egészen a sereg Fejedelméig**, *akitől elvették az állandó áldozatot, és lerombolták szentélyének szilárd helyét."*

Dániel 7:9-10 *"Néztem, mígnem **trónokat állítottak fel**, és az **Öregkorú leült**. Ruhája fehér volt, mint a hó, és fején a haj, mint a tiszta gyapjú, trónja lángoló tűz, annak kerekei pedig égő tűz. Tűzfolyam áradt és jött ki előle. Ezerszer ezren szolgáltak neki, és tízezerszer tízezren álltak előtte. Összeült a **Törvényszék**, és könyveket nyitottak fel."*

Dániel 7:11-12 *"néztem, mígnem a **vadállatot** megölték, a testét (**hatalomgyakorlók a földön**) elpusztították, és az égő tűzbe vetették. A többi **vadállat (démonok)** uralkodói **hatalmát elvették**, **életüket** azonban egy ideig meg **egy időszakig meghosszabbították.**"*

Dániel 8:26 *"Az estéről és a reggelről szóló látomás, amelyről most szó volt, igaz. Te azonban pecsételd be a látomást, mert még sok napra szól."*

A két személy között egyértelműen szimbolikus kapcsolat van. Ami azonban nem a teljes uralkodásukra szánt időre vonatkozik, hanem ellenszegülésük kezdetétől, annak végéig tart. Ha tehát **Antiokhosz Epiphanésznak** kétezer háromszáz nap, azaz **6,389 év** állt a rendelkezésére Kr. e. 170-től a Jeruzsálemmel szembeni agresszió kiélésére, akkor **Sátán kétezer háromszáz napja** – figyelembe véve a Biblia egyik alaptörvényét, miszerint (2Péter 3:8) „Jehovánál egy nap annyi, mint ezer év, és ezer év, mint egy nap." így ezer a váltószám – a bűnbeeséstől évnapokban számolva összesen **6389 évet** tesz ki.

Ez a **6389 év** jelöli azt az időmennyiséget, amely **idő alatt kifejtheti negatív hatását** Isten teremtményeire. Befejezése pedig a **6390. év**, amikor is **összeül** fölötte és követői fölött a **bíróság**. A **6391. évben** (sorszámnév!) pedig **ítéletet hirdetnek fölöttük,** s vele egyidőben a **mi világrendszerünk fölött** is.

Rendkívül fontos, hogy nem az olvasó iránti tiszteletlenségből kívánom kihangsúlyozni az évszámokat, hanem, mert a tőszámnevek és a sorszámnevek között egy nap híján egy egész év lehet az eltérés. Mint ahogy azt már több helyen jeleztem, tapasztalatom szerint a Biblia mindig a sorszámnevekkel számol. Így ennek megfelelően a **6391. év**, mely isteni ítélet hordozója, természetesen **sabbat év**, ahogyan minden a Teremtő akaratát előmozdító jelentős esemény időpontja (lásd 4. fejezet táblázata).

Megítélt világrendszerünket először **Jézusnak**, mint a Teremtő megbízottjának **ezer éves királysága** (1000 év) **fogja felváltani**, majd egy **rövid időre** (360 évre) **kiengedik** fogságából **Sátánt** és szövetségeseit, hogy próbaképpen hatást gyakoroljanak az újonnan – az ezer év alatt – született nemzedékekre. E próba azonban újabb, egyben az **utolsó bírósági ítélettel** zárul. Csak ezután **valósulhat** meg a többszörösen is megrostált emberiség számára **Isten várva várt királysága**, a Biblia evangéliumának, jó hírének megfelelően.

2Péter 2:4-5 „*Bizonyos, hogy ha az Isten nem habozott megbüntetni az angyalokat, akik vétkeztek, hanem a tartaroszba vetve sűrű sötétség vermeinek adta át őket, hogy íté-*

letre tartassanak fenn; és nem habozott **megbüntetni egy hajdani világot**, de Noét, az igazságosság prédikálóját nyolcadmagával megtartotta biztonságban, amikor vízözönt hozott az istentelen emberek világára;"
2Péter 2:9 „Jehova (A Teremtő) tudja, mi a módja annak, hogy az Isten iránti **odaadásban élő embereket megszabadítsa** a próbából, az **igazságtalanokat ellenben fenntartsa az ítélet napjára**, levágatásra,"

Ahhoz, hogy tisztában legyünk a következő világrendszer, Isten királyságnak **megfelelő**, illetve az azzal **összeegyeztethetetlen** viselkedési normákkal, **cselekedetekkel**, tekintsük át mire tanította Jézus a követőit.

Máté 22:36-40 „Tanító, melyik a legnagyobb parancsolat a Törvényben?" Ő ezt mondta neki: „**Szeresd Jehovát, a te Istenedet egész szíveddel**, egész lelkeddel és egész elméddel. Ez a legnagyobb és **első** parancsolat. A **második** ehhez hasonló:» **Szeresd felebarátodat**, mint önmagadat. Ezen a két parancsolaton alapul az egész Törvény és a Próféták."

Tehát minden emberi tett, ami e fenti **két törvény szellemiségével ellentétes, az elfogadhatatlan**, ami pedig **harmonizál** velük, **az megfelel** a Teremtő elvárásainak. De lássuk kicsit részletesebben először az elfogadhatatlan cselekedeteket.

Kolosszé 3:5-10 „Öljétek meg azért földi testtagjaitokat a **paráznaság**, a **tisztátalanság**, a **nemi vágyakozás**, a káros **kívánság** és a **mohóság** dolgában, ami **bálványimádás**. Ezek miatt jön az Isten haragja. Ugyanezekben jártatok egykor ti is, mikor bennük éltetek. Most azonban valóban vessétek le magatokról mindezeket: az **indulatot**, a **haragot**, a **rosszaságot**, a **becsmérlő beszédet** és az **ocsmány beszédet** szátokból. **Ne hazudjatok** egymásnak. Vetkőzzétek le a régi egyéniséget a cselekedeteivel együtt, **és öltsétek magatokra az új egyéniséget**, amely **pon-**

tos ismeret által *újjátétetik Annak képmása szerint, aki teremtette."*

Ismeretek nélkül az ember sok mindent elkövet, elkövethet az élete során, ami összeegyeztethetetlen a Teremtő elvárásaival. Ám az is bizonyos, hogy valamikor és valamilyen módon mindenki szembesül az élete során legalább egyszer a helyes viselkedési mód irányadó mércéjével, a Bibliával, és ebben az esetben még teljesen mindegy, hogy milyen keresztény vallási felekezet buzdítja annak megismerésére. De, ha úgy dönt, hogy szeretné a Bibliát megismerni, akkor már csak arra, a valóban autentikus forrásra szabad koncentrálnia. S, ha így teszünk, meg is fogjuk szerezni a kellő **ismereteket**, és lehetőségünk nyílik átértékelni az eddigi életünket. **Esélyt kapunk**, hogy változtassunk, hogy **nyugodt lelkiismerettel élhessünk,** valamint, hogy **állampolgárai lehessünk** a **Teremtő** alakulófélben levő **királyságának.**

Miután **szembesültünk a hibáinkkal, a legtöbben megbánjuk**, amit elkövettünk, hisz kinek ne jutott volna már eszébe, hogy bárcsak visszaforgathatná az idő kerekét és meg nem történtté tehetné elhibázott tetteit. A Teremtő felé az őszinte megbánás **jelképe** a **keresztelkedés**, ami **tiszta lapot nyit** számunkra, hogy minden, a keresztelkedés előtt elkövetett helytelen cselekedetünk „feledésbe merüljön". Legalábbis az ember alkotta törvényektől (lásd a Magyar Büntető Törvénykönyvben érvényesülő következő jogelv: „a törvény nem ismerete nem mentesít annak felelőssége alól") teljesen eltérő módon, **Jézus megváltó áldozatának köszönhetően,** az ismeretek híján elkövetett bűneinket nem róják fel nekünk. Döntésünk azonban **felelősséggel jár**. Mivel a bűneinkből való teljes körű kiváltásunk **csak egyetlenegyszer hajtható végre** az életünk során, nincs második esély!

2Péter 2:20–22 *„Bizonyos, hogy ha, miután Jézus Krisztus, az Úr és Megmentő pontos ismerete által kimenekültek a világ erkölcstelenségéből, megint belekeverednek ugyanezekbe, és* legyőzetnek, akkor az **utolsó állapotuk rosszabb lett az elsőnél**. Mert jobb lett volna, ha nem ismerik meg pontosan az igazságosság ösvényét, mint hogy, miután pontosan megismerték, elforduljanak a nekik átadott szent parancsolattól. Az történt velük, amit az igaz példabeszéd mond: „Az eb visszatért a maga okádásához, és a megfürdetett disznó, hogy a sárban hemperegjen."

Ennek megelőzésére Pál – Jézus követője és apostola – a következőket javasolja:

Efézus 6:13-17 „Ezért vegyétek föl az Istentől való teljes fegyverzetet, hogy ellenállhassatok a gonosz napon, és miután mindent alaposan elvégeztetek, szilárdan állhassatok. Álljatok tehát szilárdan, úgy, hogy derekatok **igazsággal (őszinteséggel)** van körülövezve, és viselitek az **igazságosság** mellvértjét, és lábatok a **béke jó hírének** felszerelésével **(ismerettel)** van felsaruzva. Mindenekelőtt vegyétek föl a **hit (meggyőződés)** nagy pajzsát, amellyel képesek lesztek kioltani a gonosznak minden égő nyilát. Vegyétek a **megmentés (tudatában lenni a biztos túlélésnek)** sisakját, és a szellem kardját is, azaz **Isten szavát (Bibliát)** "

A fenti **tanácsok** hosszú távon **alkalmassá teszik** az embert arra, hogy **állampolgárai lehessenek** a következő világrendszernek – először Jézus ezer éves –, majd Isten Örök **Királyságának**.

Velük, az új állampolgárság várományosaival kötötte meg Jézus a régit felváltó **Újszövetségét**. A szövetség alapját maga **Jézus** és az ő önfeláldozó engesztelése képezi, amivel **megváltotta** az **emberiséget** az első emberpár okozta **bűntől**.

A megváltás találó kifejezés, mivel a bűnt **nem szüntette meg**, de hozadékát, az **örök pusztulást igen**. Ugyanis azok a személyek, akik **megismerik** Jézus tanításának köszönhetően a világ Isten által meghatározott működésének valódi elvét és a továbbiakban **alkalmazkodnak** a Teremtő által megha-

tározott és Jézus által közvetített szabályokhoz – *János 6:45*
"Mindenki, aki az Atyától hallott és tanult, hozzám jön" – azok, ha a társadalmi kiválasztódás, az **"összegyűjtés" jelen szakaszában** el is hunynak, az ő **haláluk nem végleges**. A feltámadás előre meghatározott idejében **vissza fognak térni**, de akkor már – a Teremtő eredeti elképzeléseinek megfelelően – egy **örökké tartó életre**.

Márk 14:22 "vett egy kenyeret, áldást mondott, megtörte, és odaadta nekik, és ezt mondta: "Vegyétek, ez jelenti a **testemet**.*"*
János 6:50–51 "Ez az a kenyér (test), mely az égből száll alá, hogy bárki ehessen (részesüljön) belőle, és **ne haljon meg***.*
Én vagyok az az élő kenyér, mely az égből szállt alá; ha valaki eszik ebből a kenyérből, **örökké élni fog***; és bizony a kenyér, melyet én adok, a testem a világ életéért."*
Máté 26:27–28 "Vett egy poharat is, és miután hálát adott, odaadta nekik, és ezt mondta: "Igyatok belőle mindnyájan, mert ez jelenti a **véremet***,»a szövetség vérét«, amely kiontatik sokakért a* **bűnök megbocsátása végett***."*

Jézus az Újszövetség megkötésével egyidejűleg új megemlékezési, tiszteletkinyilvánítási formát vezetett be, felülírva az **Ószövetség** szokásrendszerét, miután azt, és annak szerepét az Ő saját áldozati halálával **betöltöttnek tekintette.**

Máté 5:17 "Ne gondoljátok, hogy megsemmisíteni jöttem a **Törvényt** *vagy a* **Prófétákat***. Nem megsemmisíteni jöttem, hanem* **betölteni;***"*
Lukács 16:16–17 "A Törvény és a Próféták **Jánosig voltak***.* **Attól kezdve az Isten királysága hirdettetik** *mint jó hír, és mindenfajta ember előretör feléje. Bizony, könnyebb az égnek és a földnek elmúlnia, mint a Törvény egy betűjéből egyetlen írásjelnek teljesületlenül maradnia."*
Máté 9:16–17 "Senki sem varr foltot be nem avatott anyagból régi felsőruhára, mert az erősebb anyag kiszakítana a fel-

sőruhából, és még rosszabb lenne a szakadás. Új bort sem tesznek régi bortömlőkbe; ha pedig megteszik, akkor a bortömlők szétrepednek, a bor kifolyik, és a bortömlők tönkremennek; az **új bort inkább új bortömlőkbe teszik**, és mindkettő megmarad."
Lukács 22:19 „Ezentúl **ezt cselekedjétek** a rólam való megemlékezésül."

Tehát azoknak, akik magukra nézve az Újszövetség előírásait és elvárásait tekintik kötelezőnek, azoknak már nem kell az Ószövetség ünnep- és szokásrendszerét követni, vagy állatokat áldozni. Az Ószövetség ünnepeinek felülírása alól kivételt képez három örök időkre szóló megemlékezés, úgymint a **pászka**, azaz az újszövetségi **Húsvét**, a **hetek ünnepe**, az újszövetségi **Pünkösd**, valamint a **lombsátor ünnep**, melynek újszövetségi **megfelelője még nem ismert**.

1Korintusz 11:26 „Mert valahányszor eszitek e kenyeret és isszátok e poharat, mindegyre az Úr **(Jézus)** halálát **(megváltását) hirdetitek**, míg meg nem érkezik."

Ám az embernek, aki **a szövetség részese** kíván lenni, nemcsak az a kötelessége, hogy tanuljon és **ismereteket szerezzen**, hanem a tudás megszerzése után **felelősséggel tartozik** ezért, hogy az ismereteket **továbbadja**, hogy a világon **mindenki tudomást szerezzen róla**.

János 9:39-41 „E miatt az ítélet miatt jöttem e világba: hogy akik nem látnak, lássanak, és akik látnak, vakká legyenek." Akik vele voltak a farizeusok közül, hallották ezeket, és így szóltak hozzá: „Csak nem vagyunk mi is vakok?" Jézus ezt mondta nekik: „Ha vakok volnátok, nem lenne bűnötök. Ámde most azt mondjátok:»Látunk«, ezért a bűnötök megmarad."

Miután pedig tudomást szereztek róla, már **senki sem háríthatja el** magáról **a döntés felelősségét**. S a döntésre adott időt, világrendszerünk jelen időszakát – ahogy azt az előzőekben már kifejtettük – egy **világméretű számonkéréssel** fogja a Teremtő **lezárni.** Továbbá az is kiderül a fenti idézetből, hogy a karácsonyt megelőző adventi időszak nem évi négy hétből áll, már ezerkilencszáz nyolcvan éve éljük, s egészen **Jézus visszatéréséig tart, amikor** a Teremtő nevében majd **megítéli a világot.**

Máté 28:18–20 „*Jézus pedig odament, és így beszélt hozzájuk:* „**Nekem adatott minden hatalom az égben és a földön.** *Menjetek hát, és tegyetek tanítvánnyá minden nemzetből való embereket, kereszteljétek meg őket az Atyának, a Fiúnak és a szent szellemnek nevében, és tanítsátok meg őket arra, hogy megtartsák mindazt, amit parancsoltam nektek. És íme,* **én veletek vagyok** *minden napon a* **világrendszer befejezéséig.**"

Máté 16:27 „*Mert az Emberfiának* **(Jézusnak) el kell jönnie** *Atyjának dicsőségében az angyalaival, és akkor* **megfizet mindenkinek a magaviselete szerint.**"

Az idézet tanúskodik továbbá arról is, hogy **Jézus addig sem fogja magára hagyni szövetségeseit,** tiszta, szellemi erővel (mely egyszerre tartalmazhat ható energiát és információkat) folyamatosan kapcsolatot tart fenn követőivel. A fent említett erőt azonban sokan úgy ismerik, hogy a „szent szellem", s önálló személyiséget tulajdonítanak neki. De, hogy mi az igazság, azt csak Jézus tudja nekünk hitelt érdemlően megmagyarázni.

János 3:8 „*A* **szél** *ott fúj, ahol akar, és* **hallod a hangját,** *de* **nem tudod, honnan jön,** *és hová megy. Így van mindenki, aki a szellemtől született.*"

Jézus így tanította a Biblia egyik szereplőjét, Nikodémuszt, aki a szellem általi „újjászületésről" szeretett volna többet tudni. Értelmezzük most mi is a fentieket! A **szél** – egy láthatatlan **energia** – csak **hatásán keresztül észlelhető,** így a szellem emberre gyakorolt hatását Jézus egy energia-behatáshoz hasonlítja. Tehát az a szellemi behatás, ami az embert személyiségének átalakítása közben éri, az egy, a szélhez hasonló, láthatatlan erőhatás. Ezt, mint az isteni segítség forrását Jézus közvetlenül a távozása előtt nevén is nevezi.

Lukács 24:49 *„És íme, elküldöm rátok, amit megígért az én Atyám. Ti azonban tartózkodjatok a városban (**Jeruzsálemben**), míg fel nem ruháznak benneteket **erővel** a magasból."*

S amikor ez az esemény bekövetkezett, azt így dokumentálta a Biblia:

Cselekedetek 2:1–4 *„Mikor pedig a pünkösd ünnepének napja már elkezdődött, mindnyájan együtt voltak ugyanazon a helyen, és hirtelen heves szélrohaméhoz hasonló zúgás támadt az égből, és betöltötte az egész házat, ahol ültek. Majd tűzlánghoz hasonló nyelvek váltak előttük láthatóvá, szétoszlottak, és mindegyikükre ráült egy. Mindnyájan beteltek szent szellemmel, és különböző nyelveken kezdtek szólni, úgy, ahogy a szellem megadta nekik, hogy szóljanak."*

A TEREMTŐ KIRÁLYSÁGÁHOZ VEZETŐ ÚT

A kezdet a zsidó modell, a végcél az egész világ. Ám e két véglet között sok minden történt mind a zsidóság, mind az emberiség történelmében.

A **modell** – zsidó nemzet **Mózes**	A **valóság** – a világ **Jézus**
A zsidók kiváltója	A világ megváltója
A bűn kiváltására szolgáló áldozat: állat vére és teste	A bűn kiváltására szolgáló áldozat: Jézus vére és teste
Az áldozat hatóereje: egy év (évente ismételni kell)	Az áldozat hatóereje: egyszeri és örökre szól (nem kell ismételni)
Az áldozat kihatása: minden zsidó emberre	Az áldozat kihatása: minden keresztelkedett emberre
Sátor/Templom elkészítése = isteni irányítás központja a zsidók számára	Égi- illetve Új Jeruzsálem = isteni irányítás központja a világ számára
A szövetség alapja az írott Törvénygyűjtemény	A szövetség alapja az emberi szívekbe írt két törvény (Márk 12:29–31)

A végbement történések összehasonlítása és vizsgálata kapcsán induljunk ki a zsidó modellből. A zsidó nemzet társadalom-történetének ugyanis két nagy szakaszát különböztethetjük meg.

1. Ember-király *nélküli* eredeti szövetség időszakát, és az,
2. Ember-király *által* vezetett, már – a szövetséget módosító – időszakot.

Az **első, eredeti** elképzelés szerinti időszak **Kr.e. 1652**-től a szövetség megkötésével kezdődött. Ekkor Mózes a Teremtőtől kapott minden kormányzati információt lejegyzett és továbbított a zsidó nép felé. Eszerint a zsidóság **feje** maga a **Teremtő** volt, ember-királyra nem volt szükség. **Teremtő-királyuk** akaratát az általa **kiválasztott főpap** és a **papság** volt hivatott továbbítani, valamint a Törvény értelmében rendezni a nép ügyes-bajos dolgait a **Kr. e. 1050**-ig.

Kr. e. 1050-től **Saulal**, az első zsidó királlyal **megkezdődött az ember-királyok általi** uralkodás időszaka, **mely** egészen **Jósiás** király **Kr. e. 609**. évi, Megiddó mezején bekövetkezett **haláláig tartott**.

E két időszakból **számunkra az eredeti**, első időszak a **mérvadó**, mivel az tartalmazza a Teremtő valódi elképzelését, míg a második már csak, – emberi kérésre– engedmény volt a zsidóság részére.

Ábránk az Ószövetség szerinti társadalmi rétegeket ábrázolja:

Ószövetség   **A Teremtő-király**

Az **Ószövetség** fenti szerkezetéhez **hasonlóan** – mely a teljes zsidó közösséggel köttetett, beleértve a Teremtő által kinevezett **főpapot, papságot** és a teljes zsidó **köznépet** – az **Újszövetség** is a nép **minden egyes tagjára egyformán vonatkozik**. Tagjainak szabad akaratából egy egységes társadalmat hozva létre belső szabályozási rendszerével – törvények és szokások –, valamint a társadalmat alkotó egyének személyiségére vonatkozó – új egyéniség – speciális elvárásaival.

Újszövetség   A Teremtő-király

Jézus, a főpap

Választott papság (144000)

Az Újszövetség köznépe

Zsoltárok 37:27-29 „Fordulj el a rossztól, cselekedd a jót,
És lakozz a földön időtlen időkig!
Mert Jehova szereti az igazságosságot,
És nem hagyja el lojálisait.
Ők időtlen időkig megőriztetnek,
De a gonoszok utódjai bizony kivágatnak.
Az igazságosak **öröklik a földet**,
És **örökké rajta lakoznak**."

Róluk, azaz az Újszövetség **köznépéről** szól a fenti idézet. Aminek alapján egyértelműen megállapítható, hogy a **Föld bolygó az Újszövetség népe számára készült** és **ők fognak örökké élni rajta**. Így a „menyországról" szóló azon elképzelésekről – melyek szerint a halottak az égben örökké élnek – megállapítható, hogy egyáltalán nem bibliai eredetűek. **Aki tehát a saját életében megtapasztalja majd** – mert akkor éppen élni fog – **Jézus visszatérését**, s az általa végrehajtott **ítéletet**, és **életben is marad**, az, ahogyan a halottak sem, úgy ő sem megy a földről sehová, **a földön folytatja életét**. **Hozzájuk csatlakoznak majd a feltámadás alkalmával** azok, akik, bár már elhunytak, de életük során **az Újszövetség állampolgáraiként**, s ahhoz méltó módon élték le az életüket.

Vajon hányan lesznek, akik túlélik a világrendszer végét? Akik átléphetnek az új társadalmi rendszerbe, annak legszélesebb rétegét, a köznépet alkotva. Jézus egy viszonylag kis csoportról beszélt tanításaiban, persze tudnunk kellene viszonyítani, hogy mihez képest.

Máté 7:13-14 „Menjetek be a szűk kapun; mert széles és tágas az az út, amely a pusztulásba visz, és sokan vannak, akik azon mennek be; ellenben szűk az a kapu, és keskeny az az út, amely az életre visz, és kevesen vannak, akik megtalálják."

Az idézet szerint **kevesen lesznek, akik rátalálnak** az élet, illetve az **életben maradás módjára**. De mivel a következő társadalmi réteg, a papság szám szerint meghatározott, így **lehetőségünk nyílik a köznép nagyságát" a papsághoz viszonyítani**, amire a későbbiekben még visszatérünk.

A következő társadalmi réteg a Teremtő által *választott papság*. **Kik** fogják ezt a szerepkört betölteni az Újszövetség társadalmában? Mi lesz a **feladatuk**? **Hányan** lesznek? Milyen **felelősséggel** jár elhívatásuk? **Hol** lesz a hatalmuk gyakorlásának helye? Számtalan kérdést lehetne még feltenni ezzel kapcsolatban. Vegyük sorra őket!

*Lukács 22:28:30 „De ti vagytok azok, **akik kitartottatok mellettem** próbáimban; és **szövetséget kötök veletek**, mint ahogy az én Atyám szövetséget kötött velem, **egy királyságra**, hogy egyetek és igyatok az én asztalomnál a királyságomban, és **trónokon üljetek**, hogy **ítéljétek** Izrael tizenkét törzsét."*

Olyan személyek tehát, akik az Újszövetséghez tartozásuk folytán egy bizonyos ideig hasonló utat bejárva, akárcsak a köznéphez tartozók, ők is **megbánták** a bűneiket, ennek jelképeként **megkeresztelkedtek**, és minden évben **megemlékeztek** (megemlékeznek) **Jézus** megváltó **áldozatáról, magukhoz véve** annak **jelképeit**, hirdetve vele Jézus halálát és visszatérését.

***1Korintusz 11:26** „Mert valahányszor eszitek e kenyeret és isszátok e poharat, mindegyre az Úr halált hirdetitek, míg meg nem érkezik."*

A vízben történő keresztelkedésük után azonban különválva a köznéphez tartozóktól, szent szellemi erővel is fel lettek (lesznek) ruházva, s általa nem csak tovább mélyítették (mélyítik) ismereteiket, hanem mint hűséges megbízottak – akik jól sáfárkodnak a kapott különleges képességeikkel – hirdetik a Teremtő Királysága **eljövetelét**, és **tanítják a királyság eljövendő állampolgárait**.

Ezek a személyek különböző módon **veszik ki részüket Jézus követőinek összegyűjtéséből** annak érdekében, hogy az apró **„mustármag"** az egész földet átfogó, hatalmas **szimbolikus fává** – Jézus **Újszövetségévé** – **növekedjen** és minden embernek lehetősége nyíljon a kialakulófélben lévő új társadalomhoz csatlakozni. **Milyen módon kerültek**, illetve – a mai napig is – kerülnek **a választottak közé** azok, akik nem tudtak személyesen találkozni Jézussal?

***Ézsaiás 49:1** „Hallgassatok rám, ó, ti szigetek, és figyeljetek, ti távoli nemzetek! Jehova **elhívott** engem már az **anyaméhtől fogva**. Anyám belső részeiben voltam még, és már emlegette nevemet."*
***Efézus 1:3-6** „Áldott legyen Jézus Krisztusnak, a mi Urunknak Istene és Atyja, mivel minden szellemi áldással megáldott minket az égi helyeken Krisztussal egységben, mint ahogy **kiválasztott** minket vele egységben a világ megalapítása előtt, hogy szentek és szeplő nélküliek legyünk előtte szeretetben. Mert **előre elrendelt** bennünket, hogy Jézus Krisztus által örökbe fogadtassunk mint fiak a számára, akaratának jótetszése szerint, dicsőséges ki nem érdemelt kedvességének dicséretére, melyet kedvesen megadott nekünk az ő szeretettje által."*

Ezek az idézetek – egy Jézus érkezése **előtti**, illetve egy Jézus távozása **utáni** – azt bizonyítják, hogy a Királyság papjainak kiválasztása ugyanúgy a **Teremtő által történt**, illetve napjainkban is történik, ahogy az Ószövetség papjai kerületek kinevezésre. Ennek megfelelően ezt az **ember nem képes befolyásolni**, azonban a **"választottnak" lehetősége van dönteni**, hogy **elfogadja** vagy **elutasítja** ezt a különleges **meghívást**.

> **Róma 11:5-6** *"Így azért a jelenlegi időszakban is megjelent egy maradék, ki nem érdemelt kedvességnek (**kegyelemnek**) köszönhető kiválasztás szerint. Ha pedig ki nem érdemelt kedvességből (**kegyelemből**) van, akkor már **nem cselekedetek folytán**; különben a ki nem érdemelt kedvesség már nem bizonyul ki nem érdemelt kedvességnek."*

Hányan voltak vagy **vannak** még, akik ezzel a meghívással biztosan rendelkeznek? Lássuk, találunk-e rájuk számszerű utalást.

> **Jelenések 7:4** *"És hallottam az elpecsételtek számát: **száznegyvennégyezer**"*

Az egész földre levetítve és az eltelt több mint hatezer évre tekintettel ez a szám elég csekély. Főleg úgy, hogy eredetileg sokkal többen lettek meghívva e fenti feladatra. Mi történt velük? Történhetett valami az életükben, amin elbuktak? Jézus a következő példákat hozta erre: a meghívott elbukhat, **egyrészt** ha **félrevezetik** őket, s ők az ismeretei ellenére hisznek a félrevezetőknek.

> **Dániel 11:35** *"Az éleslátású személyek közül is elbuktatnak néhányat, hogy elvégezzék a finomító munkát miattuk, valamint a tisztítást és a fehérítést, a vég idejéig; mert az még a meghatározott időig hátravan."*
>
> **Máté 24:24-25** *"Mert hamis Krisztusok és hamis próféták támadnak, és nagy jeleket meg csodákat tesznek, hogy félrevezessék, ha lehet, még a választottakat is. Íme! Előre figyelmeztettelek benneteket."*

Minden kiválasztott előtt ott a döntés szabadsága, elfogadhatják, vagy elutasíthatják meghívásukat, **meg is szűnhet** meghívottságuk, **ha** alkalmatlanná válnak, mert **nem bánnak hűségesen a kiválasztásukkal járó adományokkal.**

Máté 24:45-47 *„Ki valójában a **hű** és **értelmes** rabszolga (**Jézus meghívott követője**), akit az ura kinevezett a háziszolgái (**tanítványai**) fölé, hogy megadja nekik eledelüket (**szellemi táplálékukat**) a kellő időben? Boldog az a rabszolga, ha az **ura**, amikor megérkezik, ilyen munkában találja őt! Bizony mondom nektek, mindene fölé **kinevezi**."*

Máté 24:48 *„De ha az a gonosz rabszolga azt mondaná valamikor is a szívében:»Késik az én uram (**Jézus**)«,*

Máté 24:50-51 *„akkor olyan napon jön meg annak a rabszolgának az **ura**, amelyen nem várja, és olyan órában, amelyet nem tud, és **megbünteti őt a legnagyobb szigorral**,"*

Így az idők során élt, illetve élő sok-sok kiválasztottból csak száznegyvennégyezer fő lesz, akik kiállták, kiállják az életükben bekövetkezett próbákat, és Jézus visszatérésekor megfelelnek majd a számonkérésnek. Mi alapján lesz majd a számonkérés, **mit fognak számon kérni** rajtuk?

1Korintusz 12:7-10 *„De a **szellem megnyilvánulása** kinek-kinek **hasznos célra adatik**. Az egyiknek például **bölcsesség** beszéde adatik a szellem által, a másiknak **ismeret** beszéde ugyanazon szellem szerint, másvalakinek **hit** ugyanazon szellem által, másvalakinek **gyógyítások** ajándékai az által az egy szellem által, megint másnak hatalmas cselekedetek munkálkodásai, másvalakinek prófétálás, másvalakinek ihletett kijelentések **tisztán látása**, másvalakinek különböző **nyelvek**, másvalakinek pedig **nyelvek értelmezése**."*

A fenti képességeket tehát a Teremtő tiszta szellemi ereje generálja a „kiválasztottakban", s nekik **kötelességük** ezekkel a kapott képességekkel a **királyság érdekeit felelősséggel képviselni**. Lássunk rá példát egyenesen Jézustól.

Máté 25:14-30 *„Mert pontosan úgy van ez, mint amikor egy ember, aki külföldre készült* **(Jézus az égbe távozott)** *utazni, hívatta rabszolgáit, és átadta nekik javait* **(Isten szellemi erejét)**. *És az egyiknek adott öt talentumot, a másiknak kettőt, megint egy másiknak egyet, kinek-kinek a maga képessége szerint, és elment külföldre. Az, aki az öt talentumot kapta, azonnal elment, és kereskedett velük, és másik ötöt nyert* **(tanítványokat szerzett)**. *Ugyanígy, aki a kettőt kapta, másik kettőt nyert. De aki csak egyet kapott, elment, gödröt ásott a földbe, és elrejtette* **(minden tudást megtartott magának)** *ura ezüstpénzét.*

Hosszú idő múltán megjött ezeknek a rabszolgáknak az ura **(Jézus visszatér)**, *és számadást tartott velük* **(meghívottjai között)**. *Előlépett hát az, aki öt talentumot kapott, odavitt további öt talentumot, és ezt mondta: »Uram, öt talentumot adtál át nekem; íme, másik öt talentumot nyertem.« Az ura így szólt hozzá: »Jól van, jó és hű rabszolga! Hű voltál kevesen, sok fölé foglak kinevezni. Menj be urad örömébe.«*

Ezt követően előlépett az, aki a két talentumot kapta, és ezt mondta: »Uram, két talentumot adtál át nekem; íme, másik két talentumot nyertem.« Az ura így szólt hozzá: »Jól van, jó és hű rabszolga! Hű voltál kevesen, sok fölé foglak kinevezni. Menj be urad örömébe.«

Végül előlépett az, aki az egy talentumot kapta, és ezt mondta: »Uram, tudtam, hogy sokat követelő ember vagy, aki ott is aratsz, ahol nem vetettél, és onnan is gyűjtesz, ahol nem szórtál. Így aztán megijedtem, és elmentem, elrejtettem a földbe a talentumodat. Itt van, ami a tiéd.« Az ura így felelt neki: »Gonosz és rest rabszolga, ugye tudtad, hogy aratok, ahol nem vetettem, és gyűjtök, ahol nem szórtam? Nos hát, ezüstpénzeimet letétbe kellett volna helyezned a bankároknál, hogy megérkezésemkor kamatostul kapjam meg, ami az enyém.

*Vegyétek hát el tőle a talentumot, és adjátok annak, akinek a tíz talentuma van. Mert mindannak, akinek van, még többet adnak, és bővelkedni fog, de akinek nincs, attól még azt is elveszik, amije van (még az életét is). És dobjátok ki a semmirekellő rabszolgát a külső sötétségre (**ítélet**). Ott lesz neki sírás és fogcsikorgatás.«"*

A **világrendszer vége, és** egy viszonylag kis embercsoport, az elhalálozott **hűséges választottak feltámadása előtt, Jézus** a **választottjait** (a még élőket és az elhunytakat is) **külön-külön meg fogja rostálni**, hogy **csak** a valóban arra **érdemes hűségesek maradjanak** mellette, hiszen **ők alkotják** majd a királyság **papságát**.

1Péter 2:9 *„Ti azonban „választott nemzetség, **királyi papság**, szent nemzet, különleges tulajdonnak szánt nép vagytok, hogy mindenfelé hirdessétek annak kitűnő tulajdonságait", aki a sötétségből az ő csodálatos világosságába hívott titeket."*

A papság feladata igen összetett, egyrészt az emberi világot fogják ellenőrzésük alatt tartani, tetteiket figyelemmel kísérni, és ha kell, ítéletet mondani felettük, egyszerre **gyakorolva** a nekik adatott „királyi" **hatalmat** és **végrehajtói**, „bírói" **feladataikat**. Sőt hatalmuk és felhatalmazásuk az emberi világrendszeren is túlmutat, erre utal az alábbi idézet, mely az angyalok megítéléséről szól.

1Konrintusz 6:2 *„Vagy nem tudjátok, hogy a szentek a világot fogják ítélni?"*
1Korintusz 6:3 *„Nem tudjátok, hogy angyalokat fogunk ítélni?"*

Most már csak az a kérdés, hogy **hol** fognak mindennek eleget tenni. A fenti idézet (1Korintusz 6:3) közvetett módon, de segít a kérdés megválaszolásában. Tudjuk, hogy az angyalok egy magasabb rendű életformát képviselnek, akiknek nem otthonuk a mi földi világunk. Mi, **emberek**, akaratuk ellenére **nem** is **vagyunk képesek** felfogni, **érzékelni jelenlétüket**, így **képtelenek lennénk** cselekedeteiket **megítélni**. Ám az **a száznegyvennégyezer földi ember**, aki Jézus által átesik az utolsó rostán és alkalmas marad az ítélkezés feladatára, **ők képesek lesznek** az angyalok felett is **ítéletet mondani**, tehát minden bizonnyal **látni fogják őket**.

*Jelenések 11:12 „És harsány hangot hallottak az égből, mely így szólt hozzájuk: „Jöjjetek fel ide!" Ők pedig **felmentek az égbe** a felhőben, és ellenségeik látták őket."*

*Jelenések 20:4 „És láttam **trónokat**, és ott voltak azok, akik **leültek rájuk**, és **hatalmat** kaptak az **ítélkezésre**."*

*Jelenések 20:4–6 „És **életre keltek**, és királyokként uralkodtak a Krisztussal ezer évig. (a többi halott nem kelt életre addig, míg véget nem ért az ezer év.) Ez az **első feltámadás**.*

*Boldog és szent, akinek része van az első feltámadásban; ezek fölött nincs hatalma a második halálnak, hanem az Isten és a Krisztus **papjai** lesznek, és **királyokként** fognak uralkodni vele az **ezer év alatt**."*

A száznegyvennégyezer főnek égi életre alkalmas testet kell felvennie. Így akik már elhunytak és még elhunynak Jézus visszatérése előtt, de érdemesek arra, hogy papokká váljanak, azok **égi életre alkalmas testben fognak feltámadni** és Jézushoz hasonlóan **távoznak** majd **az égbe**. Ott pedig elfoglalják kijelölt helyüket és feladatukat.

Viszont bizonyosan lesznek olyan személyek is, akik megélik Jézus visszatérését. Mi fog velük történni. Hogyan fognak csatlakozni az első feltámadás résztvevőihez, s hogyan hagyják majd el a Földet?

1Korintusz 15:50–53** „Azt mondom azonban, testvérek, hogy test és vér nem örökölheti Isten királyságát, sem romlottság nem örököl romlatlanságot. Íme! Szent titkot mondok el nektek: **nem mind fogunk halálalvásba merülni, de

mind át fogunk változni, egy pillanat alatt, egy szempillantás alatt, az utolsó trombita idején. Mert a trombita szólni fog, és **a halottak feltámadnak** romolhatatlanul, **és mi átváltozunk***.* Mert ennek, ami romlandó, romlatlanságot kell felöltenie, és ennek, ami halandó, halhatatlanságot kell felöltenie."

A papokká választott **élők** átalakulás révén **csatlakoznak** a **feltámadottakhoz**. S ez **egy szempillantás alatt, fájdalom és a halál állapotának beállta nélkül fog végbemenni**, amiről Jézus, három tanítványának tartott „bemutatója" biztosít minket.

Máté 17:1–2 *„Hat nappal később* **Jézus** *maga mellé vette Pétert, Jakabot és annak testvérét, Jánost, és felvitte őket külön egy magas hegyre. És* **elváltozott előttük***: az arca fénylett, mint a nap, és felsőruhái ragyogóvá váltak, mint a világosság."*

Ezzel tisztáztuk, hogy akár az élők, akár a feltámadottak, csak és **kizárólag ők fognak az égbe távozni**, de azon belül vajon hová? Van erre egy meghatározott hely, ahová „trónjaikat" elhelyezik? Igen, van, mert ahogyan az Ószövetség kormányzati központja a júdeai Sion hegyen Jeruzsálem volt, úgy az Újszövetség központja is a Sionon**, ám az égi Sionon** és az **égi Jeruzsálemben lesz.**

Héberek 12:22–24 *„hanem egy Sion-hegyhez járultatok, és az élő* **Istennek** *egy* **városához***, az* ***égi Jeruzsálemhez****, és angyalok sokaságához, általános gyűlésen, és az egekbe írt elsőszülöttek gyülekezetéhez és Istenhez, mindenek Bírájához, és a tökéletessé tett igazságosak szellemi életéhez és Jézushoz, egy új szövetség közvetítőjéhez"*

Ha pedig az **égi Jeruzsálem** egy **kormányzati központ** és az Isten papjait itt helyezik majd el, lesz-e az égi Jeruzsálemben, a földi Jeruzsálemhez hasonlóan templom, mint amit Salamon építtetett?

Jelenések 21:22-23 „Templomot nem láttam abban, mert Jehova Isten, a Mindenható annak temploma, és a Bárány (Jézus az áldozati bárány). És a városnak nincs szüksége sem a napra, sem a holdra, hogy ráragyogjon, mert az Isten dicsősége világította be, és a Bárány volt a lámpása."

Első olvasásra meglepő, hogy az égi Jeruzsálemben nincs szükség templomra, ám ha megvizsgáljuk, hogy az Újszövetség megkötésekor mit tanított Jézus az őt követőknek, akkor érthetőbbé válik az elrendezés.

*1Korintusz 3:16-17 „Nem tudjátok, hogy **ti Isten temploma vagytok**, és hogy az Isten szelleme lakik bennetek? Ha valaki az Isten templomát elpusztítja, elpusztítja azt az Isten; mert az Isten temploma szent, és **ti vagytok** ez **a templom**."*

Most pedig, hogy áttekintettük a papság összetételét, feladatait, felelősségét, kormányzásuk helyét, térjünk vissza egy pillanatra ezen személyek meghatározott számához. Ugyanis, ha a papság létszáma egy konkrét, meghatározott mennyiség, s mint azt láttuk, pontosan 144.000 főből tevődik össze, akkor viszonyítani tudunk a köznép létszámára is.

Miután Jézus felhívta a figyelmünket, hogy a világ népességének csak egy csekély része fog valóban csatlakozni az új világrendszer Újszövetségéhez, lássuk, hogy ez a szám kevesebb vagy több lesz, mint a papság létszáma.

Máté 22:14 „Mert sokan vannak a meghívottak, de kevesen a választottak."

Jelenések 7:9 „Ezek után láttam, és íme, egy nagy sokaság, melyet senki nem volt képes megszámolni, minden nemzetből, törzsből, népből és nyelvből; és a trón előtt és a Bárány előtt álltak, fehér köntösbe öltözve, és a kezükben pálmaágak voltak."

Ha a meghatározott 144000 fős **papsághoz képest** az új társadalom legnagyobb rétege, a **köznép** „megszámlálhatatlan", akkor bizonyosan **több mint 144 000 főből áll majd** azok csoportja, **akik a világrendszer befejezését túlélik** és hálát adnak érte a Teremtőnek és Megváltónknak, Jézusnak.

***Jelenések 7:10** „A megmentést a mi Istenünknek köszönhetjük, aki a trónon ül, és a Báránynak (**Jézusnak, az áldozati báránynak**)!"*

Isten Királyságában az egész társadalom kinevezett vezetője, vagyis *főpapja* pedig nem más, mint maga *Jézus*, aki saját szabad akaratából vállalta, hogy visszaszerzi Atyjának, a Teremtőnek elveszett gyermekeit. Ezért maga a Teremtő kötött vele szövetséget, s nemcsak a főpapságra, hanem egy királyságra is.

***Lukács 22:29** „szövetséget kötök veletek, mint ahogy az én **Atyám szövetséget kötött velem**, egy **királyságra**,"*

Összefoglalás képpen tekintsük át röviden, lépésről lépésre, hogy mi történt azóta, hogy Jézus visszatért az égbe. (1) **Bemutatta áldozatának értékét** és (2) **elfoglalta kijelölt helyét** a Teremtő mellett egy meghatározott időre, amikor is a Teremtő parancsot adott számára, hogy mint kinevezett királya (helytartója és hatalmának gyakorlója) (3) **tisztítsa meg az égi életteret a démonoktól**, hogy azok ne gyakorolhassanak hatást az Istenhez hű lényekre és soha többé ne térhessenek hozzájuk vissza. Valódi háborút vívtak, mely **Kr.u. 1911-ben** (4) **Jézus győzelmével lezárult**, és ezzel **Jézus királysága az égben kezdetét vette**.

(***Magyarázata***: Kr. e. 609-ben Jósiás király halála után Nabukadnezár babiloni fejedelem isteni felhatalmazással átvette a hatalmat Júdea felett, majd amikor megfeledkezett Istenről és a fejébe szállt a dicsőség, a Teremtő megbüntette őt. ***Dániel 4:14–17*** *„Vágjátok ki a fát, és vagdaljátok le az ágait! Rázzátok le róla a leveleit, és szórjátok szét a gyümölcsét! Meneküljenek a vadak alóla és a madarak az ágairól! De tövét hagyjátok a földben, és* *legyen vas- és rézbilincsbe verve a mező füvében. Az ég harmata öntözze, és a vadállatokkal együtt legyen része a föld növényei között. Emberi szíve változzon át, s vadállat szívét kapja, és hét idő múljon el felette. Az őrök rendeletére van ez, s a szentek szavára ez a kérés, hogy megtudják az élők, hogy a Legfelségesebb uralkodik az emberek királyságán, és annak adja azt, akinek akarja, és az emberek közül a legalacsonyabb rangút állítja az élére."* Büntetésként Isten elvette tőle a hatalmat, melynek időtartama a hét idő, ami – miután egy „idő" égi értelemben (Lásd függelék) 360 földi év – (7) hétszer (360) háromszázhatvan, azaz (2520) kettőezer ötszázhúsz évet tesz ki. A Kr.e. 609-től számított kétezer ötszázhúsz év pedig pontosan kiadja az 1911-es évet, amikor is Jézus, akit a világ a „legalacsonyabb rangú"-nak tekintett, megkapta királyi kinevezését.)

Viszont mindaddig párhuzamosan működik a földi politikai rendszerekkel, míg el nem érkezik a meghatározott idő arra, hogy **Jézus** (5) **visszatérjen** a földre, (6) **ítéletet tartson** lakossága felett, és azután (7) **kiterjessze hatalmát minden teremtmény fölé**, elvezetve őket a tökéletesség azon szintjére, mely a teremtés kezdetén Ádám és Éva sajátja volt. Majd, amikor az új társadalom eléri a kellő szintet, hogy a Teremtővel közvetlen kapcsolatot ápolhasson, akkor (8) **Jézus leteszi királyságát** és visszaadja a hatalmat, s Isten főpapjaként folytatja szolgálatát.

1. **Jelenések 5:6** *„középen egy bárányt láttam állni, amely mintha le lett volna vágva"*
2. **Máté 22:44** *„»Így szólt Jehova az én Uramhoz: ,Ülj az én jobbomon, mígnem ellenségeidet lábad alá vetem.'«*
3. **Jelenések 6:2** *„És láttam, és íme, egy fehér ló; és a rajta ülőnél íj volt, és koronát adtak neki, és kivonult győztesen, és hogy teljessé tegye győzelmét."*
4. **Jelenések 12:10–12** *„Most lett meg a megmentés, az erő és a királyság a mi Istenünktől, és az ő Krisztusának hatalma, mert levetették testvéreink vádlóját, aki éjjel-nappal vádolja őket a mi Istenünk előtt! És legyőzték őt a Bárány*

vére miatt és tanúskodásuk szava miatt, és még a halállal szemben sem volt kedves a lelkük. Ezért örvendjetek, ti egek, és ti, akik azokban lakoztok! Jaj a földnek és a tengernek, mert lejött hozzátok az Ördög nagy haraggal, mivel tudja, hogy rövid ideje van."
5. **Jelenések 1:7** „Íme! Eljön a felhőkkel, és minden szem meglátja őt, azok is, akik átszúrták; és a föld minden törzse veri magát bánatában miatta. Igen, ámen."
6. **Máté 25:31–32** „Amikor az Emberfia megérkezik dicsőségében, és vele az angyalok mind, akkor leül az ő dicsőséges trónjára. És eléje gyűjtik az összes nemzetet, ő pedig különválasztja egymástól az embereket, mint ahogy a pásztor különválasztja a juhokat a kecskéktől."
7. **Jelenések 7:14–17** „Ezek azok, akik kijönnek a nagy nyomorúságból, és megmosták köntösüket, és megfehérítették a Bárány vérében. Ezért vannak az Isten trónja előtt; és éjjel-nappal szent szolgálatot végeznek neki templomában; és Az, aki a trónon ül, ki fogja terjeszteni sátorát fölöttük. Nem fognak éhezni többé, nem is szomjaznak többé, a nap sem tűz rájuk, sem semmilyen perzselő hőség, mert a **Bárány (Jézus)**, aki a trón közepén van, terelgetni fogja őket, és **elvezeti őket az élet forrásvizeihez**. És az Isten letöröl minden könnyet a szemükről."
8. **1Korintusz 15:28** „Mikor pedig **minden alávettetett neki**, akkor maga **a Fiú is aláveti magát** Annak **(Istennek)**, aki neki mindent alávetett, **hogy az Isten legyen minden mindenkinek (Isten Királysága tényleges és végleges megvalósulása)**."

Ahogyan az Ószövetségben folyamatosság volt tapasztalható a Teremtő akaratának megvalósításában, úgy az Újszövetség kiterjesztéséhez, az új társadalomhoz tartozó személyek összegyűjtéséhez is idő kell. Aminek azonban már a **vége felé** járunk.

„Repdeső teremtmények repüljenek a föld felett az égbolt színén!" (1Mózes 1:20)

8. FEJEZET
ÍTÉLET, NEVELÉS ÉS TÖKÉLETESEDÉS

Mivel az már nem kétséges, hogy jelenlegi **világrendszerünknek** is **vége szakad,** sőt azt is tudjuk, hogy mindez **Sátán ítéletével egyidőben** – nem végleges pusztulásának idején! – fog bekövetkezni. S, hogy mi mindennek kell még megtörténnie világunkban, ennek meghatározásában továbbra is nagy **segítségünkre van Dániel** könyve, amely olyan információkat tartalmaz, melyek megértése saját korában még elképzelhetetlen volt, számunkra viszont nagy része már történelem.

Dániel 12:8–10 „*Én pedig hallottam, de **nem értettem**; ezért ezt kérdeztem: „Ó, uram, mi lesz ezeknek a vége?" Ő így folytatta: „Menj, Dániel, mert ezek a szavak **be vannak zárva** és pecsételve a **vég idejéig**. Sokan majd megtisztítják, megfehérítik magukat, és meg lesznek finomítva. A gonoszok pedig bizony gonoszul fognak cselekedni, és egyetlen gonosz sem fogja megérteni; de **aki éleslátású lesz, az megérti**."*

A történelem folyamán az egyes korok, korszakok, társadalmi rendszerek és hatalomgyakorlók beazonosításához valóban szükség van **éleslátásra**, és még valami másra. Sok-sok **eltelt időre**. Hiszen csak az képes meglátni a szövegben rejlő azonosságokat és különbségeket, aki rendelkezik rálátással. Ezért általánosan elfogadott, hogy minden jelentős történelmi eseményt legalább ötven év eltelte után, **történelmi távlatban** érdemes csak vizsgálni ahhoz, hogy reális képet kapjunk róla. Így a dánieli időszakhoz, azaz a Kr. e. 7–6 századhoz képest, mi már egyértelműen rendelkezünk történelmi rálátással, s beazonosíthatjuk az egyes történelmi eseményeket.

Ennek tükrében most hasonlítsuk össze a **történészek** és a **Biblia** által számon tartott egyes hatalmi egységeket, királyságokat, birodalmakat és azok szakaszait, valamint sorrendjüket a Kr. e. 7. század végétől napjainkig.

Történészek által felállított kronológia Kr. e. 7. sz.-tól
Babiloni Birodalom
Méd-Perzsa Birodalom
Görög-Makedón Birodalom
Diadokhoszok kora
Szeleukida Birodalom
Római Birodalom
Feudális államok a **Kr. u. 5.-tól** a 15. századig *Rendi államok* a 15. századtól a 18. századig *Nemzetállamok* a 19. századtól **napjainkig**

Ezen belül a legújabb kor, azaz napjaink főbb eseményei:

1. **I. Világháború**	2. **II. Világháború**	3. Nemzetállamok összefogása (**USA, Nato, EU**)	4. 2007-től **Transzatlanti Uniós tárgyalások** (EU+USA szövetség és a TTIP szerződés)

A Biblia által felállított kronológia
Kr. e. 7. sz.-tól
Babiloni Birodalom
Méd-Perzsa Birodalom
Görög-Makedón Birodalom
Diadokhoszok kora
Szeleukida Birodalom
Római Birodalom
Önálló nemzetek államai a Kr. u. 5. századtól **napjainkig**
Ezen belül a legújabb kor, azaz napjaink főbb eseményei:

1. **I. Világháború:** Jelenések 6:4 „elvegye a békét a földről, hogy egymást legyilkolják"	2. **II. Világháború:** Dániel 7:8 „egy másik, egy kis szarv nőtt ki közöttük, és az előbbi szarvak közül három letört előtte." 1941 Atlanti Charta, mely legyőzi a tengelyhatalmakat (Németország, Olaszország, Japán)	3. Nemzetállamok összefogása Jelenések 13:11 „És láttam egy másik vadállatot feljönni a földből, ennek pedig két szarva volt," **(USA, EU)**	4. 2007-től **Transzatlanti Unió** Jelenések 13:1" És láttam egy vadállatot feljönni a tengerből, tízszarvút és **(G7)** hétfejűt"

Fenti táblázatunkból jól kivehetők az eltérések. A történészek által behatárolt egyes **államszervezet-típusok** és azok belső fejlődését fémjelző **szakaszaiknak** meghatározásával ellentétben a Biblia nem bontja meg az önálló nemzeti államok időszakát azok típusai szerint, s teszi ezt annak ellenére, hogy kialakulásuktól napjainkig nagyjából 1500 éves, igen jelentős időszakot ölel fel. Nem tér ki a feudalizmus kialakulására, a pápaságra, sem a Német-római Császárságra, sem a világhódító királyságokra, mint Spanyolország vagy Portugália, sőt még a Brit Birodalomra sem. S ugyancsak említés nélkül maradnak Napóleon birodalomalapító törekvései is, mert, bár megszerezték a hatalmat, hosszútávon képtelenek voltak megtartani.

A 2.–4. számú táblázatok pedig azokat a bibliai idézeteket tartalmazzák **egymás alá rendezve**, melyek alapján lépésről-lépésre nyomon követhetjük és ellenőrizhetjük az első táblázat adatait.

Benne nem csak – a már említett birodalmakat – **Babilont, Perzsiát** és **Makedóniát** tudjuk beazonosítani, de a Makedón Birodalom szétesése után, a **Diadokhoszok**, azaz Örökösök időszakát is, amikor Nagy Sándor négy hadvezére sok, egymással vívott küzdelem árán felosztotta egymás között annak birodalmát. Majd az egyik hadvezér leszármazottja, I. Szeleukosz megalapította a **Szeleukida Birodalmat**. A birodalmi hatalomgyakorlásban őket váltja Róma és a **Római Birodalom**. Ám Kr.u. 5. században bekövetkezett a Római Birodalom – a Jelenések könyvében, a Kr.u. 1. században lejegyzett – **bukása** is. **A korai feudalizmussal pedig megkezdődött** az önálló **nemzetállamok** kialakulása. Egy teljesen új rendszer, a hatalomgyakorlás egy teljesen új módja, melyben megvan még valamicske a Római Birodalom vas keménységéből, de egyben törékeny is, mint a cserép.

Dániel 2:31–33 *„Ezt láttad, ó, király: íme, egy óriási szobor! Ez a nagy és rendkívül fényes szobor előtted állt, és félelmetesnek tűnt. A szobor feje jó minőségű aranyból volt (***Babilon***), melle és karja ezüstből (***Perzsia***), hasa és combja rézből*

(Makedónia), lábszára vasból (Római Birodalom), lábfeje pedig részben vasból, részben cserépből volt (nemzetállamok)." (Lásd függelék)

A **nemzetállamok** – a Biblia fenti megállapításának megfelelően – valóban másképp gyakorolják a hatalmat, mint az elmúlt nagy birodalmak, viszont egyértelműen abból eredeztethetők. Etnikailag és területileg – a birodalmakhoz képest – kisebb egységekként igyekeztek több-kevesebb sikerrel kiépíteni és megtartani – politikai, gazdasági – hatalmukat és függetlenségüket a környező országoktól. S bár az idők folyamán változott a hatalom birtokosának személye – például a király személyétől a népképviseleti demokratikus államvezetésig – az alapvetően független nemzeti államok rendszere, néhány rövid lefolyású birodalomalapítási kísérlettől eltekintve a mai napig fennmaradt.

A legutóbbi ilyen próbálkozás a II. világháborút kirobbantó német birodalmi törekvés volt, amely a világ történelmét jelentősen befolyásoló eseményt generált.

1941-ben a tengelyhatalmakkal szemben létrejött az **Egyesült Nemzetek Chartája** – nem tévesztendő össze az ENSZ-el – amely tagországait kölcsönösen támogató **katonai szövetség volt**. Ez a **szövetség** legyőzte mind a hitleri **Németországot**, mind pedig két legjelentősebb szövetségesét, **Olaszországot** és **Japánt**. Ezzel **valóra váltva** a vesztes országok (Jelenések 7:25 „három király") a Bibliában előre prognosztizált **megalázását**. Az **Egyesült Nemzetek Chartáját** még viszonylag **kis hatalomgyakorló egységként említi a Bibliai** (Jelenések 7:8 „kis szarv"), **mivel** az a világháború lezárásának – 1947 párizsi békeszerződés – bekövetkezte után **veszített jelentőségéből**. A későbbiekben viszont a növekvő szovjet-amerikai ellentét, a hidegháború a **szövetség újragondolását** tette szükségessé. Ennek hatására született meg **1949**-ben a fent említett Charta alapjain az **Észak- atlanti Szövetség** (NATO), mely hasonlóan elődjéhez elsősorban **katonai** jellegű szövetségnek tekinthető.

A **nemzeti államok** máig tartó **időszakában** azonban nemcsak **katonai** szövetségek, kapcsolatok és együttműködések szövődtek, létrejöttek **gazdasági-, politikai-, monetáris stb.** társulások és **uniók** is. Úgymint az 1776-ban megalakult **Amerikai Egyesült Államok** (USA), illetve az 1950-ben a Schuman-nyilatkozattal napvilágot látott és folyamatosan bővülő **Európai Unió** (EU), ám **alapjait mindkettőnek** a korábban megkötött **katonai szerződések képezik**. Jó példa erre Magyarország 2004-ben megszerzett Uniós tagsága, ugyanis ennek kötelező előfeltétele volt az ország 1997-es NATO csatlakozása.

A Szovjetunió felbomlása után az **USA** és az **EU** mellett, azok ellensúlyozására **keleten** is létrejött egy **szövetség**, a **Sanghaji Együttműködési Szervezet (SCO)**, melynek alapszerződése már **1996**-ban aláírásra került Oroszország, Kína, Kazahsztán, Tádzsikisztán, Kirgizisztán és Üzbegisztán által. A **Kelet-Európát és Ázsia nagy részét magában foglaló tömörülés** megváltoztatta az erőviszonyokat. Hatásukra az Amerikai Egyesült Államok (**USA**) **gazdasági és katonai hatalma** jelentősen **csökkent**, ezzel egyidejűleg **államadósságuk** folyamatosan **növekszik,** amelynek jelenlegi **szintje** már **fenyegetést jelent** a **világgazdaságra** nézve is.

2. számú táblázat
Nabukadnezár álma

Nabukadnezár szobra

Dániel 2:31–33 „Ezt láttad, ó, király: íme, egy óriási szobor! Ez a nagy és rendkívül fényes szobor előtted állt, és félelmetesnek tűnt. A szobor **feje** jó minőségű **aranyból** volt, **melle** és **karja ezüstből**, **hasa** és **combja rézből**, **lábszára vasból**, **lábfeje** pedig **részben vasból, részben cserépből** volt.

Dániel magyarázata

Dániel 2:38–44 „te magad vagy (*Nabukadnezár*) az **aranyfej**. Utánad egy másik, nálad alsóbbrendű (*Méd-Perzsa*) királyság fog felemelkedni. Majd megint egy másik (*görög-makedón*) királyság – egy harmadik –, amely rézből való, és uralkodni fog az egész földön. A negyedik királyság erős lesz, (*Róma*) mint a vas. Ahogyan a vas széttör és összezúz mindent, és ahogyan a vas pusztít, úgy fogja széttörni és elpusztítani amazokat. S amint láttad, hogy a lábfej és az ujjak részben (***nemzeti államok***) a fazekasok serepéből, részben vasból vannak, úgy maga a királyság is megosztott lesz. De lesz benne valami a vas keménységéből, amint láttad a vasat a nedves agyaggal elegyítve. És ahogy a lábujjak részben vasból, részben cserépből vannak, a királyság részben erős, részben pedig törékeny lesz. Amint láttad, hogy a vas nedves agyaggal van elegyítve, azok emberek utódaival fognak keveredni, de nem tapadnak egymáshoz, egyik a másikhoz, mint ahogyan a vas sem elegyedik a cseréppel. És azoknak a királyoknak a napjaiban az egek Istene felállít egy királyságot (***Isten Királysága, Jézus vezetésével***), amely soha nem fog elpusztulni. Ez a királyság nem száll át más népre. Szétzúzza és megsemmisíti mindazokat a királyságokat, maga pedig megáll időtlen időkig,

3. számú táblázat
Látomás

Dániel látomása

Dániel 7:2-7 „Ezt láttam éjszakai látomásban: Íme, az egek négy szele felkorbácsolta a nagy tengert. És a tengerből négy hatalmas vadállat jött elő, mindegyik különbözött a többitől. Az **első oroszlánhoz hasonlított, és sasszárnyai voltak**. Néztem, mígnem kitépték szárnyait, és felemelték őt a földről, két lábra állították, mint egy embert, és emberi szívet adtak neki. Íme: egy másik vadállat, **a második, amely medvéhez hasonlított**. Egyik oldalára emelkedett, szájában a fogai között pedig három borda volt. Ezt mondták neki:»Kelj fel, és egyél sok húst!« Azután ezt láttam: íme, egy **másik vadállat, leopárdhoz hasonló, de négy szárny volt** (*Nagy Sándor 4 hadvezére*) a hátán, olyan mint a repdeső teremtményeké. Négy feje volt a vadállatnak, és uralkodói hatalmat adtak neki. Ezután az éjszakai látomásban még ezt láttam: íme, egy **negyedik vadállat (*Róma*),** mely félelmetes, szörnyűséges és rendkívüli erejű volt. **Nagy vasfogai voltak, falt és zúzott**, ami pedig megmaradt, azt lábával széttaposta. Különbözött mindazoktól a vadállatoktól, melyek előtte voltak, **és tíz szarva volt** (*a nemzeti államok*).

Gábriel, az angyal magyarázata

Dániel 7:17-18 „»Ezek a hatalmas vadállatok, mivel négyen vannak, **négy földi eredetű királyt** jelentenek, akik majd felállnak. De a legfőbb Úr szentjei kapják majd meg a királyságot, és időtlen időkig, sőt még időtlen idők után is időtlen időkig az övék lesz a királyság.«
Dániel 7:23-27 „»**A negyedik vadállat (*Róma*)** pedig egy negyedik királyság lesz a földön, amely más lesz, mint az összes többi királyság, s **felfalja az egész földet**, tapossa, zúzza azt.

A tíz szarv pedig ez: **ebből a királyságból tíz királyság támad *(nemzeti államok)*.** Utánuk **még egy** másik is támad, amely **más lesz, mint az előzőek,** és három királyt megaláz **(a tengelyhatalmakat)**. Sőt, a Legfelségesebb ellen fog beszélni, s folyton zaklatja a legfőbb Úr szentjeit. Meg akarja majd változtatni az időket és a törvényt (Gergely-naptár, római jog), és a kezébe adják őket ideig, időkig és fél időig. És összeült a **Törvényszék**, s végül elvették annak uralkodói hatalmát, hogy megsemmisítsék őt, és teljesen elpusztítsák. A királyságot, uralkodói hatalmat és az egész ég alatt lévő királyságok fenségét a legfőbb Úr szentjeiből álló népnek adták. **Királyságuk időtlen időkig tartó királyság (*Isten Királysága*),** s nekik fog szolgálni és engedelmeskedni minden uralom.«

4. számú táblázat
Prófécia

Jézus utolsó üzenete
Jelenések 13:1-2 „És láttam egy **vadállatot** feljönni a tengerből, **tízszarvút és hétfejűt**, és a szarvain tíz diadémot, a fejein pedig káromló neveket. A vadállat pedig, melyet láttam, hasonló volt a leopárdhoz, a lába azonban olyan volt, mint a medvéé, a szája pedig olyan volt, mint az oroszlán szája. **Jelenések 17:10** „És hét király van: öt elesett, egy van (*a Jelenések könyve írásakor a **Római Birodalom**), a másik még nem érkezett el (**a nemzeti államok**),* de amikor elérkezik, rövid ideig fog megmaradni. **Jelenések 17:12-13** „A tíz szarv, amelyet láttál (***nemzeti államok***), tíz királyt jelent, akik még nem kaptak királyságot, de mint királyok egy órára hatalmat kapnak a vadállattal (***az utolsó nagy politikai szövetséggel***). Ezeknek egy a gondolatuk, s ezért erejüket és hatalmukat a vadállatnak adják.

Az utolsó szövetség

Jelenések 17:7-8 „vadállatét, melynek a hét feje és tíz szarva van: A vadállat, melyet láttál, volt, de nincs, és mégis feljönni készül a mélységből, és a pusztulásba megy."
Jelenések 17:10 11 „A **vadállat** (*az utolsó politikai hatalom: államok szövetsége*) pedig, amely volt, de nincs, maga is egy **nyolcadik király**, de a hétből (G7) származik, és a pusztulásba megy.
Jelenések 13:11-12 „És láttam egy másik vadállatot feljönni a földből, ennek pedig **két szarva** volt (*EU+USA*), mint egy báránynak, de úgy kezdett szólni, mint egy sárkány. És **az első vadállatnak minden hatalmát gyakorolja** annak színe előtt. És tesz róla, hogy a föld és akik rajta laknak, imádják az első vadállatot (*a Transzatlanti Uniót*)

Eközben az Európai Unión (**EU**) belüli tagországokat is **súlyos pénzügyi-gazdasági válságok** sújtják. Többek között nagy gondot okoznak a demográfiai változások, a nagyszámú **bevándorló**, a többségében radikális iszlamisták integrálása, a migránsok között megbúvó terroristák, valamint a tagországok közötti **egyensúlytalanságok**. Mivel az **unió haszonélvezői** egyértelműen azok a **nyugat-európai nagyhatalmak**, akik eddig is uralták a piacokat, a gazdaságot, hatalmas profitot biztosítva multinacionálissá növekedett vállalataiknak és jóval magasabb életszínvonalat és biztonságot nyújtva állampolgáraiknak.

E kivételezett helyzetét féltő, a válságoktól és a hanyatlás érzésétől szorongó európai ember ugyanúgy kiutat és megoldást keres, ahogyan az USA embere is az erős és biztonságot nyújtó Amerika képének visszaállítására vágyik.

A kisemberek mögött megbúvó **politikai, gazdasági, nagyhatalmi érdekek** is egyértelműen **azt diktálják, hogy szövetkezzenek egymással**. Így az Amerikai Egyesült Államok és az Európai Unió szerződéses keretek között megálmodta a **Szövetségek szövetségét**, egy igazi szuperhatalmat, a **Transzatlanti Uniót**. Az erről szóló **szándéknyilatkozat** már 2007-

ben aláírásra került George Bush, Angela Merkel és José Manuel Barosso által. Ám ahhoz, hogy a szuperhatalom meg is szülessen, az Európai Uniót – tagországai nevében, és azok helyett, egyszemélyben aláírási joggal rendelkező – önálló „állammá" kellett nyilvánítani. A **Lisszaboni Szerződéssel 2009**-ben ez meg is történt, elhárítva az utolsó akadályt **a Transzatlanti Unió létrejötte** elől.

Ma pedig a **Transzatlanti Gazdasági Tanács** és a **Transzatlanti Politikai Tanács** – 2009-óta folyamatos – működése és tárgyalásaik sokasága jelzi a szuperhatalom létrehozásához fűződő szándék komolyságát. Mára megkapta végleges formáját Transzatlanti Kereskedelmi és Beruházási Egyezmény (**TTIP**) formájában. Ezen egyezmény **aláírása** – a törékenyebb gazdasággal rendelkező EU-s tagállamok ódzkodása ellenére – akár már **2016 év végére** realizálódhat.

Egyes szakértők szerint, ha a **Transzatlanti szövetség megelevenedik,** akkor a nemzeti parlamenteken kívül, és felette működtetett, a nagytőke és nemzetközi óriásvállalatainak érdekeit képviselő „független" bíróságokkal – mely részét képezi a TTIP szerződésnek – **törvényesen fognak beavatkozni a nemzeti államok szuverenitásába, gazdaságába**, azon keresztül pedig társadalmába, **betetőzve** vele a legújabb kori **kapitalista-gyarmatosítást.**

Akár a **Transzatlanti Unió** lesz az, az **utolsó politikai hatalom**, amit a **Biblia tízszarvú vadállatként szimbolizál,** akár nem, tény hogy minden bibliai kritériumnak megfelel. Ugyanis a **G7-ek** ként ismert gazdasági társulás aktív részét képezi (*Jelenések 17:3 „és a szellem erejével elvitt a pusztába. És megláttam egy asszonyt, aki egy skarlátszínű vadállaton ült, mely tele volt káromló nevekkel, és amelynek hét feje és tíz szarva volt."*). S a világuralomra törő **szuperhatalom** a nemzeti államok szövetségeire (**USA és EU**), mint **két, hatalmát gyakorló (*Jelenések 13:11–12 „ És láttam egy másik vadállatot feljönni a földből, ennek pedig két szarva volt ... És az első vadállatnak minden hatalmát gyakorolja annak színe előtt."*) pillérre** támaszkodik.

JELENÉSEK KÖNYVE, A SZIMBÓLUMOK TÁRHÁZA

Miután **történelmi és bibliai szempontból** egyaránt **áttekintettük** a **világtörténelem** ma már beazonosítható politikai és hatalmi **viszonyait** a Kr. e. **7. századtól napjainkig**, most lássuk, mit tartogat még számunkra a jövő. Ennek felfedéséhez azonban már csak a Bibliára támaszkodhatunk. Ezért tekintsük át az idevonatkozó bibliai idézeteket **pontról pontra**, hogy **milyen,** még meg nem történt, de elkerülhetetlen **politikai események várhatók** a világrendszer befejezése előtt.

*1) Jelenések 13:1–2 „És megállt a tenger homokján. És láttam egy **vadállatot** feljönni a tengerből, **tízszarvút (szarv = hatalmi jelkép) és hétfejűt (hét vezető ország gazdasági közössége: G7-ek)**, és a szarvain tíz diadémot (**10 diadém = világméretű hatalmi jelvény**), a fejein pedig káromló neveket. A vadállat pedig, melyet láttam, hasonló volt a leopárdhoz, a lába azonban olyan volt, mint a medvéé, a szája pedig olyan volt, mint az oroszlán szája."*

Mint azt már fentebb is olvashattuk, a Biblia **több tagállamból álló szövetségi hatalomgyakorló szervezetként azonosítja az utolsó politikai hatalmat,** amelynek napjainkban egyértelműen csak és kizárólag a **Transzatlanti Unió** felel meg, mivel az ókori birodalmak méltó leszármazottjaként egy világuralmi, szuperhatalom megszerzésére törekszik. S amelyet két szövetséges nagyhatalom az USA és az EU támogat, a G7-ek pedig legfőbb élvezői.

*2) Jelenések 13:3 „És láttam, hogy az **egyik fejét mintha halálosan megsebezték volna, de begyógyult** halálos sebe, és az egész föld csodálattal követte a vadállatot."*

A **világuralmi szuperhatalom egyik tagállamának** – feltehetőleg a G7-ek egyikének – **hatalma látszólag meging**, emberi spekuláció okozta veszélybe, – kedvelt mai kifejezéssel élve – válságba kerül, de külső segítséggel rendeződik gazdasági, politikai helyzete, s újból megerősödik. Az állítólagos „csoda" végrehajtója azonban nem éri be pusztán elismeréssel, többre vágyik.

> *3) Jelenések 13:11–12* „*És láttam egy **másik vadállatot** feljönni a földből, **ennek pedig két szarva volt**, mint egy báránynak, de úgy kezdett szólni, mint egy sárkány. És az első vadállatnak minden hatalmát gyakorolja annak színe előtt. És tesz róla, hogy a föld és akik rajta laknak, imádják az első vadállatot, melynek begyógyult halálos sebe.*"

Amint azt fentebb láttuk, a szuperhatalom ereje **két pilléren nyugszik**. Ez a két pillér pedig az USA és az EU. Ők ketten alkotják a kétszarvú vadállatot, s így értelemszerűen ők fogják **gyakorolni a szuperhatalom, azaz a tízszarvú vadállat hatalmát is**, és tesznek róla, hogy minden nemzet elfogadja annak fennhatóságát, mondván, a korábban válságba került tagállamot is csak ez volt képes megmenteni, békét és biztonságot teremteni.

> *4) Jelenések 13:14* „*félrevezeti azokat, akik a földön laknak, a jelekkel, melyek azért adattak neki, hogy a vadállat színe előtt tegye őket" s **eközben azt mondja azoknak**, akik a földön laknak, hogy „**készítsenek képmást a vadállatról**".*

A két fő hatalomgyakorló (USA és EU) – bibliai kifejezéssel élve hamis próféta – hamis gazdasági prognózisokkal félrevezeti az embereket. A színfalak mögött saját maga generálja a válságot, ám a nyilvánosság előtt csodaszámba menő válságmegoldó képességére hivatkozva stabilizálja a gazdaságot. Hatására és elismerése végett **a két hatalomgyakorló** (kétszarvú vadállat)

201

a szuperhatalom jelképeként hatalmi jelvényt vagy **állampolgársági azonosítót készíttet.**

5) Jelenések 13:15–17 „*És megadatott neki, hogy leheletet adjon a* **vadállat képmásába***, hogy a vadállat képmása* **szóljon** *is, és meg is* **ölesse** *mindazokat,* **akik** *semmiképpen nem imádják a vadállat képmását. És* **kényszert alkalmaz** *mindenkivel szemben, kicsikkel és nagyokkal, gazdagokkal és szegényekkel, szabadokkal és rabszolgákkal szemben,* **hogy jelet kapjanak a jobb kezükre vagy a homlokukra***, és* **hogy senki ne tudjon venni vagy eladni, csak az, akin rajta van a jel***, a vadállat neve vagy nevének száma."*

A **jelkép „szólni"** is **képes**, tehát jelentős mennyiségű **információt tartalmaz** a viselőjéről, amely hozzáférhető, **leolvasható**. A tudomány jelen állását tekintve azonban, erről az információ hordozóról jogosan feltételezzük, hogy már nem csak tárolni tud, de külső forrásból információk fogadására is képessé teszi – ha akarja, ha nem – a jelkép tulajdonosát. A kérdés csak az, hogy akarjuk-e ezeket az információkat – parancssorokat – fogadni vagy befogadni, illetve, hogy lesz-e erre befolyásunk. Ez nem valószínű, ugyanis aki visszautasítja ezt a jelképet, az a Biblia szerint ellehetetlenül, mivel nélküle képtelen lesz vásárolni, kereskedni, vagy éppen vállalkozni, azaz maga és családja megélhetéséről gondoskodni.

Csupán az érdekesség kedvéért jegyzem meg, hogy Barack Obama 2013. április 2.-i, az amerikai CNN televíziónak adott interjújában bejelentette, hogy 2013-tól 100 millió USA dollárt kíván az emberi agykutatására fordítani. Célja a bibliai **„nagyot mondó száj"**, azaz a **reklámpropaganda** szerint a bénulások kiküszöbölése, a művégtagok mozgatásának, gondolatainkkal történő vezérlésének biztosítása, a rokkantak mozgásképessé tétele agyba ültetett chipek segítségével.

Abból a gyakorlatból kiindulva, hogy az ember minden eddigi felfedezését először fegyverként, embertársai elnyomására használta fel, naivitás lenne azt feltételeznünk, hogy ez a technikai megoldás pusztán a szívjóságot és az önzetlen segítségnyújtást szolgálja, sokkal inkább az állam totalitásának megvalósítása, az állampolgárok totális ellenőrzése, avagy befolyásolása lehet a cél. S amennyiben az aktuális politikai vezetés úgy ítéli meg, hogy egy állampolgár veszélyt jelent a társadalomra, vagy a hatalomgyakorlóra nézve, úgy az illető korlátozása illetve a vele szembeni büntető intézkedés foganatosítása egy gombnyomással végrehajtható.

Aki pedig azt gondolná, hogy mindez csak utópia, annak érdemes behatóbb kutatásokat folytatni a témában, különös tekintettel arra a 2007. október 30.-án a Müncheni Szabadalmi Hivatalnak benyújtott kérelemre, mely egy olyan RFID mikrochip jogvédelmére irányult, amely akár injekciós fecskendővel, akár sebészeti beültetéssel elhelyezhető az emberi szervezetben és két funkcióval bír. Az **A** verzióban a gazdaszemély megfigyelését biztosítja, a **B** verzióban egy méregkamrával felszerelve alkalmas az emberi élet kioltására is. S bár Németország elutasította a szabadalmi kérelmet, az Egyesült Államokban már megtörtént a szabadalmaztatása, s az első prototípusok legyártása is.

6) Jelenések 13:6–7 „*És Isten elleni* **káromlásokra nyitotta száját,** *hogy káromolja az ő nevét és lakhelyét, igen, azokat, akik az égben lakoznak. És megadatott neki, hogy* **háborút viseljen a szentek ellen, és legyőzze** *őket,"*

A **tízszarvú vadállat**, azaz a szuperhatalom és annak hatalomgyakorlói, **a kétszarvú vadállat** azok ellen fordul majd**, akik** minden pozitív propaganda ellenére **ragaszkodnak megbélyegzés nélküli életükhöz.**

A megbélyegzést elutasító „szentek", azaz tiszták **ellenzékét** túlnyomó részben azok fogják alkotni, **akik** erősen **ragaszkodnak az önrendelkezési és személyiségi jogaikhoz,** valamint a **Teremtő**, Jézus által kötött **Szövetségéhez. Ők,** az új alapokra helyezett **társadalmi rend ellenségeiként**, a béke és biztonság elutasítóiként **hamisan lesznek megbélyegezve.** Egyszerre viselnek majd ellenük **ideológiai, politikai és gaz-**

dasági „háborút", s nem csak államuk vezetése, saját polgártársaik is ellenük fordulhatnak. A nyomás igen erős lesz, több oldalról támadják majd őket, ezért **sokan fognak „áldozatul" esni**. Egyrészt a gazdasági, politikai **kényszernek**, másrészt a társadalmi változások, a kényelmes élet nyújtotta **csábításnak**. Annál is inkább mivel a rendszer azonosítóját viselők számára – időlegesen ugyan, de – valóban lehetővé válik egy viszonylagosan békés, kényelmes élet és az anyagi biztonság megteremtése.

Az idézet különösen nagy hangsúlyt fektet a Jézus szövetségéhez hűséges személyekre, azokra, akik eddig a csöndes, békés ellenállás nélküli, politikától mentes életet hirdették világszerte. Milyen nyomós okuk lehet rá, hogy váratlanul a rendszer ellen forduljanak és a kényelem helyett a megbélyegzést válasszák?

7) Jelenések 14:9-10 *„Ha valaki imádja a vadállatot és annak képmását, és* **jelet fogad** *el a homlokára vagy a kezére,* **az inni is fog az Isten haragjának borából**,"

A nyomós ok nem más, mint az isteni ítélet. Aki ugyanis elbukik, az kétszeresen is rajta veszt. Egyrészt az ítélet során azon nyomban életét veszti, másrészt elveszíti annak lehetőségét is, hogy visszatérjen, tehát számára nincs feltámadás. Persze, akik nem hisznek a feltámadás lehetőségében, azok számára ez nem tűnik nagy veszteségnek. De aki rendelkezik bővebb ismeretekkel, az már tudja, hogy a jövője függ a jelenlegi döntésétől. Figyeljük meg, hogyan viszonyult Jézus jelenlegi, anyagi létünkhöz.

Lukács 12:4 *„Mi több – mondom nektek –, barátaim: ne féljetek azoktól, akik megölik a testet, és azután semmi többet nem képesek tenni."*

A kijelentés első felének hallatára minden ember felkapja a fejét: hogyhogy ne féljünk attól, aki megöl vagy megölhet minket? Az emberiség nagy többsége ugyanis nem lát mást maga előtt, csak ezt az egy életet. Jézus azonban pont arra akarta felhívni a figyelmünket, hogy az emberi élettel kapcsolatban sem ez az igazság, hiszen az ember jelenlegi élete pótolható, halála nem feltétlenül végleges, bizonyos feltételeknek megfelelve átmeneti jellegű.

Mik ezek a feltételek? Az emberiség valódi történelmének **megismerése, az ember ebből fakadó meggyőződésének kialakítása, a Teremtő által elvárt viselkedés, személyiség és szellemiség elsajátítása, valamint az abból fakadó cselekedetei**. Ha ugyanis **az** a Teremtő elrendezésével, valamint Jézus tanításaival **harmonizál**, megfelel **a Teremtő elvárásainak, akkor az ember halála esetén sem tűnik el nyomtalanul** a világból, **visszatérhet az életbe**, minden emlékével – mely átmenetileg a Teremtőnél kerül letétbehelyezésre – **teljes tudatával együtt**, és mivel **a visszatérés** már **tökéletes emberi állapotban történik** – a tökéletes ember pedig nem hordoz magában halált okozó gén módosulatokat –a visszakapott **életének már nem lesz vége**.

János 3:16 „*Mert az Isten annyira szerette a világot, hogy az ő egyszülött Fiát adta, hogy mindaz,* **aki hitet gyakorol benne (tisztában van Jézus áldozatával és meggyőződésének hangot is ad)***, el ne pusztuljon, hanem* **örök élete legyen**.*"*

Ebből adódóan, aki meggyőződött a Bibliában összefoglalt történelmi események valódiságáról a teremtéstől napjainkig, továbbá a Teremtő személyéről, fiáról, Jézusról és az ő szerepének fontosságáról, annak számára nem lesz kérdés, hogyan választ: az átmeneti kényelmet és azután a biztos örök pusztulást, vagy az ideig-óráig tartó nehézségeket, ám azután egy sokkal minőségibb örök életet. Ez az emberiség Isteni ítélet előtti **utolsó nagy döntési lehetősége**.

MÁTÉ EVANGÉLIUMA KONTRA JELENÉSEK KÖNYVE

Ha **már tisztában vagyunk** a jelenlegi világrendszer végének **szereplőivel**, az emberiség történelmét meghatározó, már megvalósult, illetve még előttünk álló **hatalmi törekvésekkel**, itt az **ideje**, hogy megpróbáljuk **időben behatárolni** a történések egyes **szakaszait, periódusait**. **Vessük össze** a vég idejéről szóló legrészletesebb evangéliumot, **Máté evangéliumát** – mely tartalmaz minden apró részletet és minden, időpont-beazonosítást lehetővé tevő eseményt, melyet Jézus a tanítványainak megemlített – az embereknek szóló utolsó üzenettel, a János tanítvány által lejegyzett **jelenések könyvével**.

A Jelenések könyve teljes szerkezeti felépítésének ábrája

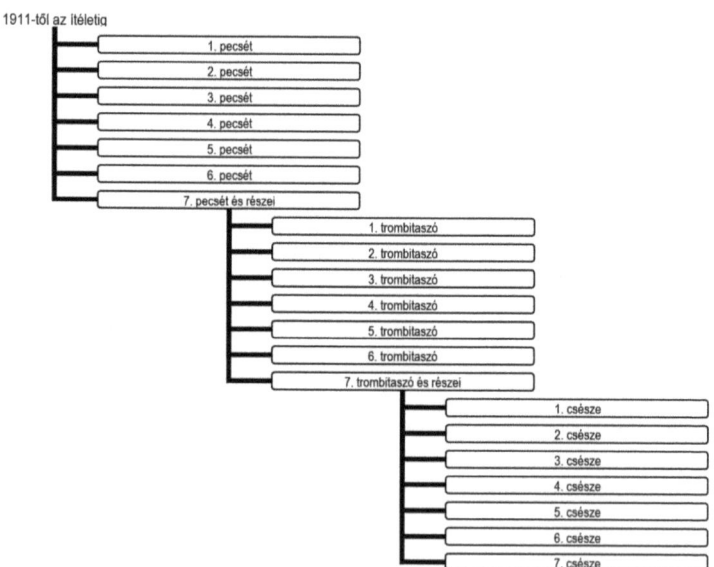

Máté 24:7-9 „Mert **nemzet támad nemzet ellen**, és királyság, királyság ellen, és lesznek **élelmiszerhiányok** meg **földrengések** egyik hely után a másikon. Mindez a gyötrő fájások kezdete. Akkor **nyomorúságra** adnak titeket, és megölnek benneteket, és **gyűlölet célpontjai lesztek** minden nemzet előtt az én nevem miatt."

A vég ideje előtt Máté **háborúkról, élelmiszerhiányról, járványos betegségekről** és **természeti katasztrófákról** írt, ám ezek nem jelentik azt, hogy azonnal beáll az utolsó időszak, mely az ítélethez vezet. Ezek csupán **megelőző események,** amelyek **1911-től** – Jézus királyi kinevezésétől – arra szolgáltak, hogy felkeltsék a tudatosan odafigyelő személyek figyelmét. Vajon a jelenések könyve is említi a fenti természeti és társadalmi problémákat?

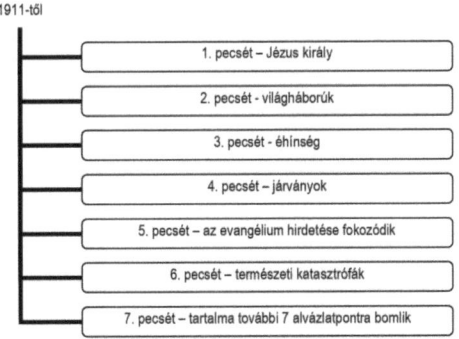

1. pecsét:
Jelenések 6:1-2 „És láttam, amikor a **Bárány** (Jézus) **felnyitotta a hét pecsét egyikét**, és hallottam, hogy a négy élő teremtmény egyike mennydörgéshez hasonló hangon ezt mondja: „Jöjj!" És láttam, és íme, egy fehér ló; és a rajta ülőnél íj volt, és **koronát adtak neki**, és kivonult győztesen, és hogy teljessé tegye győzelmét."

A jelenések könyvéből vett fenti idézet megerősítése alapján **1911-ben Jézust** biztosan **megkoronázták.**

2. pecsét:

*Jelenések 6:3-4 „Mikor pedig felnyitotta a **második pecsétet**, hallottam, hogy a második élő teremtmény ezt mondja: „Jöjj!" És egy másik jött elő, egy tűzszínű ló; és a rajta ülőnek megadatott, hogy **elvegye a békét a földről**, hogy **egymást legyilkolják**; és egy nagy kardot adtak neki."*

A második pecsét felnyitásával egyidejűleg megkezdődött az **első**, majd közvetlenül utána a **második világháború**. S, bár békét kötöttek, de igazi békéről mégsem beszélhetünk, mivel **innentől** kezdve **folyamatossá váltak a harcok és a háborúk a világban**. A világ valamely táján mindig ropognak a fegyverek, és hol pénzért, hol hatalomért, hol mindkettőért folyamatosan gyilkolják egymást az emberek.

3. pecsét:

*Jelenések 6:5 „Mikor pedig felnyitotta a **harmadik pecsétet**, hallottam, hogy a harmadik élő teremtmény ezt mondja: „Jöjj!" És láttam, és íme, egy fekete ló; és a rajta ülőnek **mérleg** volt a kezében."*

A háborúk alatt és után az emberek éheztek a harcok által sújtott területeken, de mivel a folyamatos csatározások részévé váltak a világnak, ettől kezdve **az éhínség** is **állandósult** a **földön**.

4. pecsét:

*Jelenések 6:7-8 „Mikor pedig felnyitotta a negyedik pecsétet, hallottam, hogy a negyedik élő teremtmény hangja így szól: „Jöjj!" És láttam, és íme, egy fakó ló; és a rajta ülő neve **Halál** volt. És szorosan követte őt a hádesz (sírgödör). És hatalmat kaptak a föld negyedrésze fölött, hogy **öljenek** hoszszú **karddal, élelmiszerhiánnyal, halálos csapással** és a föld vadállatai által."*

Az állandósult háborúk miatt az élelmiszerhiányok fokozódtak. S, csatlakoztak hozzájuk a halált okozó **járványos betegséges**.

5. pecsét:
Jelenések 6:9, 11 „*Mikor pedig felnyitotta az ötödik pecsétet, láttam az oltár alatt azoknak lelkét,* **akiket legyilkoltak** *az Isten szava miatt és a* **tanúskodó munka** *(hitvallás, vagy meggyőződés megosztása, tanítása)* **miatt,** *amely megvolt náluk. ... és azt mondták nekik, hogy* **még egy kis ideig nyugodjanak, míg be nem telik** *rabszolgatársaik és* **testvéreik száma is,** *akiket még meg fognak ölni, miként őket is megölték.*"

Majd egy rövid kitérőt téve, a jelenések könyve megemlít egy **várakozási időt,** vagy időszakot amely, az **evangélium-hirdető munka** végéig tart.

6. pecsét:
Jelenések 6:12, 15–16 „*És láttam, amikor felnyitotta a hatodik pecsétet, ... És a föld királyai, a főrangúak és a katonai parancsnokok, a gazdagok és az erősek, minden rabszolga és szabad a barlangokba és a hegyek sziklái közé rejtőzött. És mindegyre ezt mondják a hegyeknek és a szikláknak: „Omoljatok ránk, és rejtsetek el minket Annak arca elől, aki a trónon ül, és a Bárány haragja elől, mert eljött a haragjuk nagy napja, és ki állhat meg?*"

A hatodik pecsét időszakára jellemző a már korábban állandósult problémák – háborúk, éhínségek, járványok – mellett a **sorozatos természeti katasztrófák megindulása.** Az emberiség kollektív tudata és annak megnyilvánulásaira – regények, filmek, stb. – jellemző, hogy sokat foglalkoznak a világvége gondolatával, annak várható idejével, lefolyásával.

A **társadalom viselkedésmódjára** jellemző az erőszak és az **erőszakos gondolkodás**. A politikai megnyilvánulásokra pedig a **fokozott katonai aktivitás**.

Rendkívül fontos szem előtt tartani, hogy az egyes időszakok elteltével az általuk hozott változások, háborúk, betegségek, stb. fenyegetése az adott időszak leteltével nem szűnik meg. A következő időszakra jellemző változások, vagy „csapások"az előzőekkel párhuzamosan haladva tovább mélyítik az emberiség nehéz helyzetét egészen a vég idejéig.

Összehasonlításuk alapján egyértelműen megállapítható a jelentős hasonlóság a jelenések könyve és Máté evangéliuma között. Ám a **legbiztosabb beazonosítási pont** mégiscsak az lenne, ha a hatalmi **jelképek** – „képmás" – **kiosztását** és a társadalom egyes rétegeinek elnyomását is **megtalálnánk** az előrejelzések között. Ezért tovább kell vizsgálódnunk.

7. pecsét:
Jelenések 8:1, 6 „Mikor pedig felnyitotta a **hetedik pecsétet**, csend lett az égben mintegy fél órára. ... És a hét angyal, akinél a **hét trombita** volt, felkészült, hogy megfújja azokat."

A folytatásban **a pecsétek utolsó tagjának** leírása egy pillanatra megtorpan, s a történések összefoglalása helyett **további hét**, trombitaszónak elnevezett kisebb **időszakra tagolódik**. Lássuk, megtaláljuk-e bennük, amit keresünk.

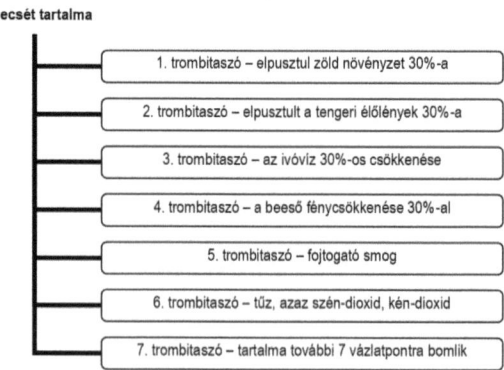

210

Mielőtt azonban rátérnénk a hetedik pecsét vázlatpontjainak áttekintésére, bizonyosodjunk meg róla, hogy valóban ismerünk-e minden, beazonosítható részletet. Ezért térjünk vissza Máté evangéliumához egy kis időre.

Máté ugyanis „pusztító utálatosságként" jellemezte az **utolsó birodalmi törekvésekkel rendelkező,** látszólag békét és biztonságot teremtő **politikai hatalmat** (mely feltételezésünk szerint a Transzatlanti Unió, a jelenések könyvében pedig a „tízszarvú vadállat") amely **hatalmi jelképét** akár **kényszer alkalmazásával** is, **szétosztja** állampolgárai között.

Máté 24:15 „*Mikor tehát meglátjátok a* **pusztító utálatosságot***, amelyről Dániel próféta által szóltak, hogy* **szent helyen áll** *(az olvasó éljen tisztánlátással),"*

Hogyan kerülhet egy politikai hatalom szent helyre, és miért jelenti ez a győzelmét. Úgy, hogy gyakorlatilag kitúrja a Teremtőt az Őt megillető helyről, az emberek szívéből és elméjéből. S a látszólag minden társadalmi problémára megoldást találó **politikai hatalom, és az ahhoz való hűség kerül az első helyre az emberek** – Isten „templomainak" – **értékrendjébe.**

Az evangéliumban jól látható, hogy Jézus is kiemelkedően fontosnak tartotta a társadalmi átalakulást, vagy inkább megosztottságot, melyért a **szuperhatalom a felelős.** Uralma alatt **egyrészt** egy viszonylagos **béke** és **biztonság,** gazdasági **felemelkedés** lesz **tapasztalható** azok számára, akik elfogadják a hatalom jelképét vagy az előzőekben már említett azonosítóját. **Másrészt** a jelképet visszautasító személyeknek ezidőtájt komoly **nehézségekkel kell majd szembe nézni.**

Miután már kétszer is említésre került ez az esemény – szerepelt a jelenések könyve társadalmi eseményeket leíró részében, de előbukkan Máté evangéliumában is – biztosak lehetünk benne, hogy kiemelkedő fontosságú, tehát amikor ezt keressük, jó nyomon járunk.

Máté 24:37–39 „*Mert amilyenek a Noé napjai voltak, olyan lesz az Emberfiának jelenléte is. Mert amilyenek azokban a napokban voltak az* **emberek** *az özönvíz előtt:* **ettek és ittak,** *a férfiak nősültek, a nőket férjhez adták, addig a napig, amelyen Noé bement a bárkába, és* **semmit nem vettek észre,** *mígnem eljött az özönvíz, és elsöpörte mindnyájukat, olyan lesz az Emberfiának jelenléte is.*"

Máté 24:9–14 „*Akkor* **nyomorúságra** *adnak titeket, és megölnek benneteket, és* **gyűlölet célpontjai lesztek** *minden nemzet előtt az én nevem miatt. Továbbá akkor majd sokan* **elbotlanak,** *és* **elárulják** *egymást, és* **gyűlölni** *fogják egymást. És sok* **hamis próféta** *támad, és sokakat* **félrevezetnek;** *és a* **törvénytelenség** *növekedése miatt a legtöbb emberből* **kihűl** *majd* **a szeretet.** *De* **aki mindvégig kitart, az részesül megmentésben.** *És a* **királyságnak ezt a jó hírét prédikálni fogják az egész lakott földön** *tanúságul minden nemzetnek, és* **akkor jön el a vég.**"

Láthatjuk, hogy a **kettős társadalmi helyzet** kialakulása valóságos mérföldkő, mert ezzel elérkezik az **evangéliumhirdető munka befejezése,** egyben a **vég idejének kezdete.**

Máté 24:29–30–31 „*Mindjárt* **ama napok nyomorúsága után** *... látni fogják az Emberfiát eljönni az ég felhőin, hatalommal és nagy dicsőséggel. És* **elküldi angyalait** *nagy trombitaszóval, azok pedig* **egybegyűjtik választottait** *a négy szél felől, az egek egyik végső határától a másik végső határáig.*"

Az elnyomással fémjelzett időszak után – melyről a későbbiekben azt is megtudhatjuk, meddig tart – valami egészen különleges történik. Az Emberfia, azaz Jézus, megközelíti földünk légkörét. Erre utal a fenti idézetben az a kifejezés, hogy elérkezik az Emberfiának jelenléte, vagy egy ezzel fémjelzett időszak az emberiség életében. S nem is egyedül érkezik, égi lények kísérik egy konkrét céllal. Összegyűjtik Jézus választottait az egész lakott földön akkor, amikor a hatodik trombitaszó elnevezésű időszak éppen elmúlik, a hetedik pedig megkezdődik. Ez lenne az isteni ítélet ideje? Nem, hiszen kifejezetten **választottakat** említ, ők pedig konkrét feladattal megbízott, választott személyek, akikről már előző fejezetünkben is esett szó. Ők azok, **akiket sáfárokként** is **említi a Biblia. Megbízottságuk** pedig abból áll, illetve állt, hogy **hirdessék Isten királyságát és tanítsák** meg az **embereket** – az általuk elhívottakat – a bibliai Igazságra, a Jézus által lefektetett szabályok betartására, s **kereszteljék meg őket, hogy** az **Újszövetség tagjaiként** a leendő rendszer **állampolgáraivá válhassanak.** Ez az összegyűjtés csakis a választottakról szól. Kiválasztottságuk és megbízatásuk ugyan csodálatos ajándék, de hatalmas felelősség is, mivel – mindenkit megelőzve – **számot kell adniuk** az elvégzett vagy el nem végzett **munkájukról.**

Jakab 3:1 „Ne legyetek sokan tanítók, testvéreim, hiszen tudjátok, hogy mi súlyosabb ítéletet fogunk kapni."

Minek alapján fogják megítélni őket? Egyrészt, hogy felfogták-e a feladatuk és a kapott információk fontosságát, másrészt, hogy mindvégig hűségesen végezték-e megbízatásukat.

*Máté 24:45–48, 50–51 „Ki valójában a **hű és értelmes rabszolga**, akit az ura kinevezett a háziszolgái fölé, hogy megadja nekik eledelüket a kellő időben? **Boldog** az **a rabszolga, ha az ura**, amikor megérkezik, **ilyen munkában találja őt!** Bizony mondom nektek, **mindene fölé kinevezi. De ha** az **a gonosz rabszolga** azt mondaná valamikor is a szívében: »Késik az én uram«, ... akkor olyan napon jön meg annak a rabszolgának az ura, amelyen **nem várja**, és olyan órában, amelyet nem tud, és **megbünteti őt** a legnagyobb szigorral,"*

A felelősség annál nagyobb, minél több segítséget, szellemi energiát és információt kapott az adott személy Jézustól, illetve Jézuson keresztül magától a Teremtőtől.

213

Máté 25:14-19 „*Mert pontosan úgy van ez, mint amikor egy ember, aki* **külföldre készült utazni, hívatta rabszolgáit,** *és* **átadta** *nekik javait. És az egyiknek adott öt talentumot, a másiknak kettőt, megint egy másiknak egyet,* **kinek-kinek a maga képessége szerint,** *és elment külföldre. Az,* **aki** *az* **öt talentumot kapta,** *azonnal elment, és* **kereskedett velük, és másik ötöt nyert.** *Ugyanígy, aki a kettőt kapta, másik kettőt nyert. De* **aki csak egyet kapott, elment, gödröt ásott a földbe, és elrejtette** *ura ezüstpénzét. Hosszú idő múltán* **megjött** *ezeknek a rabszolgáknak* **az ura,** *és* **számadást tartott** *velük.*"

A számadást vagy számonkérést pedig a következőképpen írja le Jézus a tanítványainak:

Máté 25:20-21, 24, 25, 26, 27, 28, 30 „*Előlépett hát az, aki* **öt talentumot kapott,** *odavitt további öt talentumot, és ezt mondta:* »*Uram, öt talentumot adtál át nekem; íme,* **másik öt talentumot nyertem.**« *Az ura így szólt hozzá:* »**Jól van, jó és hű rabszolga!** *Hű voltál kevesen,* **sok fölé foglak kinevezni.** *... Végül előlépett az,* **aki az egy talentumot kapta,** *...* **elrejtettem a földbe** *a talentumodat. Itt van, ami a tiéd ... Az ura így felelt neki:* »**Gonosz és rest rabszolga,** *... Nos hát, ezüstpénzeimet* **letétbe kellett volna helyezned** *a bankároknál, hogy megérkezésemkor kamatostul kapjam meg, ami az enyém.* **Vegyétek hát el tőle** *a talentumot, és adjátok annak, akinek a tíz talentuma van. ... És* **dobjátok ki a semmirekellő rabszolgát** *a külső sötétségre.*"

Az **ítéletnek**, azaz a választottak megrostálásának **eredményeként** létrejön a hűségesekből, azaz egy, száznegyvennégyezer főből álló bíróság, vagy papság. Akik alkalmassá válnak Isten királyságában a bírói székek betöltésére. S hogyan fog ez a gyakorlatban megvalósulni?

Máté 24:40-42 „*Akkor két férfi lesz a szántóföldön: az* **egyiket** *elviszik, a* **másikat** *otthagyják; két asszony őröl majd a kézi malomnál: az egyiket elviszik, a másikat otthagyják. Kitartóan virrasszatok hát, mert nem tudjátok, melyik nap jön el az Uratok.*"

A még pontosabb megértés végett ide kívánkozik Pál apostol Tesszalonikaiakhoz írt első levelének egy részlete:

1Tesszalonika 4:13-17 „*Ezenfelül, testvérek, nem akarjuk, hogy tudatlanságban legyetek azok felől, akik halálalvásba merülnek; hogy ne búsuljatok úgy, ahogy a többiek is teszik, akiknek nincsen reménységük. Mert ha hisszük, hogy Jézus meghalt és fel is támadt, akkor az Isten ugyanígy azokat is elhozza majd vele együtt, akik halálalvásba merültek, Jézus által. Mert ezt mondjuk nektek Jehova szavával: mi, az élők, akik megmaradunk az Úr jelenlétéig, semmiképpen nem előzzük meg azokat, akik halálalvásba merültek; mivel maga az Úr le fog szállni az égből parancsszóval, arkangyal hangjával és Isten trombitájával, s először feltámadnak, akik Krisztussal egységben halottak. Azután mi, az élők, akik megmaradunk, velük együtt elragadtatunk felhőkben, hogy találkozzunk az Úrral a levegőben; és így mindenkor az Úrral leszünk.*"

Csak ezek után kerülhet sor a **néptömegek megítélésére**, melyet a fentiektől jól elkülönítve és minden félreértést kizárva a következőképpen ír le a Biblia:

Máté 25:31-32, 34, 41, 46 „*Amikor* **az Emberfia megérkezik** *dicsőségében, és* **vele az angyalok** *mind, akkor* **leül** *az ő dicsőséges* **trónjára***. És eléje gyűjtik az összes nemzetet, ő pedig* **különválasztja** *egymástól az* **embereket***,"* … „*így szól a jobbja felől állókhoz:*»**Jöjjetek***, Atyám áldottai,* **örököljétek a világ megalapításától nektek készített királyságot***"* … „*Akkor szól a balja felől állókhoz is:*»**Menjetek** *el tőlem,* **ti átkozottak***, az örök tűzre, amely az Ördögnek és* angyalainak készült." ... „És ezek elmennek az **örök** levágatásra **(pusztulásra)**, az igazságosak pedig az **örök életre**."

Ezek voltak Jézus, mártírhalála előtti, utolsó tanításai a vég idejéről. S akárcsak ránk, tanítványaira is nagy hatással voltak. Olyannyira, hogy feltámadása után, közvetlenül távozása előtt még mindig erről próbálták faggatni. Ám Jézus elzárkózott a válaszadás elől.

Cselekedetek 1:6-9 „Mikor aztán egybegyűltek, kérdezgetni kezdték őt: „Uram, ebben az időben állítod helyre Izraelnek a királyságot?" Ő ezt mondta nekik: „Nem a ti dolgotok, hogy tudomást szerezzetek azokról az időkről vagy időszakokról, amelyeket az Atya a saját fennhatósága alá helyezett; de erőt kaptok majd, amikor a szent szellem eljön rátok, és **tanúim lesztek** mind Jeruzsálemben, mind egész Júdeában, és Szamáriában, és a **föld legtávolabbi részéig**." És miután ezeket mondta, a szemük láttára felemeltetett, és egy felhő takarta el őt a szemük elől."

Évtizedekkel később azonban elérkezettnek látta az időt, hogy közölje János apostollal, s rajta keresztül velünk is a jelenések könyve utolsó üzenetét, mely részletességével és fogódzóival segít eligazodnunk az események között.

János apostol a könyv Jézustól kapott információit egy több lépcsős vázlatban rögzítette, melyből a hét pecsét időszakát már ismerjük, a folytatásban pedig a hetedik pecsét időszakán belül rejlő, **hét trombitaszónak** elnevezett időszakokat fogjuk áttekinteni.

1. trombitaszó:
Jelenések: 8:7 „megégett a föld harmadrésze, megégett a fák harmadrésze, és az egész zöld növényzet megégett."

2. trombitaszó:
Jelenések: 8:9 „elpusztult a tengerben levő **teremtmények harmadrésze**, melyeknek lelkük van, és odaveszett a **hajók harmadrésze**."

3. trombitaszó:
Jelenések: 8:11 „*És ürömmé változott a vizek harmadrésze, és sokan meghaltak az emberek közül a vizektől, mert keserűvé lettek azok.*"

4. trombitaszó:
Jelenések 8:12: „*És megfújta trombitáját a negyedik angyal. És csapás érte a nap harmadrészét és a hold harmadrészét és a csillagok harmadrészét, hogy a harmadrészük elsötétüljön, és **ne legyen fény a nappal harmadrészében**, és ugyanez történjen az **éjszakával is**.*"

Az **első négy trombitaszónak** nevezett időszak **természeti katasztrófák** képét festi elénk. Mely a Föld **növényzetének**, a **tengerek élővilágának** pusztulását, az **ivóvízkészletek** drasztikus megfogyatkozását, valamint a beeső **fény** egy harmadrésszel történő csökkenését tárja elénk.

A négy különböző természeti jelenség közül sajnálatos módon három már évek, sőt évtizedek óta ismerősen cseng a számunkra. Hiszen nap-mint nap kapjuk az egyre elkeserítőbb híreket a Föld állapotáról a televízión, újságokon, és az interneten keresztül.

Gondoljunk csak az esőerdők pusztítására, mely napjainkban – minden tiltakozás és összefogás ellenére – soha sem látott méreteket ölt. Évente Belgium nagyságú **zöld növényzet** (**1. trombitaszó**) válik áldozatává a felégetésnek, azaz a nagyvállalatok mohóságának. Ami mára azt eredményezte, hogy a Föld növényzetének nemhogy az egyharmada, hanem már **több mint a fele semmivé vált**. S, hogy mindez miért? Mert az egyre nagyobb méreteket öltő városiasodás, egyre több húst igényel a városlakók számára, első sorban marhahúst. A marhahús előállításához egyre több takarmányra van szükség. Ám a tömeges marhatartás nem éri be a hagyományos takarmányokkal. Hatékonyabb megoldásra van szükség, a génmanipulált szójára, mely gyors növekedést eredményezve kielégíti a multinacionális mamutvállalatok igényeit a mind nagyobb és nagyobb profit elérése érdekében. A szójának hatalmas területekre van szüksége, melynek közvetlenül Dél-Amerika esőerdei látják a kárát, ám világméretekben az egész Föld belefullad, mivel elpusztítják annak tüdejét. A szójatermelésben kimerített talajból pedig nem marad más hátra, mint holdbéli táj, sivatag, amerre a szem ellát. A WWF (World Wide Fund for Nature) 2010-es Élőbolygó jelentéséből megtudhatjuk, hogy a 60-as évek óta megduplázódott a természeti erőforrások iránti igény. 2007-ben pedig **ökológiai lábnyomunk** (*Jelentése: egy olyan "számviteli koncepció", amely az emberiség bioszférára vonatkozó, egymással versengő igényeit hasonlítja össze a bolygó megújulási kapacitásának megfelelő igényszinttel. Számításba veszi az emberek által használt megújuló erőforrások biztosításához szükséges területeket, az infrastruktúra által elfoglalt, valamint a hulladék elnyeléséhez szükséges területeket.*) **50%-kal múlta felül a föld biokapacitását** (*Jelentése: a rendelkezésre álló összes megújuló kapacitás, ami az ökológiai lábnyom által összegezett igények kielégítésére rendelkezésre áll.*), vagyis **annak a területnek a nagyságát, amely rendelkezésre áll** a megújuló **erőforrások előállításához** és a felesleges **szén-dioxid** (CO2) **elnyeléséhez**.

Ezt hívjuk **ökológiai deficitnek** vagy ökológiai túlhasználatnak, ami azóta is folyamatosan növekszik. 1970 óta, vagyis kevesebb, mint két emberöltő alatt például a gerinces fajok populációinak mérete a felére csökkent, élőterük felelőtlen pusztításának köszönhetően, holott ezek az élőlények alkotják az ökoszisztémák szövetét, amelyek fenntartják az életet a Földön, és egyúttal barométerei annak, amit saját bolygónkkal, egyetlen otthonunkkal teszünk.

A **tengerek élővilágának** (**2. trombitaszó**) rohamos pusztulásáról is gyakran szólnak a hírek. Egy, a 2010-ben közölt felmérések alapján 1970-óta a tengerben élő **halállomány 28%-át már túlhalászták**, napjainkban pedig a tengeri halállományoknak már több mint felét (52 %), így növekedésre, a lehalászás és a fajok szaporodása közti egyensúlyi állapot visszaállítására nincs lehetőség.

A piacok keresletének 30 százalékát kitevő **legkeresettebb 10 faj** állományainak **többsége** már vagy eltűnt, vagy elkeseredett küzdelmet folytatnak pótlásukra, különböző organikusan tenyésztett mesterséges szaporulatok előállításával. Ennek ellenére a helyzet, azóta is romlik, mivel az éves lehalászás szintje 2014-re elérte a 87 millió tonnás elképesztő mennyiséget. Ezzel egyidőben az édesvízi fajok élő bolygó indexe átlagosan 76%-os csökkenést mutat. Az emberi nemtörődömség és pazarlás folytatódik, holott a hal az emberek számára létfontosságú. Emberek milliárdjainak jelent, illetve jelenthetne központi élelemforrást.

Az idézet második része pedig a **hajókról** illetve azok egyharmad részének pusztulásáról szól. Az emberi társadalom energiaéhsége kielégíthetetlen. Éves szinten, és elképesztő mennyiségben kitermelt kőolaj legolcsóbb szállítási módja a hajóztatás. S, hogy az még költséghatékonyabb legyen, a multinacionális vállalatok válogatás nélkül veszik igénybe a biztonságtechnikailag alkalmas és kevésbé alkalmas szállítóeszközöket egyaránt.

A kiöregedett, szállításra már alkalmatlan tankerhajók az óceánok és tengerek vizein egyre-másra szenvednek balesetet. Hullámsírba süllyedésük során tonna milliókban mérhető nyers kőolajjal, vérvörös gyilkos lepedékkel (**Jelenések 8:8** „*És vérré vált a tenger harmadrésze,*") árasztják el a vízfelszínt, mely minden élőt elpusztít, amihez csak hozzáér.

A Föld vízkészletének csupán a 3%-át kitevő **ivóvízkészletek** (**3. trombitaszó**) szintén **rohamosan csökkennek,** mind az ipari felhasználók, mind a privát személyek, háztartások mérhetetlen **pazarlása által.** Becslések szerint 1995-ben 1,8 milliárd ember élt komoly vízproblémákkal küzdő területeken (UNESCO-WWAP, 2006). 2025-ben pedig már a Föld lakosságának akár kétharmada, 5,5 milliárd ember élhet mérsékelt vagy komoly vízszűkével küzdő területeken (UNESCO-WWAP, 2006).

A vízhiány megindította a vele való **aktív kereskedelmet.** A saját vízkészletekkel nem rendelkező országok igyekeznek előnyös üzleteket kötni, gazdasági és kereskedelmi ellenszolgáltatások árán biztosítani saját lakosságuk vízellátását. 2013 októberében Budapesten tartották az ENSZ által szervezett Víz Világtalálkozóját, mely alkalmával Magyarországot kiemelt figyelem övezte különösen az ivóvízben szegény arab országok részéről. A vízforrások jelenlegi kizsigerelése az emberiség gyarapodásával és a gazdasági növekedéssel csak még akutabb problémává válik. A problémák okozói között találjuk a folyók vízgyűjtő területeinek egymástól való elszigetelődését (gátak, vízgyűjtők vízkoncentrációja), a túlzott vízkitermelést (az ipar, a termelők és a kereskedelem pazarló vízfelhasználása) és a vízszennyezést (Naponta kétmillió tonna szennyvizet és más szennyező anyagot engednek bele a világ vizeibe (UNESCO-WWAP, 2003). A szennyvízhelyzet a fejlődő országokban különösen akut, itt a kezeletlen ipari hulladékok 70 százalékát a vizekbe engedik, beszennyezve a létező vízkészleteket (UN-Water, 2009). A következményként jelentkező vízminőség romlás alapvető hatást gyakorol a fajok és élőhelyek egészségére. Ráadásul a romló vízminőség az alsó szakaszok vízhasználóinak egészségét is érinti.

Az **emberiség jelenlegi fogyasztási üteme mellett**, legyen szó akár az erdőkről, akár a tenger halállományáról, az ivóvízről, vagy az energiahordozókról, **a Föld erőforrásai** egyes szakértők szerint már 2030-ra **biztosan elfogynak**. Az ökoszisztémák azonban hamarabb összeomlanak, mint ahogy a bennük levő erőforrások teljesen kifogynának. Tehát összeomlásuk nem azt jelenti, hogy nem lesz egy fa sem az esőerdőkben, vagy egyetlen hal sem a tengerekben, hanem azt, hogy elérve a fajok reprodukciós képességének végső határát, semmi sem tudja majd megállítani kihalásukat.

A 7. pecsét negyedik vázlatpontjában a jelenések könyve a **fény 30%-os csökkenését** (**4. trombitaszó**) említi. Bár ez a szám soknak tűnik, bizonyosan nem okoz sötétséget. Ahhoz azonban elegendő kell, hogy legyen, hogy észleljük. Vagy mégsem? Létezne, hogy ez a folyamat a szemünk előtt megy végbe és mégsem látjuk?

Igen, méghozzá pont úgy, mint a béka és a forró víz esetében, ha ugyanis a békát forró vízbe dobjuk, azonnal reagál – észlelve környezete **drasztikus** változását – és kiugrik, ám ha hideg vízbe tesszük, és lassan forralni kezdjük a vizet alatta, a béka a vízben marad, és lassan megfő. A körülötte zajló események **fokozatossága** megcsalja az érzékszerveit.

Akárcsak a miénket, ugyanis a National Geographic Magyarország 2010-es kiadványában hírül adta, hogy Atsumu Ohmura, a Svájci Szövetségi Technológiai Intézet földrajzkutatója először 1985-ben nyilvánosságra hozta felfedezését, miszerint a Föld felszínét érő napsugárzás **a hatvanas évektől a nyolcvanas évek** végéig **több mint 10%-al csökkent**. Ezt a jelenséget a szakértők ma már **globális elhomályosodásnak** (global dimming) nevezik, s átlagosan **minden tíz esztendő** elteltével – belekalkulálva az események fokozatos gyorsulását is – **további 3,5-4%-os csökkenéssel kell számolnunk**.

Az elhomályosodás nem érinti egyformán a Föld különböző területeit. **Már szemmel is érzékelhetően csökkent** a fény Írországban, Japánban, az Északi- és a Déli-sarkon. Sőt az **egykori Szovjetunió egyes térségeiben már 20 %-ot meghaladó mértékben csökkent a napsütés**.

Viszont az Egyenlítő táján és a déli féltekén **alig észlelhető** a jelenlegi fénymennyiség-csökkenése, ám ha tovább tart ez a tendencia, akkor természetesen ott is érzékelhetővé válik és problémákat okoz, ahogyan az említett és érintett országokban. Az elhomályosodás ugyanis jelentősen **befolyásolja a növények fotoszintézisét**, így **kihatással van a növénytermesztésre**. Shabtai Cohen és Garald Stanhill az izraeli Bet Daganban működő Volcani Centre tudományos munkatársai 2001-ben publikálták először tudományos eredményeiket a témában, melyben kiemelték, hogy azokon a területeken, ahol jelentősebb a felhősödés, ott a globális elhomályosodás negatív hatásai is fokozottabbak. Ilyen terület például Anglia vagy Hollandia, ahol – Cohen szerint – egy százaléknyi sugárzáscsökkenés egy százaléknyi visszaesést okozhat a melegházak termelékenységében. Hosszabb távon pedig az egész Világ élelmiszertermelésében, a Világ egyre növekvő népességének élelmezésében.

A fent említett kutatók megállapításaihoz csatlakozott Jim Hansen, a NASA Goddard Intézetének vezető klímamodellezője is, azzal egészítve ki megállapításukat, hogy a napsugárzásnak csak egy része nem jut el a Föld felszínére. A látható és az infravörös tartományba tartozó fény akad el „valahol", míg a káros ibolyántúli sugárzás zavartalanul áttör a kilyuggatott ózonpajzson. Feltevése szerint a légkör szennyezettsége lehet érte a felelős. Ugyanis a koromszemcsék, s egyéb kémiai anyagok visszaverik a napfényt. A kutatók folyamatos mérései alapján napjainkban már átlagosan 20–22%-os csökkenést lehet kimutatni a Földön. Ez azt jelenti, hogy a bibliai 30% eléréséig még legalább 20 év áll a rendelkezésünkre, hogy tegyünk is valamit a bolygónkért.

A fenti négy globálisan érzékelhető, mérhető és bizonyítható természeti jelenség, valamint az azokkal hátborzongatóan egybe vágó bibliai megállapítások alapján száz százalékos bizonyossággal kijelenthetjük, hogy **ma** – a Biblia egyedi szimbolikáját segítségül hívva – **a hetedik pecsét – negyedik trombitaszó" időszakában járunk**, mely várhatóan 2036 év decemberéig fog tartani.

A „trombitaszó" elnevezésű vázlatpontjaink áttekintésének kezdetén, én magam is arra számítottam, hogy ezek a dolgok tőlünk még bizonyosan messze állnak. De ez nem így van. Ma már pontosan tudjuk, hogy hol tartunk, de tudnunk kell azt is, hogy mi az, ami még előttünk áll. Három különleges fejezet, melyben a természeti jelenségekhez olyan társadalmi változások is társulnak, melyekről korábbi fejezeteinkben már ugyan esett szó, de most érkeztünk el ahhoz, hogy időben is el tudjuk helyezni őket. Nem véletlen hát, hogy maga a Biblia is fel kívánja hívni erre a figyelmet.

Jelenések 8:13 „És láttam, és hallottam, hogy egy sas, mely az ég közepén repült, harsány hangon ezt mondja: **„Jaj, jaj, jaj** azoknak, akik a földön laknak, a másik három angyal trombitájának hangja miatt, akik még ezután fújják meg trombitájukat!"

Mit prognosztizál a látomás? Azt, hogy a Föld természeti erőforrásait nem lehet büntetlenül kihasználni. Mert, ahogy azt divatos kifejezéssel élve mondani szokták, a fagyi visszanyal. S bár **lokális** szinten már sokszor és sok helyen történtek emberáldozatok százait, ezreit követelő földrengések, hurrikánok, stb., az egész Földet és emberéletek millióit érintő **globális** katasztrófát mindezidáig még nem okozott az emberiség „egyszer élünk" viselkedése. Ám ez az ötödik trombitaszó időszakától megváltozik.

5. trombitaszó (1. „Jaj")

Jelenések 9:2, 4, 5 „*És megnyitotta a mélység vermét, és a veremből **füst** szállt fel, mint egy nagy kemence füstje, és a verem **füstjétől elsötétült a nap, és a levegő** is. ... a föld növényzetének ne **ártsanak**, se semmilyen zöldnek, se semmilyen fának, hanem **csak azoknak az embereknek**, akiknek **nincs a homlokukon az Isten pecsétje**. ... **ne öljék meg**, hanem **öt hónapig kínozzák őket**,*"

Az evangéliumíró János, a jelenések könyvében olyan **nagy füstöt** említ és jegyez le figyelmeztetésként az utókor, azaz számunkra, mely egyszerre **borítja be fölöttünk az eget és tölti meg a levegőt**. A füst hétköznapi értelemben egy egyszerű égéstermék, tűz keletkezésekor, azaz égési folyamat lezajlásakor kerül a levegőbe. Ám ez a füst, amely képes az egész földet – globálisan – beborítani, nem hétköznapi jelenség.

Az égési folyamat lezajlása során keletkező **füst legnagyobb részét a szén-dioxid alkotja**. Kérdés tehát, hogy hol és mikor, pontosabban hol és mikortól kerülhetett a levegőbe az, az óriási mennyiségű szén-dioxid, amely **mára** már **az egész földet veszélyezteti**. A szén-dioxidnak a levegőben való nagy tömegű megjelenése az 1900-as évek elejére, az ipari forradalom beköszöntének idejére tehető. Az ipar szinte minden ágazatában, legyen az energia- és üzemanyag-előállítás, iparcikktermelés, gyógyszergyártás, stb. a gyárak, az üzemek, minden elővigyázatosság és szűrés nélkül, felelőtlenül ontották magukból, a ma már köztudottan **veszélyes, üvegházhatást okozó**, azaz a **globális felmelegedésért** és a **klímaváltozásért** leginkább **felelős gázt**. Nem voltak – mint ahogy sokan ma sincsenek – tisztában vele, hogy a szén-dioxid a légkörben több száz évig, az óceánokban pedig még hosszabb ideig megmarad.

Az atmoszférában felhalmozódó szén-dioxid-koncentrációt ma már képesek vagyunk mérni és nagyságát számokban is kifejezni. A légkörben megtalálható részecskék mennyiségéhez képest, meg tudjuk határozni a szén-dioxid mennyiségének növekedését vagy csökkenését. Erre szolgál a **szén-dioxid légköri koncentrációjának mértékegysége a ppm** (parts/millio avagy részecske/millió). Ahhoz azonban, hogy a változásokat nyomon tudjuk követni, szükségünk van egy viszonyítási értékre is. S az erre leginkább alkalmas viszonyítási érték az **ipari forradalom előtti** szén-dioxid szint meghatározása.

A klimatológusok az északi-sarki jégsapkákból vett minták alapján megállapították, hogy az ipari forradalom előtt a szén-dioxid koncentrációjának mértéke **278 ppm** volt. Ezen érték változását a Meteorológiai Világszervezet (WMO) globális légkörfigyelő hálózata mintegy 130 állomáson követi figyelemmel. A folyamatos mérések alapján tájékoztatásuk szerint a szén-dioxid-koncentráció **2012-re elérte 394 ppm** értéket, azaz az ipari forradalom előtti érték 140 százalékát. S az utóbbi tíz évben **évente átlagosan több mint 2 ppm növekedést** regisztráltak. Továbbá a koncentráció növekedésében megfigyelhető egy fajta **trend**, mely az évszakok és az éghajlati övek változását követi. A koncentráció növekedése az északi–sarki megfigyelőállomáson, a tavaszi időszakban észlelhető először, s ez a trend fokozatosan délebbre tolódik, hasonlóan a beeső fény csökkenéséhez, mely szintén az északi területeken észlelhető először, s fokozatosan terjed déli irányba. **2014 áprilisában** a Föld északi féltekéjének szén-dioxid koncentrációja először lépte át a **400 ppm lélektani** és **tudományos** küszöböt. A WMO jelentése szerint a **globális koncentráció 2016-ban** pedig az egész Földön meg fogja haladni a 400 ppm-et, mint **lélektani határt**. Ennek kapcsán Michel Jarrau, a WMO főtitkára arra figyelmeztet: „amennyiben meg akarjuk őrizni a bolygót a következő nemzedékeknek, sürgős lépéseket kell tennünk az üvegházhatású gázok kibocsátásának megfékezésére, mert kifutunk az időből".

A klímakutatók – többek között Stefan Rahmstorf, a Potsdami Intézet kutatója – szerint, ha – a több mint 2%-os éves növekedéssel számolva kevesebb, mint 25 év alatt – elérjük a széndioxid koncentráció 450 ppm értékét, akkor a napjainkban tapasztalható klímaváltozás, a globális felmelegedés, s az általa várható tengerszint-emelkedés oly mértékben fog felgyorsulni, hogy az emberiség a jelenlegi társadalmi és gazdasági fejlettségi szintet fenntartva képtelen lesz alkalmazkodni a megváltozott éghajlati viszonyokhoz.

János a jelenések könyvében még nem írhatta le, hogy a széndioxid koncentrációja okoz majd gondot az emberiségnek, hiszen maga sem tudta. De mi, már képesek vagyunk beazonosítására.

Mind a mai tudományos ismereteinkből, mind pedig az idézetből tudjuk, hogy a fenti **koncentrációnövekedés káros hatással** lesz a Föld lakosságára, s nem csak lokálisan, hanem **globálisan is**. Ám ez még **nem okoz közvetlen elhalálozást**, ami persze nem zárja ki, hogy másodlagos, azaz a megnövekedett szén-dioxid hatására kialakult betegségek ne okozhatnának komoly problémákat.

A következő megválaszolatlan kérdés, hogy az **ötödik trombitaszó** néven említett időszak időtartama miért éppen **öt hónap**. A közelmúlt technikai vívmánya adja meg rá a választ. 2014 júliusában a NASA kifejezetten a szén-dioxid és a szén-monoxid terjedési jellemzőinek megfigyelésére, pályára állította OCO-2 elnevezésű műholdját. A műhold által készített felvételekből a NASA Goddard kutatóközpontja egy szuper-számítógépes vizualizáció segítségével egy videót állított össze, mely egy év összegyűjtött adatait néhány percbe sűríti. (lásd INDEX 2014.11.18.)

A videóból idő- és mennyiségbeli értékek is leolvashatóak, melyek szerint minden év decemberétől a következő év májusáig – azaz a növényzet lombtakaró nélküli, fotoszintetizálásra képtelen időszakáig – tapasztalható a legmagasabb koncentrációja mind a szén-dioxidnak, mind pedig a szén-monoxidnak. Pontosan öt hónapon keresztül, várhatóan 2036 decemberétől 2037. április vége – május elejéig, ahogyan azt a Bibliai is prognosztizálja.

Azonban nemcsak a természeti, a társadalmi változásokra utaló jeleket is figyelemmel kell kísérnünk. Az ötödik pecsét idejének kezdetétől egyre intenzívebbé válik egy láthatatlan **szelekció** a világ népessége körében.

Jelenések 6:9–11 *„Mikor pedig felnyitotta az ötödik pecsétet, láttam az oltár alatt azoknak lelkét, akiket legyilkoltak az Isten szava miatt és a tanúskodó munka miatt, amely megvolt náluk. És harsány hangon ezt kiáltották: „Legfőbb Úr, te szent és igaz, meddig tartod még vissza magad az ítélkezéstől és attól, hogy bosszút állj a vérünkért azokon, akik a földön laknak?" És egy fehér köntöst kaptak mindnyájan, és azt mondták nekik, hogy még egy kis ideig nyugodjanak,* **míg be nem telik rabszolgatársaik és testvéreik száma is***, akiket még meg fognak ölni, miként őket is megölték."*

Ahogyan az a fenti idézetből is kiderült, az evangéliumhirdető választottak az idők során **folyamatosan pecsételődtek és pecsételődnek el,** s **az öt hónapig tartó füst időszakának kezdetére** (2036. december), **várhatóan** ez a folyamat **befejeződik.** Az emberiség jelenlegi népességét tekintve vajon észlelhető lesz valamiféle különbség az elpecsételtek és a népesség többi tagja között? Igen, mivel a „füst" nem mindenkire lesz ártalmas, csak azokra**, „akiken nincs az „Isten pecsétje".** Ám ebben az esetben a „csak" megtévesztő, mivel a Föld népességének 99,9 %-át jelenti.

Továbbá az is bizonyos, hogy a **két hatalmi pillérnek számító** „kétszarvú vadállat" (EU és az USA) ebben az időszakban **még nem ösztönzi lakosait** a szuperhatalom (a tízszarvú vadállat, feltételezetten a Transzatlanti Unió) **jelképének elkészítésére.** Tehát a **tízszarvú vadállat egyik tagállamának** – a színfalak mögött akaratlagosan előidézett – **társadalmi,** **gazdasági végveszélybe kerülése** ekkor **még várat magára.**

6. trombitaszó, (2. „Jaj")
A következő időszak (2037 májusától 2043. szeptember/októberig) olyan nagy jelentőséggel bír, hogy maga a Bibliai is két nagy részre osztja.

Először a természeti jelenségeket, illetve azok változásait, a környezetszennyezés mértékét és kihatását veszi számba. De miután a **tűz** és a **füst** már ismerős szimbólumok a számunkra, sokkal könnyebb lesz őket értelmezni.

*Jelenések 9:13 „És megfújta trombitáját a hatodik angyal"
Jelenések 9:18 „Ez a **három csapás ölte meg az emberek harmadrészét**: a szájukból kijövő **tűz, füst** és **kén**."
Jelenések 9:20 „De a többi ember, akit nem öltek meg ezek a csapások, nem bánta meg keze cselekedeteit"*

Az **emberiség nem hagy fel** természeti környezetének pusztításával, az **esőerdők felégetésével**, a **földgáz**, a **kőolaj**, a **kőszén kitermelésével**, azaz a **fosszilis anyagok elégetésével**, egyre több káros anyag kerül a levegőbe, a talajba és a vizekbe. Meggondolatlan, önpusztító, **profitorientált gazdasági törekvéseinek továbbra sem fog véget vetni**, igényeit nem korlátozza, sőt egyre több és több energiára, vízre, termőterületre, élelmiszerre és iparcikkekre lesz szüksége.

De csak egy Föld áll a rendelkezésünkre. A környezettudatos gondolkodás ugyan terjedni látszik, de nem eléggé, mert a megújuló energiaforrások jelenlegi, telhetetlen energiaéhségünket nem képesek csillapítani. Ahhoz, hogy ezt ma fedezni tudjuk, már másfél bolygó nyújtotta energiára lenne szükségünk, s az igények a maihoz hasonló ütemű növekedése mellett a WWF 2010-es élőbolygó jelentése szerint **2030 után már két földnyi bolygó természeti erőforrásai is kevésnek fognak bizonyulni** (lásd WWF 2010 élő bolygó jelentés).

Hogyan lesz képes az ember a megváltozott természeti környezethez, az üvegházhatásnak köszönhető globális felmelegedés okozta klímaváltozáshoz, katasztrofális természeti jelenségekhez, az energiahordozók csökkenéséhez alkalmazkodni? A

szervezete csak fokozott vitamin és gyógyszertámogatással. Az **életvitele** az elektromosság nagyobb mértékű kihasználásával, mint például az elektromos áram fokozott használatával, vagy például az elektromos autók elterjesztésével, az akkumulátorban tárolható energia felhasználásával. Az **élelmezése** a még hatékonyabb műtrágyák, növényvédőszerek és hibrid állatok, valamint növények kifejlesztésével.

Egy pillanatra úgy nézhet ki, hogy meg is találtuk a megoldást az ember – saját maga okozta – problémáira. Ám a látszat – mint mindig – most is csal. Ugyanis a Biblia által említett harmadik „csapás" nem más, mint a kén, illetve a levegőbe bocsátott **kén-dioxid** (SO2), mely egy erősen agresszív kémiai vegyület. Szobahőmérsékleten színtelen. Szúrós szagú, mérgező gáz, belélegezve a nyálkahártyát izgatja, a vörösvérsejteket roncsolja. A mikroorganizmusokat elpusztítja. Jellemzően az ipar mellékterméke. Leginkább a **villamos erőművekből**, szén (60%) és a kőolajszármazékok (25%) elégetése során kerül a levegőbe.

Mégis hogyan kerülhetünk kapcsolatba vele? Pont azon újítások kapcsán, amiket az előbbiekben felsoroltunk. A kén-dioxid legnagyobb kibocsátói a **villamos erőművek**, a **műanyaggyártók**, a **műtrágya** és **növényvédőszer gyártók**, a **gyógyszergyártók**.

Van azonban egy másik módja is. A megoldáskeresésből fakadó **fizikai** és **kémiai** tudományos **elméletek**, s az ezeket bizonygató **kísérletek kapcsán**, melyek a **globális felmelegedésnek** különböző módszerekkel **próbálnak gátat szabni**. Ezek az ökotechnológiai – **geo-engineering** – módszerek alapvetően két fő irányvonalat képviselnek. Az egyik közülük a szén-dioxid **közvetlen kivonása** a légkörből, a másik pedig a Földre jutó **hőmennyiség csökkentése**.

Az **első módszert** képviseli a New York-i Columbia Egyetem munkatársa, **Klaus Lackner**, aki egyszerűen hatalmas szén-dioxid-elszívó tornyok felállítását javasolja, amelyek a káros gázt kiszűrnék és a talajba pumpálnák. Ennek a módszernek az a hátulütője, hogy legalább 30 millió (!) ilyen toronyra lenne szükség világszerte, hogy érezhető legyen a hatásuk. Ám a legnagyobb gond vele mégiscsak az, hogy megvalósításához nincs meg a technikai háttér.

A **második módszer** képviselője, és a már folyamatban lévő kísérletek vezetője **Paul Crutzen** – Nobel-díjas kémikus, az ózonlyuk felfedezője – aki azzal a merész gondolattal állt elő, hogy **juttassanak kén-dioxidot** a **sztratoszférába**, azaz több mint 10 kilométeres magasságba. Itt a kén-dioxid a levegő más részecskéivel cseppeket alkotna, amelyek a napsugárzás egy részét visszatükröznék az űrbe, amitől majd a Föld lehűl, vagy nem. Összegezve tehát azzal, hogy elégetjük a Föld tüdejét, a „füst" semlegesítésére képes zöld növényzetet, továbbá évről-évre iszonyatos mennyiségű szén-dioxidot juttatunk a légkörbe, valamint hozzá adjunk, a már kis mennyiségben is mérgező kén-dioxidot, mi magunk válunk felelőssé a Föld lakossága egyharmad részének pusztulásáért. S mit tesz az ember embertársai pusztulása láttán? Semmit. Még csak bűntudata sincs. Hogyan összegzi Timóteusz – Pál apostol tanítványa – az említett időszakban tapasztalható emberi magatartásokat?

2Timóteusz 3:1–5 „Azt pedig tudd meg, hogy az utolsó napokban nehezen elviselhető, válságos idők lesznek. Mert az emberek önmagukat szeretők lesznek, pénzszeretők, önteltek, gőgösek, káromlók, szüleik iránt engedetlenek, hálátlanok, illojálisak, természetes vonzalom nélküliek, olyanok, akik nem készek semmilyen megegyezésre, rágalmazók, önuralom nélküliek, vadak, a jóságot nem szeretők, árulók, keményfejűek, büszkeségtől felfuvalkodottak, inkább gyönyörszeretők, semmint Istent szeretők, akiknél megvan az Isten iránti odaadásnak egy külső formája, de erejére nézve hamisnak bizonyulnak; és ezektől fordulj el."

Azt, hogy a Föld és annak minden természeti erőforrása végveszélybe került, az ember bűnös mivoltára, önzésére és álságos viselkedésére vezeti vissza. Hiszen – a bűnbeesés óta – mindenkiben ott laknak a fenti rossz tulajdonságok, csak az a kérdés, hogy hagyjuk-e magunkon eluralkodni őket. Kezelésükhöz feltétlenül szükség van hiteles tanácsokra és módszerekre. Ám ilyenekkel csak az tud szolgálni, aki ismeri születésünket, létezésünk hogyanját és miértjét. Tőle – s nem egymástól – kellene tanácsot kérni, tanításait elolvasni, megérteni és nem utolsó sorban követni. De miután ez túl sok energiát emészt fel, s túl sokat kellene érte küzdeni, inkább eljátsszuk az istenfélőt egymás előtt. Álszentségből és képmutatásból templomokba és egyéb hitéleti összejövetelekre járunk, s tesszük ezt olyan szorgalommal, hogy már magunk is el hisszük, hogy ez így helyes. Ám, ha ez valóban így lenne, akkor a templomból kilépő ember már nem saját magát imádná és bálványozná tovább, nem a saját igényeit, vágyait akarná minden áron megvalósítani, úgy, hogy annak tekintet nélkül mindent és mindenkit alárendel, hanem a Teremtőtől tanult módon összhangban élne környezetével. De láthatóan ma nem ez a helyzet. Ember embertől vár tanácsot és tetteket, vezeti a vak a világtalant. Most azonban továbbra is a hatodik trombitaszó idejénél maradva lássuk, hogy milyen instrukciót kap János:

Jelenések 10:11 „És ezt mondják nekem: „Ismét népekről, nemzetekről, nyelvekről és sok királyról kell prófétálnod."

Innentől a népesség, a **társadalom és a politika jellemzésére** tér át az Írás.

Jelenések 13:1 „És láttam egy **vadállatot** feljönni a tengerből, **tízszarvút** és hétfejűt, és a szarvain tíz diadémot, a fejein pedig káromló neveket."

János figyelme a szuperhatalom, az **utolsó** – Rómához hasonló – **birodalmi törekvéseket** dédelgető **politikai szövetség** (Transzatlanti Unió) felé fordul. Melynek **hét feje**, azaz **hét vezető tagállama** van (G7), de tíz szarvat, és tíz hatalmi jelképet – diadém, vagy korona – visel. Mivel hatalma a világ nagy részét felölelő **államok szövetségekből** fakad, s ez által **képes a világ eseményeinek befolyásolására**. Önmagában mindez vajon indokolhatja hatalmas erejét és befolyását? Nem valószínű. Kell, hogy legyen még valami más is a háttérben!

Jelenések 13:2 „*És a vadállat a sárkánytól kapta erejét és trónját, s nagy hatalmat is kapott.*"

Ereje és hatalma tehát csak **részben a sajátja**, mert jelentős **támogatást kap** a Teremtővel szembeforduló **égi lények szövetségétől**, amit a **sárkány jelképez**. Majd megtörténik az a bizonyos esemény, amire eddig vártunk, amit támpontként kineveztünk ahhoz, hogy időrendi sorrendbe állíthassuk a várható világeseményeket.

Jelenések 13:3 „*És láttam, hogy az egyik fejét* **mintha halálosan megsebezték volna***, de* **begyógyult halálos sebe***, és az egész föld csodálattal követte a vadállatot.*"

A gazdasági spekulációk és a társadalmi összeférhetetlenség, valamint a terrorcselekmények okozta **válság a hét nagyhatalom egyikének hatalmát** jelentősen **meggyengíti**, mintha halálos sebet kapott volna. De a Transzatlanti Uniónak köszönhetően **talpra fog állni**. Sőt megerősödik, de nem csak ő, hanem azok a nagyhatalmak is, akik megsegítették. E sikeres összefogással **demonstrálják képességüket a „béke és biztonság" megteremtésére**. Ezáltal **elnyerik** majd nemcsak saját állampolgáraik, de **a Föld lakossága túlnyomó részének bizalmát** is.

A **vadállat** – mint politikai egységek összefogása – elkezdi erejét, akaratát, mint a béke zálogát, és **hatalmát** két fő támaszán, **a kétszarvú vadállaton keresztül intenzíven gyakorolni.**

Jelenések 13:11 „*És láttam egy másik vadállatot feljönni a földből, ennek pedig* **két szarva** *volt, mint egy báránynak, de úgy kezdett szólni, mint egy sárkány.*"
Jelenések 13:12–13 „*vadállatnak (***a Transzatlanti Uniónak***) minden hatalmát gyakorolja (***az USA és az EU***) an-*

nak színe előtt. És tesz róla, hogy a föld és akik rajta laknak, imádják az első vadállatot, melynek begyógyult halálos sebe. És nagy jeleket tesz"

Mennyi időre lesz vajon szüksége a Vadállatnak és két képviselőjének a hatalom és befolyás ilyen mértékű koncentrálásához és az emberek meggyőzéséhez. **Három periódust** különít el a prófécia, melyből az **első periódus a következő**:

Jelenések 11:3 „*Én pedig teszek róla, hogy a két tanúm* ***ezerkétszázhatvan napig*** *prófétáljon zsákruhába öltözve."*

Az **ezerkétszázhatvan nap** (1260) a régi zsidó naptár szerint pontosan **három és fél évet** takar, mely az ötödik trombitaszó, **öt hónapig** tartó időszakának **végétől**, 2037 májusától – 2040. szeptember/októberéig **számolandó**. Ám az idézet nemcsak az időt, egy fontos eseményt is meghatároz. Mégpedig arról tájékoztat, hogy **a világméretű evangéliumhirdető munka** – a „két tanú", a mózesi és a jézusi szövetség és képviselőik – a földtörténet abszolút igazságát híven tanító választottjainak munkája **befejeződik**.

Máté 24:14 „*És a* **királyságnak** *ezt* ***a jó hírét prédikálni fogják az egész lakott földön*** *tanúságul minden nemzetnek, és akkor jön el a* ***vég***.*"*

Mi fog történni a három és fél év letelte után. Talán a világvége? Még mindig nem, ellenkezőleg egy viszonylagosan **békés időszak**, s a hatodik trombitaszó-időszak **második periódusának** kezdete.

Jelenések 13:4–5 „*És imádták a sárkányt, mert ő adta a hatalmat a vadállatnak, és ezekkel a szavakkal imádták a vadállatot: „Ki hasonló a vadállathoz, és ki tudna harcra kelni ellene?" És nagyokat mondó és káromlásokat szóló szájat kapott, és hatalmat kapott ahhoz, hogy* ***cselekedjen negyvenkét hónapig***.*"*

A második periódus láthatóan **42 hónapig** fog tartani, ami **szintén ezerkétszázhatvan** (1260) **nap,** azaz **három és fél év,** mely időszakban a következő események várhatók:

*Jelenések 11:7 „Mikor pedig befejezték tanúskodásukat, a mélységből feljövő vadállat **háborút indít ellenük,** s legyőzi és megöli őket."*

*Jelenések 13:7-8 „És megadatott neki, hogy háborút viseljen a szentek ellen, és **legyőzze őket,** és hatalmat kapott minden törzs, nép, nyelv és nemzet fölött. És imádni fogják mindazok, akik a földön laknak; egyikük neve sincs beírva az élet tekercsébe, mely a levágott Bárányé, a világ megalapításától fogva."*

A bibliai szimbólumok tanulmányozása során már sok mindent ismerünk, többek között azt is megtanulhattuk, hogy ami első olvasatra háborúnak látszik, biztosan nem az.

*Jelenések 13:16-17 „És **kényszert** alkalmaz mindenkivel szemben, kicsikkel és nagyokkal, gazdagokkal és szegényekkel, szabadokkal és rabszolgákkal szemben, **hogy jelet kapjanak a jobb kezükre** vagy a **homlokukra,** és hogy senki ne tudjon venni vagy eladni, csak az, akin rajta van a jel, a vadállat neve vagy nevének száma."*

Ezt az eseményt kerestük egészen idáig, s a háború nem más, mint egy **kényszerintézkedés,** melyet a Vadállat **két hatalomgyakorlója hajt végre.** S aki egy szuperhatalom akaratával szembe helyezkedik, arra nem vár fényes jövő, sokkal inkább nehézségek, üldöztetés, kísértések, hiszen az embernek vannak természetes vágyai. Ezek közé tartozik a megélhetés biztosítása, családja ellátása, bizonyos kényelmi javak megszerzése, stb. Ezek legalább úgy alááshatják az ember kitartását, mint a politikai kényszer. Pontosan erre hívja fel a figyelmet Dániel a következő idézetben.

Dániel 11:32-35 *"Akik gonoszul cselekszenek a szövetség ellen, azokat hízelgő szavakkal hitehagyásra veszi rá. Azok az emberek viszont, akik ismerik Istenüket, diadalmaskodnak, és eredményesen cselekszenek. A nép közül pedig **az éleslátású személyek** (választottak) sokakat megértéshez segítenek. Ám **elbuktatják őket néhány napra karddal és tűzlánggal, fogsággal és fosztogatással**. De amikor **elbuktatják őket, egy kis segítséget kapnak**, és sokan **hízelgéssel csatlakoznak hozzájuk**. Az éleslátású személyek közül is **elbuktatnak néhányat**, hogy elvégezzék a finomító munkát miattuk, valamint a tisztítást és a fehérítést, a vég idejéig;"*

Akik tehát a Biblia igazsága mellett foglalnak állást, **kitartanak hitük és elveik mellett,** azoknak **a második periódustól kezdve** folyamatosan **embert próbáló** – a Biblia szerint **nyomorúságos** (lásd Máté evangéliuma) – **időszaknak néznek elébe.** S, ahhoz, hogy ezt el tudják viselni, Dániel szerint embertársaiktól fognak segítséget kapni. Kiderül ugyanis, hogy az emberiség meggyőződése csak a felszínen lesz egységes. Lesznek olyan **szimpatizánsok,** akik ugyan **elfogadták a megbélyegzést, de** – tudatosan, vagy sem – **segédkezet nyújtanak** a **hűségeseknek**, legyenek azok a **választottak** – azaz az égbe távozók – vagy az **elhívottak** – a földön maradók – közé tartozók. Segítségnyújtásuk egyben az utolsó lehetőségük is ahhoz, hogy „igazságos emberekké" nyilvánítva Isten földi királyságának állampolgáraivá válhassanak.

Máté 25:34-40 *"Akkor a király így szól a jobbja felől állókhoz:»Jöjjetek, Atyám áldottai, örököljétek a világ megalapításától nektek készített királyságot. Mert megéheztem, és **ennem adtatok**; megszomjaztam, és **innom adtatok**. Idegen voltam, és **vendégszeretően fogadtatok**; mezítelen voltam, és **felruháztatok**. Megbetegedtem, és **gondot viseltetek rám**. Börtönben voltam, és eljöttetek hozzám.« Akkor az igazságosak ezekkel a szavakkal válaszolnak neki:*

Uram, mikor láttunk éhesnek, és tápláltunk, vagy szomjasnak, és innod adtunk? Mikor láttunk mint idegent, és vendégszeretően fogadtunk, vagy mezítelenül, és felruháztunk? Mikor láttunk betegen vagy börtönben, és elmentünk hozzád?« És a király így felel majd nekik: »Bizony mondom nektek, **amit megtettetek e testvéreim legkisebbjeinek egyikével, azt velem tettétek meg.**"
Máté 10:40-42 „Aki titeket (választottak) befogad, engem is befogad, és aki engem befogad, azt is befogadja, aki elküldött engem. **Aki prófétát fogad be**, mert az próféta, **próféta jutalmát kapja**, és **aki igazságos embert fogad be**, mert az igazságos ember, **igazságos ember jutalmát kapja.** És aki inni ad egynek e kicsinyek közül, csak egy pohár hideg vizet is azért, mert az tanítvány, bizony mondom nektek, **semmiképpen nem veszíti el jutalmát.**"

A következő világrendszer társadalmának összetétele

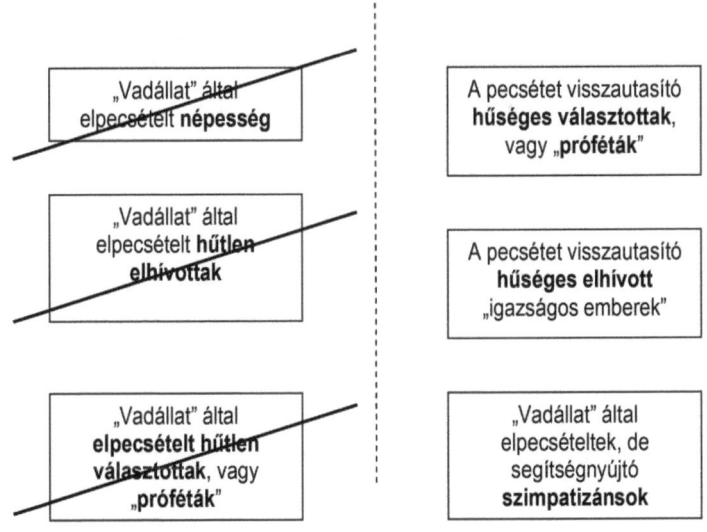

Mint látjuk, ez komoly próbatétel lesz, egészen a második három és fél éves periódus végéig, azaz 2040 szeptemberétől 2043 májusáig. Majd ezután a legutolsó és egyben a legrövidebb, **harmadik periódus** következik 2043 májusától 2043. szeptember/októberéig:

> *Jelenések 11:9-10 „És a népekből, törzsekből, nyelvekből és nemzetekből valók **három és fél napig** nézik majd holttestüket, és nem engedik, hogy holttestüket sírhelybe fektessék. És azok, akik a földön laknak, örvendeznek miattuk, és vigadoznak, és ajándékokat küldenek majd egymásnak, mert ez a két próféta kínozta azokat, akik a földön laknak."*

E **három és fél „napos"** ám a valóságban három és fél **hónapos** (a prófécia a megelőző két periódus átváltásával utalva arra, hogy e 3 és fél nap, nem 24 óra, hanem annál hosszabb időszak) tehát **105 napos időszakban** az **Igazság két valódi tanúja:** az Ószövetség és az Újszövetség igaz képviselői és tanítói, akik nem fogadtak el semmilyen azonosító jelzést magukra, azok ezidőtájt **szellemi értelemben** halottak, azaz **inaktívak,** s ez kifejezetten örömet szerez a földi lakosság túlnyomó részének. Miért, mert alaptanításuk, az ember eredendően bűnös volta mindezidáig nyomasztotta őket. S ez a nyomás most megszűnt.

Majd a hetedik trombitaszó kezdetén (2043. szeptember/október) pedig megtörténik az előzőekben már érintett különleges esemény. A választottak, akik még életben vannak és mindvégig hűségeseknek bizonyultak, **átváltozva elhagyják a Földet, csatlakozva** azokhoz a **társaikhoz,** akiknek ekkor részük lesz **az első feltámadásban,** pontosan úgy, ahogy Pál apostol írásaiban olvashatjuk:

> *1Korintusz 15:51-52 „Íme! Szent titkot mondok el nektek: nem mind fogunk halálalvásba merülni, de mind át fogunk változni, egy pillanat alatt, egy szempillantás alatt, **az utolsó trombita idején.** Mert a trombita szólni fog, és a halottak feltámadnak romolhatatlanul, és mi átváltozunk."*

A jelenések könyve pedig ekképp szól ugyan azon eseményről:

*Jelenések 20:4-6 „És láttam trónokat, és ott voltak azok, akik leültek rájuk, és hatalmat kaptak az ítélkezésre. Igen, láttam azoknak lelkét, akiket bárddal végeztek ki **a tanúság miatt, melyet Jézus mellett tettek, és az Istenről való beszéd miatt**, és ők azok, akik **nem imádták a vadállatot, sem** annak **képmását**, és akik **nem fogadták el a jelet** a homlokukra és a kezükre. És életre keltek, és királyokként uralkodtak a Krisztussal ezer évig. (A többi halott nem kelt életre addig, míg véget nem ért az ezer év.) **Ez az első feltámadás**. Boldog és szent, akinek része van az első feltámadásban; ezek fölött nincs hatalma a második halálnak, hanem az **Isten és a Krisztus papjai lesznek, és királyokként fognak uralkodni vele az ezer év alatt**."*

*Jelenések 11:13 „És nagy földrengés támadt abban az órában, a város (**Jeruzsálem**) tizedrésze leomlott, és hétezer embert megölt a földrengés, a többiek pedig megrémültek, és dicsőséget adtak az ég Istenének."*

7. trombitaszó (3. „Jaj")
*Jelenések 11:17 „Hálát adunk neked, mindenható **Jehova** Isten, aki vagy, és aki voltál, mert magadhoz vetted nagy hatalmadat, és **királyként uralkodni kezdtél**."*
*Jelenések 11:18, 19 „De **megharagudtak a nemzetek**, és eljött a te haragod, és a meghatározott idő arra, hogy megítéltessenek a halottak, és **megadd jutalmukat** rabszolgáidnak, a prófétáknak és a szenteknek és azoknak, **akik félik a nevedet**, kicsiknek és nagyoknak, és **pusztulást hozz** azokra, **akik pusztítják a földet**. ... És villámok, hangok és mennydörgések támadtak, és **földrengés**, meg **nagy jégeső**."*
Jelenések 15:1 „hét angyalt hét csapással. Ezek az utolsók, mert általuk bevégeztetik az Isten haragja"
Jelenések 16:1 „És hallottam, hogy egy harsány hang a szentélyből ezt mondja a hét angyalnak: „Menjetek, és öntsétek ki az Isten haragjának hét csészéjét a földre!"

Az Írás hasonlatosan a hetedik pecséthez, a hetedik trombitaszó időszakát is először röviden összefoglalja, úgy, mint amikor minden beteljesül a „jó hír" azaz az Evangélium tanítása szerint. Tehát a mostani – szám szerint a második – világrendszer a 7. trombitaszó időszakában, akár csak Noé idejében, isteni ítélettel fog befejeződni. Milyen események zajlanak majd le az utolsó aktus során, melyek ehhez vezetnek? Az Írás ebben sem hagy minket tudatlanságban. Részletesen kifejti, **hét alvázlatpontra,** úgynevezett **„csészékre"** vagy találóbban **méregpoharakra** bontva a **7. trombitaszó** idejét. Az alvázlatpontok elnevezése természetesen nem a véletlen műve, ez is szimbolikus, mivel az ókorban gyakori volt a kivégzések méreggel történő végrehajtása, mégpedig úgy, hogy **az elítéltnek** saját **magának kellett** a mérget **bekeverni,** majd **kiinni** (lásd Szókratész halála).

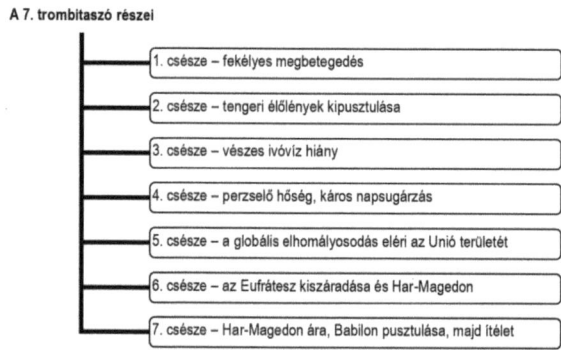

1. csésze:
Jelenések 16:2 „És elment az első, és kiöntötte csészéjét a **földre.** *És fájdalmas és rosszindulatú* **fekély** *lett azokon az* **embereken, akiken rajta volt a vadállat jele,** *és akik imádták annak képmását."*

Az emberek **szétválasztása** erre az időszakra teljesen **befejeződött.** Először az **isteni elpecsételés,** azután pedig az **utol-**

só nagy **politikai hatalom** (tízszarvú vadállat) **állampolgárainak számbavétele és megjelölése is lezárult**. Sőt az első feltámadás. a 144 ezer fő távozása is lezajlott már. Ezután elsősorban csak **a vadállat pecsétjét elfogadókat** említi az Írás, az ő sorsukat és szenvedéseiket követi nyomon, akiken megjelennek a fájdalmas **fekélyek**. Ezeket okozhatja akár a környezetszennyezés, a levegőszennyezés vagy az ózonréteg megszűnése.

2. csésze:
Jelenések 16:3 *„És a második kiöntötte csészéjét a* **tengerbe***. Az pedig vérré vált, mint amilyen a halott vére, és minden élő lélek meghalt, igen, ami a tengerben volt."*

Az óceánok és tengerek élővilágát erre az időszakra olyan mértékben zsákmányolta ki az ember, hogy a szaporodás mértéke már nem képes annyi új egyedet létrehozni, hogy a kipusztulás folyamatát visszafordítsa.

3. csésze:
Jelenések 16:4 *„És a harmadik kiöntötte csészéjét a* **folyókba** *és a* **vizek forrásaiba***. Azok pedig vérré váltak."*

Az **édesvíz** drasztikus csökkenése – mely az ötödik trombita idején kezdődött – a hetedik trombita harmadik csészéjének idejére már a végletekig fokozódik. A vészes **ivóvízhiány** beláthatatlan egészségügyi, gazdasági és politikai következményekkel jár.

4. csésze:
Jelenések 16:8–9 *„És a negyedik kiöntötte csészéjét a* **napra***, és a napnak megadatott, hogy tűzzel perzselje az embereket. És nagy* **hőség** *perzselte az embereket,"*

A **perzselő hőség előidézője** lehet akár a szén-dioxid okozta üvegházhatás, vagy az ózonréteg teljes hiánya. De lehet a kettő együtt is felelős a káros ibolyántúli sugárzásért és a hőmérséklet emelkedéséért, mivel az ózonréteg nélkül szabadon áramolhatnak a föld felszíne felé, s a levegő magas szén-dioxid tartalma megakadályozza, hogy a felszínről történő visszaverődés után azok elhagyják a légkört.

5. csésze:
Jelenések 16:10–11 *„És az ötödik kiöntötte csészéjét a* ***vadállat trónjára****. És* ***elsötétült*** *annak* ***királysága****, ők pedig a nyelvüket kezdték harapdálni fájdalmukban, mégis káromolták az ég Istenét* ***fájdalmaik*** *és* ***fekélyeik*** *miatt, és nem bánták meg cselekedeteiket."*

Az utolsó világbirodalmi törekvésekkel rendelkező politikai hatalom, a tízszarvú vadállat (Transzatlanti Unió) területét, tehát az egyenlítőtől északra elhelyezkedő amerikai és európai területeket is eléri a globális elhomályosodás már szabad szemmel is látható mértéke. De az előzőekben már említett fekélyek sem múlnak el az emberekről, párhuzamosan tovább kínozzák őket.

6. csésze:
Jelenések 16:12, 14, 16 *„És a hatodik kiöntötte csészéjét az* ***Eufráteszre****, a nagy folyóra, és kiszáradt annak vize, hogy* ***elő legyen készítve az út*** *a napkeletről jövő* ***királyoknak****."* ... *hogy* ***egybegyűjtsék őket*** *a mindenható* ***Isten*** *nagy napjának* ***háborújára****. ... És egybegyűjtötték őket arra a helyre, melyet héberül* ***Har-Magedonnak*** *neveznek."*

Az időszakra jellemző a **folyóvizek kiszáradása,** bár ez nem új keletű folyamat. A folyók mesterséges szabályozásának káros hatása nemcsak folyókat, tavakat, de még tengereket is érint. A **Kaspi-tenger** például 2000-től napjainkig több mint 60%-ot zsugorodott, az őt tápláló Volga és Ural folyók szabályozásának hatására. Az Eufrátesz kiszáradása sem máról holnapra történt. Már **2009**-ben a HVG (Heti Világgazdaság) ekképp hívta fel rá a figyelmet a **„Vészesen apad az Eufrátesz, Tigris és Nílus"** című cikkében:

"Irakban egyre több jel utal arra, hogy az utóbbi években végleg megcsappant az Eufrátesz vize, és mind kevesebb a Tigris hozama is. Pedig az ókorban Mezopotámiának, azaz „a folyók közötti országnak" nevezték a civilizáció bölcsőjének tartott térséget." **2014**-ben pedig már a következők olvashatók a területről: „**Éveken belül teljesen kiszáradhat** az Eufrátesz folyó. A virágzó ókori birodalmak helyén, ma már szinte mindenütt terméketlen sivatagok találhatóak. Ennek oka elsősorban az iraki, török és szíriai vízpolitikában, és a folyó évtizedes elhanyagolásában rejlik. Szakértők szerint akkora a baj, hogy **néhány éven belül** a folyó **vízhozama a mai felére csökken**. A csökkenő vízszint, a folyamatos aszály elüldözi a helyi halászembereket és gazdálkodókat. Ezek a jobbára alacsonyan képzett tömegek aztán a környékbeli városokba vándorolnak, hogy megélhetést találjanak, amit a munkaerőpiac nem képes lekövetni. Rizs és gabonaföldek helyett most csak a kiszáradt, töredezett földterületek látványa fogadja a látogatót. A halászhajók sem a vízfelszínen lebegnek, hanem az üres folyómederben foszladoznak a tűző napon. A szárazság egyébként egész Irak területén jelentkezik. Az aszály következtében még a viszonylag csapadék dús északi területeken is 95 százalékkal kevesebb búza és árpa terem, de a datolyapálma és citrus ültetvények is megsínylik a klímaválságot és a drasztikus vízhiányt."

Mint az a különböző időszakokból vett idézetekből jól kivehető, ez egy tendencia, amely **nem fog megállni**, folytatódni fog egyre **csökkentve** a rendelkezésre álló **ivóvíz mennyiségét**, előidézve az Eufrátesz eltűnését. Csak annak **kiszáradt természetes medrét hagyva maga után, amely egy ember-ember elleni háborús felvonulás** útvonalát alkotja majd egészen **Megiddó mezejéig**, azaz Har-Magedonig.

Vajon **ez a háború, Har-Magedon**, mint isten **háborúja**, azonos lenne a közhiedelem szerinti isteni **ítélettel**? Szó sincs róla. Még kevésbé jelentheti ember és Isten nyílt szembenállását, hiszen az emberek kilencven százaléka **nem** is **ismeri a Teremtőjét**, hogyan is viselne tudatos háborút ellene. De ha ismernék is, **képesek lennének** felvenni a kesztyűt? Gondoljunk csak az emberi alakot öltött Jézus hatalmára, s arra, hogy mi mindenre volt képes emberi alakban.

Máté 8:26 *„De ő így szólt hozzájuk: „Miért vagytok bátortalanok, ti kicsinyhitűek?" Akkor fölkelt, megdorgálta a szeleket és a tengert, és nagy csendesség lett."*

Lássunk tisztán, az ember esélytelen lenne a Teremtővel szemben. Keressük inkább a szimbólum mögött megbúvó valódi jelentést. Ám ehhez további információkra van szükségünk, mint például arra, hogy ki is kezdeményezi ezt a háborút.

Jelenések 16:13–14 *„És láttam, hogy a sárkány szájából és a vadállat szájából és a hamis próféta szájából három tisztátalan ihletett kijelentés jön ki, melyek úgy néztek ki, mint a békák. Ezek valójában* **démonoktól ihletett kijelentések**, *amelyek jeleket tesznek, és elmennek az egész lakott föld királyaihoz, hogy egybegyűjtsék őket a mindenható Isten nagy napjának háborújára."*

Elindítója maga a **„sárkány"**, a Teremtőnek ellenszegülő égi lények – Sátán és a démonok – szövetsége, őket követi a szuperhatalom, a **tízszarvú vadállat** – illetve a ma annak leginkább megfelelő emberi szervezet – majd az azt támogató, s hatalmát gyakorló két hatalmi pillér vagy **kétszarvú vadállat**. **Ők hárman** mozgatják a szálakat ahhoz, hogy egy olyan **eseményt idézzenek elő**, amely kapcsán az emberiség eléri a szembehelyezkedés, az **ellenszegülés azon végső fokát**, amikor a **Teremtőnek** (jelenlegi, második világrendszerünkben most először) **már közbe kell szólnia**, mivel a föld lakói már a bolygó létét fenyegetik.

Jelenések 11:18 *„…és pusztulást hozz azokra, akik pusztítják a földet."*

Ahhoz, hogy minden kétséget kizárólag meg tudjuk válaszolni a feltett alapkérdést, miszerint azonos-e Har-Magedon a végítélettel, meg kell vizsgálnunk a befejezését is.

Jelenések 9:20 *"...De a többi ember,* **akit nem öltek meg ezek a csapások***, nem bánta meg keze cselekedeteit,"*

A legszembetűnőbb, hogy a "harcnak" vannak túlélői, mégpedig olyan személyek, akik káromolják a Teremtőt, vagy az Ő nevét. Holott egy tényleges isteni ítélet alkalmával ők biztosan nem maradhatnának életben. S, hogyan tesznek eleget a káromlásnak? Mindenki előtt ismeretes az a szálló ige, hogy **"miért ver minket az Isten"**. Pedig sosem tette, ezért több mint sértés, hogy az ember által előidézett bajokért, a Teremtőt hibáztatják.

Jakab 1:13-14 *"Rossz dolgokkal ugyanis nem lehet próbára tenni Istent, és ő maga sem tesz ilyesmikkel próbára senkit. Hanem mindenki úgy van próbára téve, hogy a saját kívánsága vonzza és csábítja."*

Jakab levelének idézete alapján egyértelmű, hogy a szállóige kérdésébe burkolt megállapítás teljesen hamis. Ebből az is adódik, hogy a jelenések könyvének – az emberiséget érintő – egyetlen "csapását" sem a Teremtő okozta. Minden csapásként megélt eseményt magunk idéztünk, idézünk elő, mert nem tiszteltük, és nem tiszteljük sem a társadalmi, sem a természeti törvényeket, amely a teremtéssel együtt kerültek megalkotásra. A következő, s szintén igen gyakori, vádterhes kérdés pedig, hogy **ha a Teremtő tudta, hogy ide jutunk, miért hagyta?**

Szándékosan távol tartotta magát az ember önmegvalósító próbálkozásaitól, **tiszteletben tartva teremtménye döntését és szabad akaratát**. Ám amikor már maga a Föld bolygó kerül végveszélybe, nem hagyhatja, hogy az is elvesszen. Közbe fog lépni, megmenti és megőrzi a Földet azon személyek számára, akik a Föld és az emberiség történetének abszolút igazságába vetett szín tiszta meggyőződésből ragaszkodtak és ragaszkodnak Teremtőjükhöz és annak törvényeihez.

Visszatérve azonban **Har-Magedonhoz**, egyértelmű, hogy ez **egy emberek által indított háború helyszíne**. Maga a háború és annak kirobbantása pedig az a határ, amelynek átlépésével megkezdődik egy valódi isteni büntetés sorozat. Pont úgy, ahogy Megiddó mezején Jósiás, Júdea királyának, Nekó fáraó és Egyiptom elleni vesztes csatája, Izrael hetven (70) éves büntetésének kezdetét jelentette.

Értelem szerűen merül fel a következő kérdés, hogy: kik lesznek a legújabbkor megiddói csatájának szereplői. Kérdésünkre Dániel szolgál információkkal.

Dániel 11:40 *„És a vég idején a* **déli** *király küzdeni kezd vele, az* **északi** *király pedig forgószélként tör rá szekerekkel, lovasokkal és sok hajóval; s betör az országokba, elözönli azokat, és keresztülmegy rajtuk."*

Az idézetből kirajzolódnak az ellentétes érdekek mentén szerveződött hatalomgyakorlók tömörülései, úgy, mint földrajzi fekvését tekintve egy déli országok szövetsége és a hozzájuk viszonyítva, és földrajzi értelemben vett északi országok szövetsége. Az is kiderül, hogy a déli hatalomgyakorlók összefogása, vagy szövetsége kezdeményezi majd a harcot.

Dániel 11:41-43 *„Még a Dicsőség földjére is bemegy, és sok ország elbukik. De a következők megmenekülnek kezéből: Edom, Moáb és Ammon fiainak fő része. 42 És továbbra is kinyújtja kezét az országok ellen; Egyiptom országa pedig nem menekül meg. 43 Ura lesz Egyiptom rejtett arany- és ezüstkincseinek, és minden drágaságának. A líbiaiak és az etiópok követik a nyomdokait."*

A folytatásból az is kiderül, hogy az Afrika közel-keleti részén fekvő országok biztosan részesei lesznek a déli szövetségnek, mivel az északi szövetség válaszcsapásokat mér majd a fent felsorolt országaikra. Logikusan tovább gondolva pedig egyértelművé válik, hogy az északi szövetség tagállamai biztosan nem részei Afrikának. Sokkal inkább európai, illetve észak-amerikai erőkről beszélhetünk. Mely magától értetődő módon kínálja az „északi király" rejtélyének megoldását is, hiszen már évtizedek óta létezik egy kifejezetten északi katonai szövetség, az Észak-atlanti Szerződés Szervezete, ismertebben a NATO.

Dániel 11:44-45 *„De hírek jönnek napkeletről és északról, amelyek megzavarják, és nagy haraggal előretör, hogy sokakat megsemmisítsen, és pusztulásra adjon. Felállítja palotaszerű sátrait a nagy tenger és a Dicsőség szent hegye között; őt magát pedig utoléri a vég, és nem lesz, aki segítsen rajta."*

Az északi fél támadásait és harci kedvét fékezik ugyan az anyaországokból érkező hírek, de nem állítják meg. Feltartóztathatatlanul tör előre a győzelem felé. Teljes megsemmisítésre törekedve, minden lehetséges eszközt kész bevetni.

A **társadalmi törvényeket**, az együttélés szabályait az ember már **évezredek óta** és módszeresen **hágja át**, kialakítva a társadalmi egyenlőtlenséget ember és ember között, a hatalmi alá- és fölérendeltségi viszonyokat. S teszi mindezt azért, mert a teremtéskor a **szabad akarat megadatott neki.** Maga dönthetett róla, hogyan akar élni, s rosszul döntött.

S mára már **a természet** – szinte valamennyi – **törvényét is áthágta**, belekontárkodott annak szabott rendjébe. Elutasított mindent, ami a Teremtőtől jött, vezetését, útmutatásait, törvényeit, tanácsait. Ellene ment még a józanésznek is, s a bibliai Har-Magedon, vagyis a megiddói csata alkalmával ismét valami ilyesmire készül. Célja pedig minden – s valóban minden – eszközzel – kerüljön, amibe kerül – totális, mindent elsöprő győzelmet aratni ellenségei felett.

7. *csésze:*
Jelenések 16:17-18,19, 20, 21 *És a hetedik kiöntötte cséséjét a **levegőre**. Erre egy harsány hang jött a szentélyből,*

*a trón felől, és ezt mondta: „Meglett!" És **villámok**, hangok és **mennydörgések** támadtak, és olyan **nagy földrengés** támadt, amilyen nem volt még, amióta emberek vannak a földön – ilyen **messze ható** földrengés, ilyen nagy."... És **a nagyváros három részre szakadt**, és a nemzetek **városai elestek**; ... Továbbá **minden sziget elmenekült**, és a hegyeket nem találták ... És **nagy jégeső** esett az égből az emberekre, minden jégdarab közel **egy talentum súlyú** (több mint húsz kilogramm) volt,"*
***Dániel 12:1–2** „És abban az időben feláll Mihály, a nagy fejedelem, aki a te néped fiaiért áll. És olyan nyomorúságos idő lesz, amilyen egészen addig még nem volt, mióta nemzet létezik. Abban az időben a te néped megmenekül, mindenki, aki be van írva a könyvbe. A föld porában alvók közül pedig sokan felébrednek: ezek időtlen időkig tartó életre, azok meg gyalázatra és időtlen időkig tartó iszonyatra."*

A jelenések könyve további csapásokat sorol fel vagy egyidőben, vagy közvetlenül Har-Magedon után, annak folyományaként. Mindez arra utal, hogy olyan, a légkörben aktivált katonai fegyver kerül kipróbálásra, mely alapjaiban rázza meg a Föld ökoszisztémáját. Hatására a levegőben viharszerű **légköri** jelenségeket, **villámokat**, **menydörgéseket**, valamint nagy **jégesőt**, és messze ható **földrengést** és **szökőárat** említ a Biblia.

***Jelenések 16:21** „És nagy jégeső esett az égből az emberekre, minden jégdarab közel egy talentum súlyú volt, és **az emberek káromolták az Istent** a jégeső csapása miatt, mert szokatlanul nagy volt annak csapása."*

Az extrém időjárás és az átható nagy földrengés várhatóan több millió ember halálát eredményezi majd. Mindez azonban csak feltevés, amíg nem találunk tudományos összefüggést a légkör és a földfelszínen észlelhető földrengések, viharok, szökőárak, és egyéb természeti jelenségek között.

Az Index 2011. május 19.-én megjelent „Napokra előre jelezhető lett volna a japán földrengés" című cikkében – utalva a 2011. március 11-i tóhokui (Fukusima) földrengésre és az azt követő szökőárra – arról tudósított, hogy kimutathatóan szoros összefüggés van a föld alatt és annak felszínén valamint a levegőben történő természeti jelenségek között. A **nagyobb földrengéseket jellegzetes hőfelszabadulással járó légköri események előzik meg**, amelyeknek még **az ionoszférában is mérhető hatása van**. A NASA Goddard Space Flight Centre központjának egyik szaktekintélye, Dimitar Ouzounov infravörös tartományban készült műholdas felvételeket is közzé tett felfedezésének bizonyítására. Az Ouzounov által felfedezett jelenségek, illetve kölcsönhatások viszont nem egyirányúak! Nemcsak a **földfelszíni** és a földkéregben végbemenő folyamatok lehetnek kihatással a **légkörre**, hanem a **légkörben** történő folyamatok is **hatással vannak** a **földfelszínen** végbemenő jelenségekre. Tehát minden olyan esemény, katonai kísérlet, mely a légkör fizikájának vagy kémiájának megváltoztatásával jár, kihatással lesz a föld felszínére, illetve a földkéreg alatti folyamatokra, mozgásokra is. A Biblia pedig megörökíti azokat, mint egy a természet rendjébe való durva beavatkozás szükségszerűen bekövetkező eseményeit.

Eközben beszámol egy, a háborúval párhuzamos időszakban bekövetkező társadalmi eseményről, avagy „megemlékezésről" is, mely valószínűleg Har-Magedon kísérleti fegyverének balul sikerült bevetése utána várható.

Jelenések 16:19 „*És a nagy város három részre szakadt, és a nemzetek városai elestek; és* **megemlékeztek Nagy Babilonról** *az Isten színe előtt, hogy odaadják neki az Isten dühödt haragja borának poharát."*

A természeti katasztrófa képei, a mérhetetlen pusztítás szinte megelevenedik előttünk. De vajon ki, vagy mi lehet **Nagy Babilon**, vagy még inkább minek a **megszemélyesítése**. Nézzük át az alábbi idézeteket, amelyek kifejezetten erre vonatkoznak, hogy fényt deríthessünk kilétére.

Jelenések 17:3 *"És megláttam egy **asszonyt**, aki egy skarlátszínű vadállaton ült,"*
Jelenések 17:4–5 *"Az asszony pedig bíborba és skarlátba volt öltözve, és arannyal, drágakővel és gyöngyökkel volt felékesítve, kezében pedig utálatosságokkal és paráznaságának tisztátalanságaival teli aranypohár volt. Homlokára egy név, egy rejtély volt írva:* **"Nagy Babilon, a szajháknak és a föld utálatosságainak anyja."**
Jelenések 17:15 *"„A vizek, melyeket láttál, **ahol a szajha ül, népeket, tömegeket, nemzeteket** és nyelveket jelentenek."*
Jelenések 17:18 *"Az asszony pedig, akit láttál, azt **a nagyvárost jelenti**, melynek **királysága van a föld királyai felett.**"*
Jelenések 18:3 *"paráznasága haragja **borának áldozatul esett az összes nemzet**, és **a föld királyai paráznaságot követtek el vele**, és szégyentelen fényűzése **hatalmának köszönhetően meggazdagodtak** a föld, utazó kereskedői."*
Jelenések 18:9 *"**A föld királyai** pedig, akik **paráznaságot követtek el vele**, és szégyentelen **fényűzésben éltek**, sírni fognak, és verni fogják magukat a miatta való bánatukban,"*

Az idézetek jól kivehetően egy házasságtörő **asszonyról** – Nagy Babilonról – szólnak, aki a föld királyaival, vagyis mindig az aktuális **politikai hatalommal tart fenn tiltott viszonyt**. A **föld népét** pedig **félrevezeti**, s ezzel a megtévesztéssel nagy vagyonhoz és még nagyobb **hatalomhoz juttatja** azokat, **akik vele szövetkeztek**.

Az **asszony** a Bibliában gyakorta **visszatérő szimbóluma** a házassági szövetség női részének. S mivel asszonyról van szó, jogosan **feltételezzük, hogy van férje**, ura, azaz szövetségese. Mivel azonban ez az asszony szajhálkodik, ebből az következik, hogy urát, azaz szövetségesét jogsértő módon elhagyta.

Az ókorban számtalan ismert szövetség született, de közülük kétség kívül a legismertebb az Ószövetség. A szövetség egyik oldala a **Teremtő**, Ő az **emberi család apja, a házassági szer-**

ződés férji oldala. Párja, vagy **felesége** pedig, a **hiteles információkkal rendelkező szövetségese** a héber **papság, a házassági szövetség anyai oldala**. **Gyermekeik** pedig a szövetséghez tartozó **személyek**.

Ézsaiás 51:21–22 „Azért, kérlek, figyelj ide, ó, asszony, aki elnyomott és részeg vagy, de nem bortól! Így szól a te Urad, Jehova, igen, Istened, aki népéért perel"

Ézsaiás 54:5-6 „Mert nagy Alkotód a te férjurad, akinek seregek Jehovája a neve; és Izrael Szentje a te Megváltód. Az egész föld Istenének fogják hívni. Mert úgy hívott el Jehova, mintha teljesen elhagyott és szellemében sebzett feleség volnál, és mint egy ifjúkori feleséget, akit akkor elvetettek" – így szól Istened."

Ám amikor **az anyai oldal** a Teremtőről és a teremtésről szóló hiteles **információkat elferdíti**, hamis információkkal szolgálja ki a politika vagyon és hatalomszerzésre irányuló törekvéseit, valamint igazolja a hatalomgyakorló isteni eredetét és jogosultságát, ezzel **felrúgta Istennel kötött szövetségét.**

Leginkább az Ószövetség keretein belül lehet **megérteni** a szövetségesek **szerepkörében rejlő különbségeket,** jellegzetességeiket, majd **hamis vallási tanok felvételét a tanítások közé,** végeredményképpen pedig a **szövetséggel való szakítást és hatásait**. Ez a tendencia azonban jóval az Ószövetség megkötése előtt, jelenlegi világrendszerünk hajnalán kezdődött, Noé dédunokájával, **Nimróddal.**

Vele indult meg a teremtésről szóló igaz **információk meghamisítása**, s az általa alapított **új vallási kultuszon keresztül,** hamis világkép kialakításával sikerült egyeduralmi pozíciót kiépítenie. Az Igazságot úgy formálta át, ahogy azt az érdekei megkövetelték. Megkérdőjelezhetetlen hatalmát és uralkodáshoz való jogát pedig egyenesen az istenektől eredeztette. Az új vallás és hatalmának központja pedig az általa alapított város, **Babilon** lett, ahonnan, és amiről a Teremtővel szembehelyezkedő „asszony" **Nagy Babilon** a nevét kapta.

Noé unokáját, Nimródot követően **minden kornak megvoltak a maguk hamis tanítói**, hamis vallási irányzatai. Ezért ma sem lehet csupán egyetlen hamis vallást megnevezni. Mert **minden** olyan vallási **irányzat**, amely **nem hiteles információkat tartalmaz** – mert vagy ellent mond annak, vagy nem illeszkedik a Biblia egészébe – az mind **a Nagy Babilont** alkotó **hamis tanok és tanítók csoportjába tartozik**. Ők, a meghamisított információkat vallási tanokként tovább adó felekezetek, egyházak **a világrendszer felszámolásának utolsó fázisában fogják megkapni isteni büntetésüket**, mégpedig úgy, hogy annak végrehajtását a Teremtő saját választott **szövetségeseire**, az aktuális politikai hatalomra bízza.

*Jelenések 17:15–18 „És ezt mondja nekem: „A vizek, melyeket láttál, ahol a szajha ül, népeket, tömegeket, nemzeteket és nyelveket jelentenek. A tíz szarv pedig, melyet láttál, és a **vadállat**, ezek meg fogják gyűlölni a szajhát, s elhagyottá és mezítelenné teszik, és **megeszik a húsát**, és teljesen elégetik őt tűzzel. Mert az Isten adta a szívükbe, hogy megvalósítsák gondolatát, igen, hogy egyazon gondolatukat megvalósítsák azáltal, hogy királyságukat a vadállatnak adják, míg be nem teljesülnek az Isten szavai. Az **asszony** pedig, akit láttál, azt a nagy várost jelenti, **melynek királysága van a föld királyai felett**."*
*Jelenések 18:9 „A **föld királyai** pedig, akik paráznaságot követtek el vele, és szégyentelen fényűzésben éltek, sírni fognak, és verni fogják magukat a miatta való bánatukban,"*
*Jelenések 18:11 „A **föld utazó kereskedői** is sírnak és keseregnek miatta, mert senki sincs már, aki megvegye teljes árukészletüket,"*
*Jelenések 18:15 „Az **ezekkel üzletelő utazó kereskedők**, akik őbelőle lettek gazdagok, kínjától való félelmükben távol állnak majd, sírnak és keseregnek,"*
*Jelenések 18:17, 19 „És minden **hajóskapitány**, és mindenki, aki hajózik valahol, és a tengerészek és mindazok, akiknek a tenger biztosítja a megélhetését, távol álltak" … „Mi-*

lyen kár a nagy városért, melyben mindazok meggazdagodtak a pompájából, akiknek hajóik vannak a tengeren, mert egyetlen óra alatt elpusztult!"

Miért fordul ellene az eddig vele szövetséges gazdasági és politikai elit? **Sajnálkoznak** pusztulása felett, **mégis elhatárolódnak tőle**. Miért? Minden gond nélkül beáldozzák a **hatalomért** és saját **gazdagságuk fenntartásáért**. Hogyan eszik meg a húsát? Gondoljuk végig mi fog történni a Földdel és lakosaival a Megiddó mezején lezajló csata után.

A **Föld lakosságának 99,9 % -a a tízszarvú vadállat** jelképét vagy képmását elfogadta, **hatalmát elismerte**. Ebből fakadóan ellentét nem lehet a hatalom és alattvalói között. A tízszarvú vadállat hatalomra jutásával gazdasági stabilitás jellemezte az időszakot. Ám Har-Magedon után ez a helyzet megváltozik.

A lakott földet nemcsak hatalmas **földrengés** rázta meg, a **jégeső** szinte lebombázott mindent, élőt és élettelent egyaránt. A földrengés okozta **szökőár** betört a szárazföldre és elvitt mindent és mindenkit aki, és ami az útjába került. Akárcsak a 2010. január 12.-i Haiti földrengéshez hasonlóan, eluralkodik a káosz, az éhínség, vízhiány és a betegségek. Ezeken úrrá lenni csak **pénzzel**, nem is akármennyi pénzzel lehet.

Mit tesznek a **világ nagyhatalmai** a szükséges anyagi eszközök előteremtésére. Adakozásba kezdenek? **Zsebbe nyúlnak**, igen, de nem a saját, hanem **szövetségesük, Nagy Babilon zsebébe,** azaz megeszik a húsát".

A hamis vallási felekezetek, köztük a magát kereszténynek nevező és Jézus tanításán alapuló, ám azt elferdítő egyházak pusztulásával a **Teremtőnek** egy egészen **rövid ideig nem lesz sem hűséges, sem hűtlen szövetségese a Földön.**

*Ézsaiás 54:7–10 „Mert egy röpke pillanatra teljesen elhagytalak, de nagy irgalmassággal egybegyűjtelek. Áradó haraggal elrejtettem előled arcomat egy pillanatra, ám időtlen időkig tartó szerető-kedvességgel irgalmazok neked" – így szól Megváltód, Jehova. „Mert **olyan ez nekem, mint**

Noé napjai. *Amiképpen megesküdtem, hogy Noé vizei többé nem árasztják el a földet, úgy esküdtem meg, hogy nem fogok haragra gerjedni ellened, és nem dorgállak meg.* Mert **a hegyek eltávozhatnak,** *és* **a dombok meginoghatnak,** *de az én kegyelmem nem távozik el tőled, és* **békeszövetségem sem inog meg**" *– így szól Jehova, aki irgalmas hozzád."*

Ez az állapot azonban csak átmeneti, mivel **Jehova, a Teremtő** egy új szövetséget **ígér,** a **béke szövetségét.** Mert akárcsak Noé napjaiban, amikor az első világrendszer menekültjeivel – Noéval és családjával – szövetséget kötött, úgy **a mostani** – második – **világrendszer menekültjeivel** is szövetséget fog kötni.

Ám Noé napjai nemcsak a szövetség ígéretével kerültek említésre, eljött az idő **Jézus visszatérésére,** hogy véghezvigye a Teremtő akaratát és **megítélje az emberiséget, egyenként a tetteik szerint.**

Vizsgáljuk meg az idézetben szereplő, özönvíz előtti társadalmat alkotó egyének és viszonyaik jellemzőit, s hasonlítsuk össze azokat legújabb kori viszonyainkkal. Van-e változás, elmozdulás Isten és ember kapcsolatában, az emberek viselkedésében, meggyőződésében?

Egy olyan világ tárul elénk, mely gyakorlatilag semmiben sem különbözik mai, Istentől elidegenedett világunktól. A természeti és társadalmi katasztrófák nem hagynak pozitív nyomot az emberek lelkületében, viselkedési normáikban, sem környezettudatosságukban, sem a társadalom felépítésében, de még az emberi fejekben, gondolkodásmódjukban sem.

Máté 24:36–39 *„Azt a napot és azt az órát senki nem tudja, sem az egek angyalai, sem a Fiú, csak az Atya. Mert amilyenek a Noé napjai voltak, olyan lesz az Emberfiának jelenléte is.* **Mert amilyenek azokban a napokban voltak az emberek az özönvíz előtt:** *ettek és ittak, a férfiak nősültek, a nőket férjhez adták, addig a napig, amelyen Noé bement a bárkába, és semmit nem vettek észre, mígnem eljött az özönvíz, és elsöpörte mindnyájukat,* **olyan lesz az Emberfiának jelenléte is.***"*

Jelenések 19:11-16 *„És láttam, hogy megnyílt az ég, és íme, egy fehér ló. A rajta ülőt pedig Hűnek és Igaznak nevezik, és ő igazságosságban ítélkezik és folytat háborút. Szeme tűzláng, fején pedig sok diadém. Egy név van felírva rá, melyet senki sem ismer, csak ő maga; vérrel hintett felsőruhába van felöltözve, és ezen a néven hívják:* **az Isten Szava***. Az égben levő seregek is követték őt fehér lovakon, s fehér, tiszta, finom lenvászonba voltak öltözve. És szájából éles, hosszú kard jön ki, hogy azzal* **sújtson le a nemzetekre***, és vasvesszővel fogja terelni őket. Ő tapossa a mindenható Isten dühödt haragjának borsajtóját is. És felsőruháján, igen, a combján egy név van felírva:* **királyoknak Királya és uraknak Ura***.”*

A hetedik trombitaszó, azaz a teljes hét csésze időszakának (2043. szeptember/októbertől 2050. szeptember/októberig) befejeztével bekövetkezik az **ítélet, mely** teljesen **igazságos** lesz. Mindenki csak a saját vétkeiért lesz felelős, csak azokért kell az ítéletet elszenvednie. Pont úgy, ahogy a Teremtő a szivárvány-szövetség megkötése alkalmával azt megígérte, mármint, hogy soha többé nem lesz kollektív ítélet az emberiség felett.

A **mód** pedig, ahogyan az **elítélt politikai vezetők** (a vadállat és a hamis próféta) és a nekik engedelmeskedő **állampolgáraik életüket vesztik**, konkrétan nem került a Bibliában lejegyzésre, csupán szimbólumai, a **tűz** és a **kénnel égő tüzes tó**, ami a **végleges és visszavonhatatlan pusztulás** jelképe.

2Péter 3:7 *„A mostani egek és föld pedig ugyanazon szó által* **tűznek** *vannak félretéve, s fenntartatnak az ítéletnek és az istentelen emberek elpusztításának napjára.”*
Jelenések 19:20-21 *„És a* **vadállatot** *megfogták, s vele együtt a* **hamis prófétát** *is, aki a jeleket tette előtte, amelyekkel félrevezette azokat, akik elfogadták a vadállat jelét, és* **azokat, akik imádattal adóznak a képmásának***. Mindkettőt a* **kénnel égő tüzes tóba vetették** *elevenen. A* **többieket** *pedig a* **lovon ülő hosszú kardjával ölték meg***, mely a szájából jött ki. És minden madár jóllakott a húsukból.”*

Mégsem vagyunk teljesen ismeretek híján. Lehet elképzelésünk róla, mivel tűz és kén jelenlétével történt már isteni ítélet az ókorban. Gondoljunk csak az ikervárosok, Szodoma és Gomorra pusztulására.

1Mózes 19:23-25 *„A nap már feljött a vidéken, amikor Lót Coárba érkezett. Jehova ekkor* **kén- és tűzesőt** *bocsátott Szodomára és Gomorrára Jehovától az egekből. Így dúlta fel ezeket a városokat, sőt az egész Jordán-környéket a városok összes lakosával és a föld növényeivel együtt."*

A mózesi idézet és a Jelenések könyvében említésre kerülő tűz és kén arra enged következtetni, hogy heves reakcióval égő kéntartalmú tűzgombolyagok, vagy tűzcsóvák szabályszerű szőnyegbombázást fognak végrehajtani. A halottak testét pedig a madarak fogják eltakarítani.

A Földön nem marad más, csak a hajdan hét milliárdot is meghaladó emberiség maroknyi túlélője. Ők alkotják majd a harmadik világrendszer társadalmának magját. Vajon milyen irányban indulnak el, merre fognak tartani? Maguk közül választanak majd vezetőt? Újból megindul a társadalom tagozódása? Képesek lesznek tanulni az emberiség előző két világrendszerében elkövetett hibáikból?

A túlélők a Bibliából szerzett előképzettségüknek most fogják leginkább hasznát venni. Tudják – illetve tudni fogják, hogy nem lesz szükségük maguk fölé kinevezett és hatalommal felruházott vezetőkre, mert **Jézus és a 144 000** emberi képviselő – együttesen az **Égi Jeruzsálem – szövetsége** vezeti majd őket, gyakorolja a Teremtő hatalmát a Földön, s egyengeti útjukat a tökéletesség és az élet forrása, Teremtőjük felé.

Elmondhatjuk tehát, hogy világrendszerünk vége semmiképpen sem jelenti a Föld pusztulását, sem az emberiség kihalását. Csakis a jelenlegi **világrendszer megszűnését, azokkal** a **személyekkel együtt, akik életük során, akaratlagosan elutasították a hiteles bibliai ismereteket, Jézus tanításait, megváltását** és a tanításának megfelelő **új társadalmi** rend irányadó **mércéihez** való **közeledést, személyiség jegyeiknek** az **elvárt szinthez** való **igazítását.**

Azoknak azonban, **akiknek** – akár az „utolsó pillanatban" is – **sikerül,** azok **teljes jogú állampolgárokként léphetnek át** a Jézus és a száznegyvennégy ezer földről kiemelt személy által vezetett **ezer évig tartó jézusi királyságba.**

Jelenések 7:14–17 „*Ezek azok, akik* **kijönnek a nagy nyomorúságból,** *és* **megmosták** *köntösüket, és megfehérítették a Bárány* **(Jézus)** *vérében. Ezért vannak az Isten trónja előtt; és éjjel-nappal* **szent szolgálatot végeznek** *neki templomában* **(szívükben);** *és Az, aki a trónon ül* **(a Teremtő),** *ki fogja terjeszteni sátorát fölöttük. Nem fognak éhezni többé, nem is szomjaznak többé, a nap sem tűz rájuk, sem semmilyen perzselő hőség, mert a Bárány* **(Jézus),** *aki a trón közepén van, terelgetni fogja őket, és elvezeti őket az élet forrásvizeihez. És az Isten letöröl minden könnyet a szemükről."*

AZ EZERÉVNYI NEVELÉS A TÖKÉLETESSÉGIG

Az **emberiség második világrendszere** 2050. szeptember/októbere között **befejeződik.** A Sátánt – tudva vagy tudatlanul – **követő emberek** – akik pusztították a földet – **életüket vesztették,** s ebből az állapotból, miután isteni ítéleten estek át, nincs visszaút, **pusztulásuk végleges.**

Az ezer éves királyság **társadalmának vezető testülete** a száznegyvennégy ezer emberből álló bírói testület Jézus vezetésével. Ők alkotják **az Égi Jeruzsálemet.** Vezetésükre és közvetítésükre nagy szüksége van a túlélő, de még mindig tökéletlen embernek. A teremtői akarat – törvények – közvetítésével segítik az emberiséget a tökéletesség felé vezető úton.

Jelenések 7:17 *"mert a Bárány, aki a trón közepén van, terelgetni fogja őket, és elvezeti őket az élet forrásvizeihez"*

Az idézetbeli élet forrása pedig nem más, mint maga a Teremtő. Gyermekei hozzá igyekeznek vissza Jézus és választott testületének vezetésével. E testület **székhelye** azonban **az egek, illetve az űr légüres tere fölött, az ismert Univerzumon kívül helyezkedik el.**

Jelenések 21:23-25 *"És a városnak nincs szüksége sem a napra, sem a holdra, hogy ráragyogjon, mert az Isten dicsősége világította be, és a Bárány volt a lámpása. És világosságánál járnak majd a nemzetek, és a föld királyai beviszik oda dicsőségüket. És kapuit egyáltalán nem fogják bezárni nappal – mert éjszaka ott nem lesz."*

A **földön** viszonylag csekély számú a túlélő, az **emberiség** magja egyrészt a **hűséges elhívottakból**, másrészt azokból áll, akik bár elfogadták az utolsó emberi kormányzat pecsét-jelét, de idő közben rájöttek, hogy helytelenül cselekedtek, ezért, mint **szimpatizánsok**, a hűségesek – Jézus választottai, illetve elhívottai- megsegítéséből vették ki a részüket.

Máté 10:41 *"Aki prófétát fogad be, mert az próféta, próféta jutalmát kapja, és aki igazságos embert fogad be, mert az igazságos ember, igazságos ember jutalmát kapja."*

De nem csak az embereknek, az anyagi testtel nem rendelkező, s az eseményeket a háttérből mozgató szellem-személyeknek, **Sátánnak** és **démonainak** is szembe kell nézni tetteik következményeivel.

Dániel 7:10-12 *"Összeült a **Törvényszék**, és könyveket nyitottak fel. Akkor figyeltem a nagy szavakat hallva, amelyeket a szarv szólt, és néztem, mígnem a vadállatot megölték, a **testét** (földi megjelenését, az utolsó kormányzatot)* **el-**

pusztították, és az égő tűzbe vetették. **A többi vadállat** *(démonok) uralkodói* **hatalmát elvették,** *életüket azonban egy ideig (360 év, lásd függelék), meg egy időszakig (1000 év, lásd függelék)* **meghosszabbították.**"
Jelenések 20:1-2 *"Majd láttam egy angyalt lejönni az égből a mélység kulcsával és egy nagy lánccal a kezében. És megfogta a sárkányt, az őskígyót, aki az Ördög és Sátán, és* **ezer évre megkötözte***. És a mélységbe vetette, bezárta és lepecsételte azt fölötte, hogy* **ne vezesse félre** *többé a* **nemzeteket, míg véget nem ér az ezer év.**"

Átmenetileg hatástalanná teszik őket, hogy ne lehessenek befolyással az emberekre. Így az ő ítéletük enyhébb lenne? Semmi esetre sem, csupán késik, de nem múlik. A Teremtőnek még célja van velük. Visszatérve azonban a kialakulófélben lévő új emberiséghez, az **ezer éves királyság kezdetén az ember továbbra is tökéletlen, még hordozza magában a bűnt**, ezért biztosan **fog hibázni**, de annak felelősségét már egyedül fogja viselni. S nem csak a felelősségét, következményét is, hiszen „a bűn zsoldja – még mindig – a halál". A **halál** intézményének végleges **megszűnését** Jézus az **ezer év leteltét követő időszakra** teszi, tehát azon feltételezés, mely szerint a jelenlegi világrendszer megszűnésével azonnal beáll a hallhatatlanság, nem felel meg a valóságnak, továbbá az ez irányú elképzelések biztosan nem bibliai eredetűek.

Jelenések 20:7 *"Mikor pedig véget ér az ezer év,"*
Jelenések 20:14 *"A halált és a hádeszt (sírgödör) pedig a tűz tavába vetették."*

Ha a halál véglegesen csak az ezer év végén szűnik meg, tehát az amúgy is alacsony népességből még további halálozás várható, hogyan fog megvalósulni a Teremtő eredendő akarata?

1Mózes 1:27-28 *"És Isten megteremtette az embert a maga képmására, Isten képmására teremtette; férfinak és nőnek te-*

remtette őket. *Isten ezután megáldotta őket, és ezt mondta nekik Isten: „Legyetek termékenyek, sokasodjatok, töltsétek be a földet és hajtsátok uralmatok alá; uralkodjatok a tenger halain, az egek repdeső teremtményein, és minden élő teremtményen, amely a földön mozog."*

Ézsiás így ír az emberiségről és környezetéről az ezer éves királyság alatt:

Ézsaiás 11:6-9 *„És a farkas együtt időzik majd a báránnyal, a leopárd is a gidával heveredik le, a borjú és a fiatal sörényes oroszlán meg a hízott állat mind együtt lesznek, és egy kisfiú terelgeti őket. A tehén és a medve legelészni fognak, együtt heverednek le kicsinyeik. Az oroszlán is szalmát fog enni, mint a bika. A kisded a kobra lyukánál fog játszadozni, és az elválasztott gyermek a mérges kígyó üregére teszi kezét. Nem ártanak és nem pusztítanak sehol szent hegyemen, mert telve lesz a föld Jehova ismeretével, miként a vizek beborítják a tengert."*

Egyértelműen megállapítható, hogy az ezer év alatt a **népesség növekedésével számolhatunk**, mivel több helyen is kisdedet, illetve kisgyermeket említ az idézet. Továbbá az is megállapítható, hogy az állatok egymást felfaló – úgynevezett – tápláléklánca megszakad, s **minden állat újból növényevővé válik**. Az, hogy nem ártanak, és nem pusztítanak, pedig nem csupán az állatok egymás közötti viszonyaira, hanem az **emberre** is vonatkozik. Akár csak az állat, az ember is visszatér eredeti **vegetáriánus** táplálkozási szokásához, s nem fog a húsukért állatokat gyilkolni. De az egymás elleni hadakozásnak is vége szakad.

Ézsaiás 2:2-4 *„És úgy lesz a napok befejező részében, hogy szilárdan áll majd Jehova házának hegye a hegyek teteje fölött, és magasabbra emeltetik a domboknál, és oda fognak özönleni mind a nemzetek. Sok nép jön el, és ezt mondják: „Jöjjetek, menjünk fel Jehova hegyére, Jákob Istenének házához, és ő oktatni fog bennünket útjaira, mi pedig az ő ös-*

vényein járunk." Mert Sionból jön a törvény, és Jehova szava Jeruzsálemből. Ítélkezni fog a nemzetek között, és elrendezi sok nép ügyeit. Kardjaikat ekevasakká kovácsolják, és lándzsáikat metszőkésekké. Nemzet nemzet ellen kardot nem emel, és hadakozást többé nem tanulnak."

Az, hogy a jézusi ezer év alatt **lesz még születés,** sok mindenre magyarázatot ad. A Teremtő ugyanis akkora népességet tervezett, ami betölti a földet, uralja azt. Ezért szükség van a **népesség utánpótlására.** Ezzel szoros összefüggésben azt is megállapíthatjuk, hogy az ezer év alatt biztosan fennmarad a **házasság intézménye,** mivel az ad törvényes keretet az utódok születésének.

Mint azt korábban tisztáztuk, **a teremtéstől az ítéletig** összesen **6389 évnek kell eltelnie, amikor is a 6390.évben összeül az isteni törvényszék,** s a rá következő **6391.** (sorszámnév!) **évben** jelenleg ismert világrendszerünk, az emberiség **ítéletének végrehajtásával befejeződik.**

Ennyi idő alatt jut el az ember Ádám teremtéskori tökéletességétől a mai, **jó esetben 60-80 évet leélni képes, elcsökevényesedett** ember **állapotába.** Ha azonban ebből az állapotból **ezer év alatt** kell tökéletes emberé fejlődnünk, s közben benépesíteni a földet, akkor igen **gyors ütemmel** és nagy léptékű fejlődéssel **kell számolnunk.** A túlélők kezdeti népessége erre csak akkor képes, ha az életkor jelentősen megemelkedik, s a házaspárok hosszú időn keresztül sok gyermeket vállalnak. János, a Jelenések könyvének írója a következőket jegyezte le az ezer év végének népességéről:

Jelenések 20:8 „Ezek száma annyi, mint a tenger homokja."

A föld népessége tehát utoléri önmagát, eléri a tökéletességet, továbbá mindenki gazdagon **rendelkezik majd ismeretekkel is.** Ismeretekkel a Teremtőről, a teremtésről, a világról és önmagáról. Valószínű, hogy a nyelvek „összezavart" állapotára sem lesz többé szükség, elegendő lesz egyetlen közös nyelv, hiszen senki sem akar majd sem egymás, sem Teremtője ellen fordulni.

Ézsaiás 54:13 *„Fiaid mindannyian Jehovától tanítottak lesznek, és bőséges lesz fiaid békéje."*

Tehát az emberiség tudásában és szellemiségében felkészültté, testében tökéletessé válik, létszámában elegendő és ezer év óta senki sem gyakorolt rá rossz hatást. Mindenben elérték Ádám és Éva bűnbeesés előtti állapotát. Ebben az állapotban az első emberpár mégis rosszul döntött, bajba és fájdalomba taszítva minket, az utódaikat. Magától értetődő a kérdés, vajon az új emberiség, ha próba elé állítanák, hogyan döntene?

9. FEJEZET
A VÉGSŐ DÖNTÉS ÉS A MEGVALÓSULÁS

Miután (Kr. u. 3050-re) eltelt az ezer esztendő, itt az ideje Isten közvetlen királysága megvalósulásának. Mielőtt azonban ez megtörténne, választ kell kapnunk előző fejezetünk záró kérdésére, mármint, hogy képes-e a tökéletes ember jól dönteni? Az emberi társadalom jellemzői ebben az időszakban: az égi hatalomgyakorló testületen (Jézus és a 144 000 fő, mint Égi Jeruzsálem) keresztüli vezetés, a békés egymás mellett élés, gazdaságilag és társadalmilag kiegyensúlyozott viszony, valamint a népesség jelentős felszaporodása a születéseknek és a magas átlagéletkornak köszönhetően, továbbá a tökéletesség, a tökéletes emberi teremtmény szintjének elérése. Az ember minden szempontból felkészítetté vált utolsó megmérettetésére.

Az igazságosság ugyanis megkívánja, hogy az újonnan születettek is átessenek – szüleikhez hasonlóan – a megmérettetésen. Amikor is lehetőséget kapva és felelősséget vállalva kinyilváníthatják szabad akaratukat és választásukat. De, hogyan választhatnának csak a jóból? Ahhoz, hogy tényleges választási lehetőség nyíljon meg előttük, akárcsak Ádám és Éva előtt, Sátánt és démonait elengedik majd egy rövid időre börtönükből, hogy hatást gyakoroljanak a földre.

*Dániel 7:10, 11–12 „Összeült a Törvényszék (jelenlegi világrendszerünk ítélete alkalmával), és könyveket nyitottak fel." ... „Akkor figyeltem a nagy szavakat hallva, amelyeket a szarv szólt, és néztem, mígnem a vadállatot megölték, **a testét elpusztították**, és az égő tűzbe vetették. A többi vadállat uralkodói **hatalmát elvették**, **életüket** azonban **egy ideig meg egy időszakig meghosszabbították."***

Jelenések 20:7-8 *"Mikor pedig véget ér az ezer év, eloldozzák majd Sátánt a börtönéből, és kimegy, hogy **félrevezesse** a föld négy sarkán levő **nemzeteket**, Gógot (egy társadalmi szerveződést) és (annak vezetőjét) Magógot, hogy **egybegyűjtse őket** a **háborúra**."*

Sátán és a démonok az 1000 éves „börtönbüntetés" (1 időszak, mint mértékegység) letelte után azon nyomban **befolyásuk alá próbálnak majd vonni mindenkit, akit csak tudnak**. S mi lesz a döntő, mi alapján sikerül, vagy nem sikerül nekik? Az elsajátított tudás védi, vagy annak hiánya teszi ki az embert a befolyás alá kerülés veszélyének. Minden, az új rendszerben született személynek most számot kell adnia tudásáról. De nem csak nekik, szüleiknek is, hiszen az ő felelősségük az Igazság tanítása és továbbadása.

Természetesen a jelentős népességre tekintettek hatásuk kifejtéséhez és a próbatétel végrehajtásához Sátánnak is időre van szüksége. Ezért **időt**, azaz **360 évet** (1 idő, mint mértékegység) kapnak, ami számunkra talán túl soknak tűnik, de azok számára, akik tökéletes szervezetükben már nem hordoznak halált okozó torzulást, azok számára ez az időszak nem lesz sem túl hosszú, sem túl rövid.

Ezen idő alatt Sátán és a démonok nyílt **ellenszegülésre** ösztönzik majd a népességet a **Teremtő** és hatalomgyakorlásának végrehajtói, az **Égi Jeruzsálem ellen**. Kimenetele már most tudható, megkísértésük nem lesz eredménytelen.

Jelenések 20:8-9 *"Ezek száma annyi, mint a tenger homokja. És felvonultak a föld szélességére, és bekerítették a szentek táborát és a szeretett várost. De tűz jött le az égből, és felemésztette őket."*

Az Égi Jeruzsálem elleni eseményről Ézsaiás már a Kr.e. 8. században megemlékezett, amikor lejegyeztette a Teremtő következő üzenetét.

Ézsaiás 54:14-15 „*Megszilárdulsz az igazságosságban, távol leszel az elnyomástól (**ezer évig**) - mert senkitől sem félsz majd -, és távol mindentől, ami rémisztő, mert nem közelít hozzád.* **Ha** *mégis* **megtámadna valaki,** *az* **nem az én (Isten) parancsomra lesz***. Bárki támadjon is meg,* **elesik miattad***.*"

Az ellenszegülőkre kirótt büntetés az idő lejártával azonnal végrehajtandó. Ekkor már nincs sem mentség, sem megbocsátás, sem irgalom. A testileg és szellemileg tökéletes ember **szabad akaratából döntött** úgy, ahogy döntött, s **viselnie** kell annak **következményeit,** ahogyan Sátánnak és démonainak is. **Megtévesztő és megtévesztett felett egyszerre hajtják majd végre** (a teremtéstől számított 7749-ben, Kr.u. 3410-ben, Isten 1107. sabbatján) **az ítéletet.**

Jelenések 20:10 „*Az Ördögöt pedig, aki félrevezette őket, a tűz és kén tavába vetették, ahol ott volt már a vadállat is, és a hamis próféta is;*"

Megtisztul az ég és a föld. S elérkezik az idő arra, hogy az alaposan **megrostált emberi** társadalomhoz csatlakozzanak a **feltámadók,** s együtt - az eredeti elképzelésnek megfelelően - **betöltsék a földet Isten megvalósult királyságában,** annak **első,** egyben **a teremtéstől számított 7750. évében,** mely - az Ószövetség értelmében - **Isten Jubileuma.**

Jelenések 20:5 „*(A többi halott nem kelt életre addig, míg véget nem ért az ezer év.)*"
Jelenések 20:12-13 „*És láttam a* **halottakat***, nagyokat és kicsiket a trón előtt állni, és tekercsek nyittattak fel. De felnyittatott egy másik tekercs is; ez az élet tekercse. És megítélték a halottakat a tekercsekben megírtakból, a tetteik szerint. ...* **megítélték őket egyénenként a tetteik szerint***.*"

Rendkívül fontos, hogy János a feltámadás víziójában az **embereket halotti állapotukban látta**, tehát **megítélésükkor** még **nem éltek**. A **múltbéli tetteik alapján** történik szelektálásuk. Az úgynevezett „tekercsek" – nyilvántartás – tartalmazzák az **emberiség teljes névsorát** és a nevekhez tartozó, az életükben elkövetett tetteiket. Igazolva korábbi megállapításunkat, miszerint mindenkinek a számára rendelkezésre álló több-kevesebb időben kell, hogy **szert tegyen ismeretekre**, majd általuk **meggyőződését** – hitét – **kialakítsa**, s azok alapján **megváltoztassa személyiségét,** majd a továbbiakban már az új személyiségének **megfelelően** éljen és **cselekedjen**. Ebből is jól látható, hogy a meggyőződés és az abból fakadó cselekedetek szoros összefüggésben vannak egymással és az ember megítélésével.

Jakab 9:20 *„Bizony, ahogy a test halott szellem nélkül, úgy a hit is halott cselekedetek nélkül."*

Akit a múltja, az élete során elkövetett cselekedetei alapján nem találnak alkalmasnak arra, hogy tagja legyen a tökéletes emberi társadalomnak, annak nevét nem tartalmazza az **„élet könyve"**, az emberiség **teljes névsorából** készült **kivonat**. Így ezek a személyek feltámadás nélkül, az **időleges halál állapotából**, **egyszerűen átkerülnek a „tűz tavába"**, azaz a **végleges pusztulásba**. Törlődik minden emlék, minden információ, mely rájuk emlékeztet, ami alapján életre lehetne őket kelteni.

Akik azonban **be vannak jegyezve** az „élet könyvébe", azok, immár tökéletes testben és szellemiségben, minden emlékükkel és a rájuk jellemző információk birtokában **visszatérhetnek** a Földre. **Együtt alkotva**, a szintén tökéletes, **próbatétel alatt is hűségesnek bizonyult emberek csoportjával** a **Föld** végleges **népességét**. Amely népesség se nem nagyobb, se nem kisebb, pont akkora, amekkorát a Föld bolygó el tud tartani.

A feltámadás után már nincs szükség újabb próbatételekre, **végleg megszűnik a halál** és a sírgödör „intézménye". Ezzel egyidőben azonban a házasság intézményének, s vele együtt a **születésnek is vége szakad.**

Jelenések 20:14 „*a halált és a hádészt pedig a tűz tavába vetették.*"
Máté 22:29-30 „*Jézus így felelt nekik:* „*Tévedtek, mivel nem ismeritek sem az Írásokat, sem az Isten hatalmát; mert a feltámadáskor a férfiak nem nősülnek, és a nők sem adatnak férjhez, hanem olyanok, mint az angyalok az égben.*"

Majd miután Jézus vezetésével minden megvalósul a Teremtő akaratának és elképzelésének megfelelően, **Jézus visszaadja megbízatását**, mely **egy királyságra szólt**.

Lukács 22:29 „*és szövetséget kötök veletek, mint ahogy az én Atyám szövetséget kötött velem, egy királyságra*"
1Korintusz 15:25-28 „*Mert addig kell királyként uralkodnia, míg lába alá nem vet minden ellenséget az Isten. Mint utolsó ellenség semmisül meg a halál. Mert az Isten „mindent a lába alá vetett". De amikor azt mondja, hogy minden alá lett vetve', nyilvánvaló, hogy annak kivételével, aki neki mindent alávetett. Mikor pedig minden alávettetett neki, akkor maga a Fiú is aláveti magát Annak, aki neki mindent alávetett, hogy az Isten legyen minden mindenkinek.*"

Az emberi **társadalom átalakult** ezért **kormányzási módjának** is **változnia** kell.

Jelenések 21:1-2 „*És új eget és új földet láttam, mert a korábbi ég és a korábbi föld elmúlt, és a tenger nincs többé. És a szent várost, az Új Jeruzsálemet is láttam alászállni az égből, az Istentől (az elmúlt, valamivel több, mint ezer év alatt), felkészítve, mint a férje számára felékesített menyasszony.*"
Jelenések 21:17 „*Megmérte a falát is: száznegyvennégy könyök emberi mérték szerint, s egyben angyali szerint is.*"
Jelenések 21:14 „*A város falának tizenkét alapköve is volt, rajtuk a Bárány tizenkét apostolának tizenkét neve.*"
Jelenések 22:14 „*Boldogok, akik megmossák köntösüket (földi életre elhívottak), hogy hatalmuk legyen az élet fá-*

*ihoz (a 144 ezer régen ember, ma égi lény) menni, és hogy **bebocsátást nyerjenek a városba** annak kapuin át."*
***Jelenések 21:10, 24** „és megmutatta nekem a szent várost, Jeruzsálemet, mely az **égből**, az Istentől **szállt alá**, ... És **világosságánál járnak majd a nemzetek**,"*
***Jelenések 22:3** „az Isten és a Bárány trónja lesz ott a városban, és **rabszolgái szent szolgálatot végeznek** majd neki,"*

E fenti idézetek már egy új világszervezetről szólnak, amelynek alapjait félreérthetetlenül **Jézus** és **apostolai** alkotják, felépítménye pedig a választott hűségesek (144 000 fő). Akik az első feltámadás és az eltelt 1360 év alatt az Égben készültek fel az emberek igazgatásának feladataira. S a továbbiakban – akár csak elődeik – az Ószövetség, az Újszövetség, és az Égi Jeruzsálem –, **Új Jeruzsálem néven** fogják egyrészt a **Teremtőt** és akaratát **képviselni**, másrészt az **emberiséget kormányozni, itt a Földön.**

Az **Új Jeruzsálem** szervezeti felépítése, az őt megelőző három szövetségi rendszer közül, leginkább az Ószövetséghez és annak szerkezetéhez hasonlít. Először is azért, mert kézzelfoghatóvá válik az emberek számára, ahogyan az Ószövetség sátra.

A választottak a **papságnak**, **Jézus** pedig, a **főpapnak** felel meg. Feladatukat tekintve pedig közvetítenek majd (akaratlagosan fizikai testet öltve, de alapvetően szellemi testben). Isten és ember között továbbítják majd a törvényeket, rendeleteket, valamint minden olyan információt, amely által oktatni, nevelni kívánja a Teremtő gyermekeit. Mivel ezek az **információk** jelentik az **örök életet**, és **gyógyírt** mindennemű – esetlegesen felmerülő – testi (pl. balesetek) és szellemi problémára.

***János 17:3** „Az pedig az **örök élet**, hogy **ismeretet szerezzenek** rólad, az egyedüli igaz Istenről, és arról, akit elküldtél, Jézus Krisztusról."*
***Jelenések 22:1–2** „És megmutatta nekem az **élet vizének** folyóját: tiszta, mint a kristály, és az **Isten és a Bárány trónjától folyik** alá a város széles útjának közepén.*

A folyó innenső és túlső partján pedig az **élet fái** voltak, melyek tizenkétszer hoznak termést; minden hónapban megtermik gyümölcsüket. És a fák **levelei** a **nemzetek gyógyítására valók** voltak."

Az emberiséget minden szempontból kielégítő testi és szellemi elfoglaltsággal járó örök élet, valódi béke és biztonság várja Jehova, a Teremtő közvetlen uralma alatt.

10. FEJEZET
NYOLCEZER ÉV ÖSSZEGZÉSE

Az ember születésétől, léte értelmének és a Teremtő melletti helyének betöltéséig közel nyolcezer évet, négy különböző világrendszert és négy, az isteni hatalom földi képviseletének formáját tekintettük át, ügyelve arra, hogy el ne vesszünk a részletekben, s képesek legyünk a Biblia legfőbb mondanivalójára és annak megvalósulására koncentrálni.

Ez alapján egyértelmű az üzenet: A Teremtő, Jehova Isten határozott elképzelés alapján teremtett meg élőt és élettelent egyaránt. Ez az elképzelés az idők folyamán sem változott – az időnek számára egyébként sincs jelentősége – és mindenképpen megvalósul.

1. Teremtéstől – Özönvízig	2. Özönvíztől – Har-Magedonig	3. Har-Magedontól – Jézus ezer éves királyságáig	4. Jézus királyságától – Isten Királyságában

1. Ószövetség	2. Újszövetség	3. Égi Jeruzsálem	4. ÚJ Jeruzsálem

Amikor tehát a Biblia legfőbb mondanivalóját alkotó Isten által kormányzott emberi társadalom, Isten Királysága, s az erre vonatkozó Teremtői akarat megvalósulását, azaz az abszolút igazságot kerestük, gyakorlatilag csupán annak hogyanjára kerestük a választ.

Vajon megtaláltuk? Úgy gondolom, igen. Miután az Írásokat idézetről idézetre ütköztettük annak mondanivalójával. Koronként és korszakonként szembesítettük önmagával. Alávetettük matematikai, logikai, történelmi ellenőrzéseknek. Az egyes témakörök összekapcsolódásának bizonyítására gyakorta tértünk vissza egy-egy, már ismert témakörhöz, abból a célból, hogy vizsgálat alá vonjuk az új témakör állításait a régiek tükrében. Ezáltal bizonyított tény, hogy nem csak minden mindennel összefügg, de az egyes részmegállapítások is illeszkednek egymáshoz, s egy egységes képet alkotnak.

Ez a kép egészen új megvilágításba helyezi a **hitet**, vagy **vallást**. (*Eredeti kifejezés: hitvallás, azaz valaminek a megismerésén alapuló meggyőződése és annak kommunikálása a társadalom többi tagja felé.*) Mert miben is kell hinnünk: egy szövevényes történelmi múlttal rendelkező, emberek által létrehozott átláthatatlan világnézeti rendszerben, amely bálványaival és ceremóniáival már-már a spiritizmus határát súrolja, (*szándékosan*) érthetetlen, megfoghatatlan, kiválóan alkalmas a tömegek manipulálására, s amit titkok és tömjénfüst leng körül. Vagy abba, a tiszta, világos, az idők próbáját is kiállt abszolút Igazságba kell vetnünk a **bizalmunkat**, amelyet érthető emberi nyelven megfogalmazva, a megismerés lehetőségét biztosítva tettek közzé, amire **megygyőződésünket** minden kétséget kizárólag alapozhatjuk, s amit nem mellesleg maga a Teremtő állított fel.

Az ember azonban – nem csak személyiségében – választásában is gyarló! A Biblia azon részeit, melyek tetszetősök a számára, azokat szívesen elfogadja, de azokat, amelyek elítélik, azoktól megpróbál megszabadulni, mégpedig úgy, hogy megkeresi azt az adott – igényeit teljes mértékben – kiszolgáló vallási irányzatot, mely a számára kényes részekre – pl. homoszexualitás, kábítószer élvezet és egyéb tiltott magatartási formák – nem fektet túl nagy hangsúlyt. Ezáltal választott gyülekezetének, hipp-hopp, köztiszteletben álló – bőségesen adakozó – tagjává válhat, megnyugtatva és elaltatva vele saját lelkiismeretét.

Számtalan politikus, művész, ismert ember nevét tudnánk felsorolni, akik eleget tesznek e keresztényi cselekedetnek, éhező afrikai falvak tucatjait látva el adományokkal, kórházakat és iskolákat alapítva, s közben a homoszexualitást nem betegségből, hanem saját döntésük alapján, úri szeszélyből életvitel szerűen űzik. S meg vannak győződve róla, hogy a feleslegükből adott adományaik majd ellensúlyozzák, vagy legalább is feledtetik a Teremtő törvényének akaratlagos áthágását.

Mindez csak önámítás. Frissen megszerzett ismereteink alapján kijelenthetjük, hogy bár sok mindenben van választási lehetőségünk, de abban, hogy hogyan tiszteljük a Teremtőt, biztosan nincs. Hisz kik vagyunk mi – apró porszemek egy óriási gépezetben – hogy megmondhatnánk a Teremtőnek, milyen vallási felekezet (katolikus, református, stb.) Biblia-értelmezései, tanításai és rituáléi szerint szeretnénk Őt tisztelni.

Már az elképzelés is Abszurd! Ebből adódóan persze, a ma oly hangzatos szabad vallásgyakorlás és az ahhoz való jog biztosítása is az, hisz nem más, mint alkudozás Istennel. Amivel lehet ugyan próbálkozni, csak nincs sok értelme. Annál is inkább, mivel az ismereteinken alapuló meggyőződésünk és annak másokkal való megosztása teremtői szemszögből nem egy kampányszerű – ideig-óráig és adott helyszínre, például templomra, imaházra korlátozódó – érzés vagy cselekedet, hanem életstílus, vagy életvitel, ami áthatja az ember gondolkodásmódját és mindennapjait. Pontosan úgy, ahogyan az iskolapadban elsajátított természeti és tudományos ismereteinket sem csupán az oktatási intézmény falain belül használjuk. Beépítjük azokat a mindennapjainkba és együtt élünk velük. Egész életünkön keresztül, az élet minden területén felhasználjuk őket, s eszünk ágában sincs azokat – lásd matematikai, fizikai, stb. törvényeket – megkérdőjelezni, mivel azok állandóságát egyszer és mindenkorra elfogadtuk.

A Teremtő által felállított törvények állandóak. Nincs szükség rendszeres felülírásukra, vagy megváltoztatásukra. S, ellentétben az emberi törvényhozókkal, a Teremtő önmagára nézve is kötelezőnek tekinti azokat. Tehát tényleg abszolút igazságos.

Igazság! Mely sajnálatos módon eme köpönyegforgató világunkból – sok más jó dologgal együtt – eltűnőben van, mint például a biztonság, tisztelet, szeretet. Ezért tekintsünk inkább a jövő felé! A Teremtő tiszta helyzetet teremt azzal, hogy közvetlen uralma alá vonja a földet, biztos alapot teremtve számunkra, amelyre – mind szellemileg, mind anyagilag – építeni lehet. Továbbá megtanít minket természeti erőforrásainkkal élni, és nem visszaélni. Földi képviseletén – Új Jeruzsálem – és törvényein keresztül pedig megtanuljuk majd a feltétlen tiszteletet, szeretetet és bizalmat Iránta és embertársaink iránt. Mindezt betetőzve azzal a kimondhatatlan ajándékkal, a szabadságnak azzal a végtelen érzésével, melyet akkor és azért érzünk majd, amikor tökéletes emberként megszabadulunk a magunkban hordozott bűntől és annak következményétől, a haláltól.

Ezért a jövőért érdemes küzdeni, megküzdeni saját előítéleteinkkel, leküzdeni magunkban a téves információk generálta tévhitet, legyőzni önmagunkat, lustaságunkat, ami meggátol minket abban, hogy időt szakítsunk a Föld és az Emberiség történelmének, jövőjének, s az arra vonatkozó abszolút igazságnak a megismerésében. Ez az ismeret megváltoztathatja az életünket, és kihatással lehet a jövőnkre. Arra, hogy egyáltalán **lesz-e jövőnk**.

ZÁRSZÓ

Miután tíz, igen tömör fejezeten keresztül megismerkedhettünk a Biblián átívelő, s annak vezérgondolatát adó isteni akarattal, a Teremtő teljes bolygóra kiterjedő, társadalmat irányító szervezetével, azaz Isten királyságával és annak megvalósulásával, minden tiszteletem a kedves Olvasóé. Tisztában vagyok vele, hogy könyvem számtalan nyitott kérdést hagyott maga mögött, mivel viszonylag rövid terjedelembe mindazt belesűríteni, ami életbevágó fontossággal bír, lehetetlen vállalkozásnak tűnt. Tehát jelen könyvemben csak a lényegre tudtam koncentrálni. Az Igazságot alaposan és részletekbe menően megismerni csupán egy, a mostaninál sokkal átfogóbb munka keretei között lehetséges. Ezért azon Olvasóim számára – és feltehetőleg örömére – akik többet, és részletesebben szeretnének megtudni az emberiség történelméről – múltjáról, jelenéről és jövőjéről – örömömre szolgál bejelenteni, hogy, könyvem szellemiségét folytatva megkezdtem a Biblia szövegének aktualizálását, mely már képes a huszonegyedik század emberét is megszólítani.

Az aktualizált szöveg koncentrálja figyelmünket, segíti az azonnali megértést. Továbbá, az így már jól érthető szövegeket kommentárok teszik térben és időben elhelyezhetővé, s rávilágítanak az adott történelmi szituációk lényegére. Szintén az olvasót segíti majd az egyes összetartozó bibliai részeket egybetartó időegyenes, melyen egyrészt szerepelni fog a bibliai szöveg keletkezésének ideje, másrészt megjelölése azt az időszakot – különösen fontos ez a próféciák esetében – amelyre a szöveg vonatkozik. Mindezen információkkal kiegészítve, hat kötetben ismerheti majd meg – az aktualizálás segítségével már érthető és izgalmas – Bibliát a kedves Olvasó, mégpedig annak teljes részletességében, az író ajánlásával.

Tisztelettel Benyó Piros

FÜGGELÉK 1.

Dániel megfejtette Nabukadnezár álmát ...

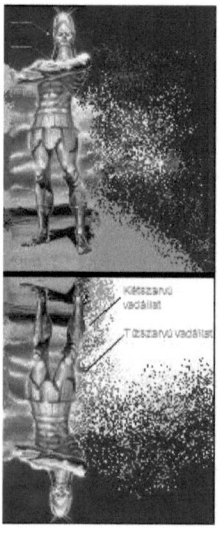

... mi pedig annak tükörképét!

Sabbat napok és sabbbat évek

7 nap =	1 hét	utolsó napja a sabbat (szombat)
7 év =	1 évhét	utolsó tagja a sabbat év
7 x 7 év =	49 év	
	50. év	Jubileumi év

Alap időegységek különböző léptékben

Emberi alap időegység	1 nap	Angyali alap időegység	1 nap = 1 emberi év = 360 emberi nap	Isteni alap időegység	1 nap = 1000 emberi év = 360 000 emberi nap = 1 időszak

Bibliai időegységek értelmezése

„7 idő"	Emberi léptékben 7 év, tehát 1 idő = 360 nap
„7 idő"	Angyali léptékben 2520 év, tehát 1 idő = 360 emberi év

FÜGGELÉK 2.

A hetedik „pecsét" időszakának tagolása „trombitaszó" elnevezésű időegységekre		
1. trombitaszó	Már elmúlt	
2. trombitaszó		
3. trombitaszó		
4. trombitaszó	Jelenleg folyamatban! Várhatóan még legalább 20 évig, azaz 2035 decemberéig tart.	2036. év
5. trombitaszó	5 hónapos időszak 2035 decemberétől 2036 májusáig.	2037. év
	Első 3,5 éves periódusa: befejeződik az evangéliumhirdető munka 2039 decemberére.	2040. év
	Második 3,5 éves periódusa: pecsétjel elfogadási kényszerintézkedés 2043 májusáig.	2044. év
6. trombitaszó	**Harmadik** 3,5 (hó) napos periódusa: A választottak ítélete, első feltámadás 2043szeptemberében. *Megjegyzés: A szeptember a zsidó naptár szerinti Tisri avagy a 7. hónap, a Lombsátor ünnep ideje!*	2044. (sabbat) év
7. trombitaszó	2043 szeptemberétől **FELTEHETŐLEG 7 évig**, azaz a következő sabbat évig, 2050 szeptemberéig. Tehát a következő Lombsátor ünnep ideje táján isteni ítélet várható!	2051. (sabbat) év

FÜGGELÉK 3.

Sabbat 1.	Sabbat 237.	Sabbat 390.	Sabbat 476.	Sabbat 558.	Sabbat 620.	Sabbat 893.	Sabbat 913.		Sabbat 1107.
Teremtés	Özönvíz Kr.e.2682.- 2681.	Szabadulás Egyiptomból Kr.e. 1610.	Dávid királysága Kr.e.1008.	II. Jeruzsálemi Templom Kr.e.434.	Jézus születése Kr.u.1.	Jézus égi királyságán ak kezdete Kr.u.1911	E világrendsz er ítélete Kr.u. 2051. évben	Jézus királyságán ak vége Kr.u. 3051.	Sátán 360 éve	Végső szelekció és Isten királysága Kr.u. 3409. évben, mely a teremtéstől számított 7750. évi Jubileum

279

FELHASZNÁLT IRODALOM

Central Intelligence Agency. (2008). *The World Factbook*, from https://www.cia.gov/library/publications
Darwin, Charles: *A fajok eredete*, Typotex Kiadó, Budapest, 2001.
Herber Attila, Martos Ida, Moss László, Tisza László: *Történelem 1. – A kezdetektől i.e. 500-ig*, Reáltanoda Alapítvány, Budapest, 1993.
Herber Attila, Martos Ida, Moss László, Tisza László: *Történelem 1. – A kezdetektől i.e. 500-ig*, Reáltanoda Alapítvány, Budapest, 1993.
ICI Interaktív Zrt. 2009. szeptember 21. Süllyedő deltavidék, emelkedő tengerszint
ICI Interaktív Zrt. 2009. szeptember 30. Két méteres tengerszint várható
ICI Interaktív Zrt. 2011. június 22. Gyorsuló tengerszint emelkedést okoz a klímaváltozás
ICI Interaktív Zrt. 2011. augusztus 4. Jobban olvadhat az Antarktisz Grönlandnál
ICI Interaktív Zrt. 2011. október 19. Az éghajlatváltozás újabb hatásai
Index 2011.05.19. Napokra előre jelezhető lett volna a japán földrengés (Letöltve: 2014. november)
Index 2014. május 27. Lélektani határon a szén-dioxid koncentrációja
IPCC. (2007). *Éghajlatváltozás*: http://www.ipcc.ch/pdf/reports-nonUN-translations/hungarian/ar4-spm.pdf.
National Geographic Magyarország 2010-es kiadványa a globális elsötétedésről

Országos Meteorológiai Szolgálat 2014. november 19.
Az éghajlatváltozás okai
A Szentírás új világ fordítása, Watchtower Bible and Tract Society of New York, Brooklyn, 2003.
UNESCO-WWAP.(2003). – *Víz Világjelentés*
UNESCO-WWAP. (2006) – *Víz Világjelentés*
UN-Water, 2009-es vízkészlet felmérés
WWF Magyarország. (2010) – *Élő Bolygó jelentés*
WWF Magyarország (2014) – *Élő Bolygó jelentés*

A szerző

Benyó Piros 1965. január negyedikén született Budapesten. Férjezett, két gyermeke édesanyja. Az élethosszig tanulás elkötelezett híveként mind Magyarországon, mind, pedig Németországban számos szakmát és képzettséget szerzett. Hosszú ideig humánerőforrás-menedzserként dolgozott, mígnem 2006-ban beiratkozott a győri Széchenyi István Egyetem jogi karára. Egyetemi évei alatt szembe kellett néznie a jog és az igazság között rejlő hatalmas szakadékkal, valamint a kihalófélben lévő igazságosság fogalmával. Rossz tapasztalatai ellenére nem adta fel az abszolút igazság keresését, mely végül a Biblia kutatásához vezette. Elkötelezett híve még a környezetvédelemnek, ezért évekig dolgozott egy környezetvédelmi egyesület elnöke, és az egyesületi újság főszerkesztőjeként. E két téma szenvedélyes szeretetéből és sok-sok kutatás eredményeképp született meg első könyve, az Amikor beköszönt a világvége, avagy az igazság az Igazságról.

A kiadó

*Aki feladja,
hogy jobbá váljon,
feladta,
hogy jobb legyen!*

E mottó alapján a novum publishing kiadó célja az új kéziratok felkutatása, megjelentetése, és szerzőik hosszútávú segítése. Az 1997-ben alapított, többszörösen kitüntetett kiadó az egyik legjelentősebb, újdonsült szerzőkre specializálódott kiadónak számít többek között Ausztriában, Németországban és Svájcban.

Valamennyi új kézirat rövid időn belül egy ingyenes, kötelezettségek nélküli kiadói véleményezésen esik át.

További információkat a kiadóról és a könyvekről az alábbi oldalon talál:

www.novumpublishing.hu